AF346945

PRÉCIS

DE

L'HISTOIRE DU MOYEN AGE,

PAR M. DES MICHELS,

RECTEUR DE L'ACADÉMIE D'AIX,

ANCIEN PROFESSEUR D'HISTOIRE AUX COLLÉGES ROYAUX D'HENRI IV ET DE BOURBON;

OUVRAGE

Adopté par le Conseil royal de l'Université de France, et prescrit pour l'enseignement de l'histoire du moyen âge dans les colléges royaux et dans les autres établissemens d'instruction publique.

QUATRIÈME ÉDITION,

REVUE, CORRIGÉE ET AUGMENTÉE.

<hr>

PARIS.

LOUIS COLAS, LIBRAIRE, RUE DAUPHINE, N° 32;

L. HACHETTE, LIBRAIRE,

RUE PIERRE-SARRAZIN, N° 12.

JANVIER 1834.

IMPRIMERIE DE CASIMIR, RUE DE LA VIEILLE-MONNAIE, N° 12, près la rue des Lombards et la place du Châtelet.

AVERTISSEMENT.

Lorsque je publiai, en 1825, mon *Manuel chronologique de l'Histoire du Moyen âge*, j'exposai dans les termes suivans le plan général et l'intention de l'ouvrage :

« Le travail que je présente au public est surtout destiné aux élèves qui fréquentent les cours de l'Université ; mais j'espère qu'il ne sera pas sans utilité pour ceux qui, déjà versés dans la connaissance de l'histoire, voudraient rassembler leurs souvenirs épars et les ordonner dans un ensemble méthodique.

« J'ai tâché de débrouiller le chaos du moyen âge, et de réunir dans un plan simple et lumineux les principaux événemens de cette histoire, si peu connue, si instructive, et si féconde en grands résultats. La France et ses institutions devaient obtenir dans ce tableau une place proportionnée à leur importance : elles ont été l'objet d'un soin particulier.

« Après la division des matières, le choix et la distribution des faits, j'ai dû porter une attention scrupuleuse sur l'exactitude chronologique. Il m'a paru nécessaire de marquer la date de tous les événemens, non pour en surcharger la mémoire des jeunes gens, mais pour les prémunir contre les anachronismes qui fourmillent dans la plupart de nos histoires. J'ai suivi la chronologie de l'*Art de vérifier les dates*. Si quelquefois je m'en suis écarté, c'est toujours sur l'autorité de la savante congrégation de Saint-Maur : on ne corrige les Bénédictins que par leurs propres lumières.

« Ce résumé est le fruit et pour ainsi dire la substance de plusieurs années d'étude et d'enseignement. Il suffira d'y jeter un coup d'œil pour se faire une idée des recherches et des soins minutieux qu'il a exigés. Je n'en parle point ici pour me prévaloir d'un mérite qui n'était qu'un devoir rigoureux, mais seulement pour me faire un titre à l'indulgence de mes juges. »

Le nouveau *Précis* a été composé, en grande partie, sur le plan de l'ancien *Manuel*, mais sous une forme différente, telle que me l'avait prescrite le conseil royal de l'Université. Jaloux de répondre à une confiance aussi honorable, je me suis appliqué à simplifier encore les divisions d'une histoire dont la complication rebute trop souvent les lecteurs, mais qui, pour attirer à elle, n'a besoin que de présenter des abords plus faciles. Avant de conduire les jeunes gens à travers tant de ruines confuses et de monumens obscurs, il a été nécessaire de leur préparer des voies, sinon commodes, du moins praticables et sûres : c'est ce que j'ai osé entreprendre.

J'ajoute à cette nouvelle édition les tableaux généalogiques des maisons impériales d'Allemagne, des trois dynasties françaises et de la race normande-angevine des rois d'Angleterre. L'expérience m'a appris de quelle utilité peut être la connaissance exacte de ces lignées royales pour arriver à une parfaite intelligence des droits divers de succession, des prétentions contestées, des alliances souveraines, des amitiés politiques, des origines illustres. Afin de rendre cette étude plus profitable en la rendant plus facile, je n'ai pas présenté la filiation complète des familles. Il importe peu, en effet, de connaître les noms stériles des princes qui ne jouent aucun rôle dans les annales des nations. C'est un fardeau bien suffisant pour la mémoire, de retenir la suite des personnages du sang royal qui ont tenu dans leurs mains le gouvernement des États, ou qui ont transmis à des branches collatérales, soit des portions de l'héritage royal, soit des droits éventuels au trône, soit enfin des destinées historiques. Cette règle qui m'a guidé dans l'exposition des grandes naissances, je l'ai aussi appliquée aux mariages des princes, et toute reine qui a porté la couronne sans l'enrichir ou l'illustrer, ne trouve point place dans mes tableaux.

D'autres améliorations prouveront, je l'espère, que l'auteur cherche à justifier, autant qu'il est en lui, la destination de son livre. Quelques erreurs de détail s'étaient glissées dans la première rédaction de ce Précis. L'immensité du cadre où j'ai dû resserrer onze siècles de l'histoire du monde rendait peut-être ces fautes excusables. Toutefois il a fallu les faire disparaître, et j'ai consumé bien des veilles dans ce travail sans mérite comme sans attrait. J'ai voulu aussi rendre ces élémens plus utiles en y ajoutant quelques faits qui m'ont paru importans par eux-mêmes ou nécessaires pour l'intelligence des autres. C'est surtout dans l'histoire des institutions politiques qu'un acte, en apparence stérile si on le considère isolément, peut devenir fécond dès qu'on le rattache à l'ensemble. Aussi me suis-je fait un devoir, dans cette matière, mais pour la France seulement, de vérifier toutes mes assertions sur les monumens législatifs des trois dynasties. Si je n'avais travaillé que pour le public, je citerais mes auteurs et mes preuves; mais j'ai cru plus convenable de les réserver pour mon *Histoire générale du Moyen âge*, dont ce petit ouvrage n'est que l'abrégé.

PRÉCIS

DE

L'HISTOIRE DU MOYEN AGE.

PREMIÈRE PARTIE.

DEPUIS L'INVASION DES BARBARES JUSQU'AUX CROISADES,
395-1095.

CHAPITRE PREMIER.

Décadence de l'Empire romain. — Division de ses provinces. — Tableau
de l'administration impériale. — Classification des peuples barbares.
— Mœurs des Germains.

§ I. — *Décadence de l'Empire romain.*

L'EMPIRE romain avait recouvré sous Théodose sa grandeur et son unité; mais la mort de ce prince le laissa retomber dans une décadence ou plutôt une dissolution qui ne devait plus s'arrêter ni se ralentir jusqu'à la chute de Rome. Cette crise fut amenée par le concours et l'action commune de causes permanentes et de circonstances accidentelles. Il importe donc de reporter nos regards en arrière pour étudier, d'une part, les principes antérieurs de ruine qui préparèrent la grande catastrophe de l'Empire, et les causes étrangères qui la déterminèrent; d'autre part, le théâtre où s'engagea la lutte des Romains avec les barbares, et les contrées d'où étaient sortis les agresseurs. Ce tableau parallèle, en opposant à la dégradation des uns les vertus guerrières des autres, expliquera d'avance la chute de Rome et le succès de l'invasion germanique.

Le despotisme impérial, né du sein de l'anarchie politique et du pouvoir militaire, conservait les caractères de sa double origine, la corruption et la violence. Aucune institution civile ou religieuse ne tendait à mettre les sentimens des Romains en harmonie avec la forme de gouvernement qui avait succédé à la république, ni à leur donner les vertus tranquilles de la monarchie. L'obéissance était devenue servile, et la résistance légale périlleuse. Le sénat, résigné à l'opprobre, s'était fait un instinct de servitude et de bassesse, et ce corps, dépouillé de ses anciennes prérogatives, ne servait plus qu'à donner une couleur légitime aux caprices de la tyrannie et aux excès de la soldatesque.

Les Antonins essayèrent en vain de réhabiliter la vertu. La faveur de ces princes produisit au grand jour des citoyens honorables et fit éclore quelques beaux génies ; mais ni leur suffrage ni leur exemple ne purent faire revivre dans les cœurs le sentiment du devoir et le respect de soi-même. La populace, descendue au dernier degré d'avilissement, ne demandait plus à ses maîtres que du pain et des jeux ; et, dans les rangs élevés, la philosophie d'Épicure, vainement combattue par celle de Zénon, avait flétri toutes les âmes. Impuissante auxiliaire de la morale, la vieille religion de l'Empire n'avait conservé que les honteux exemples de ses dieux et la licence de ses fêtes publiques. Conseillère de vices pour les uns, objet de mépris pour les autres, elle se trouvait désormais sans appui et tombait en ruines de toutes parts.

Le christianisme, qui pouvait seul arrêter le débordement des passions criminelles, commençait à répandre sa lumière et ses consolations sur les classes les plus malheureuses de la société. Mais les desseins de la Providence retenaient cette religion divine dans les épreuves de la persécution, et le jour de son triomphe n'était pas encore venu.

A Rome, le patriotisme avait fait place à l'indifférence

du bien public; dans les camps, les liens de la discipline, respectés par les subalternes, étaient chaque jour enfreints par les généraux. La garde Prétorienne et les légions de la frontière se disputaient l'honneur de disposer du trône, et le sénat approuvait toujours le choix du plus fort ou du plus prompt. Les usurpations étaient d'autant plus fréquentes, que la succession impériale n'avait été réglée ni par une loi fondamentale ni par une coutume constante. L'Empire était au plus offrant, et Rome recevait, toujours avec un égal enthousiasme, des Césars de toute origine et de toute nation.

L'immense étendue de la domination romaine favorisait l'esprit d'usurpation, et souvent le succès d'une révolte était assuré avant que la nouvelle en fût portée à la capitale. Dioclétien voulut protéger la paix publique contre ces révolutions, en divisant la haute administration des provinces et même la souveraineté, sans toutefois porter atteinte à l'unité de l'Empire. Mais la tétrarchie, imaginée par ce prince et nécessitée par les circonstances, fut une source de guerres civiles.

Constantin entreprit de constituer une monarchie régulière et de la mettre à l'abri de l'insubordination militaire. Mais ce grand homme, qui mérita si bien de l'humanité en proclamant la victoire du christianisme, arriva trop tard pour réformer avec succès la constitution de l'État, et la sagesse même de ses mesures tourna à la ruine de l'Empire. Effrayé de l'indiscipline des soldats et de l'ambition des chefs, il sépara l'autorité civile du pouvoir militaire, cassa la garde Prétorienne, et dispersa dans l'intérieur des provinces les armées préposées à la garde des frontières. Mais en voulant prévenir la rebellion, sa politique, à bon droit défiante, ouvrit l'entrée de l'Empire aux barbares, et la translation du siége impérial à Byzance, en 329, prépara la division du monde romain en deux monarchies.

Cette grande innovation politique eut lieu à l'avénement de Valens, en 364, et devint permanente après la mort de Théodose le Grand, en 395. Dans l'intervalle de ces deux partages, il éclata, dans le nord de l'Europe, à la suite de l'arrivée des Huns, une commotion violente qui rapprocha les hordes sauvages de l'Asie des tribus barbares de la Germanie, et rompit les barrières qui séparaient la barbarie de la civilisation, les nations idolâtres des nations chrétiennes.

Nous allons voir les peuplades guerrières du nord se déborder sur le midi, aller braver les empereurs jusque sous les murs de Rome et de Constantinople, imposer aux deux Césars des tributs onéreux à titre de solde et des généraux de leur nation, s'introduire dans les légions romaines, et, démembrant enfin la moitié de l'Empire, jeter les premiers fondemens de l'ordre politique qui subsiste encore en Europe.

Partage de l'Empire, 395. — Suivant les dernières volontés de Théodose, ses deux fils se partagèrent la vaste succession de ce prince : Arcadius alla régner à Constantinople; Honorius fixa sa résidence à Milan et ensuite à Ravenne, en laissant à Rome sa dignité de métropole. Le Vandale Stilicon, laissé pour tuteur aux deux frères, exerça toute la puissance souveraine en Occident; l'Orient fut successivement gouverné par le Gaulois Ruffin, le Goth Gaïnas et l'eunuque Eutrope. Les commencemens d'Honorius furent troublés par la courte usurpation du Maure Gildon en Afrique; Arcadius vit, dès la première année de son règne, ses provinces européennes envahies par les Visigoths.

§ II. — *Division de l'Empire, en* 395.

Chacun des deux Empires avait été divisé en deux préfectures, les préfectures en diocèses ou vicariats, les diocèses en provinces, et les provinces en cités. Le tableau suivant présente seulement les grandes divisions :

Préfectures.	Diocèses.

Empire d'Orient.

I. Orient.
- 1° Orient.
- 2° Égypte.
- 3° Asie (mineure).
- 4° Pont.
- 5° Thrace.

II. Illyrie.
- 1° Macédoine (toute la Grèce).
- 2° Dacie (en-deçà du Danube).

Empire d'Occident.

I. Italie.
- 1° Italie.
- 2° Illyrie occidentale (Pannonie, etc.).
- 3° Afrique.

II. Gaules.
- 1° Espagne et Afrique Tingitane.
- 2° Gaules.
- 3° Bretagne.

§ III. — *Tableau de l'administration impériale.*

1° *Dignités de la couronne.* — Le service personnel du prince n'était pas assez distinct des charges publiques pour que l'on puisse faire des officiers du palais une classe entièrement à part. Cependant nous rangerons sous un titre particulier : le Grand-Chambellan (*præpositus sacri cubiculi*) ; les deux Capitaines des Gardes (*comites domesticorum*) ; le Maître des Offices ; le Questeur ou Chancelier ; le Ministre du Fisc ou du Trésor impérial (*comes rerum privatarum*), dont les attributions étaient bien distinctes de celles du Comte des Largesses sacrées ou ministre du Trésor public.

2° *Administration provinciale.* — Chaque préfecture avait un Préfet du Prétoire, chef suprême de l'administration civile, qu'il ne faut pas confondre avec le Préfet de la Ville (Rome ou Constantinople). Les diocèses étaient gouvernés par des Vicaires du Préfet, les provinces par des Présidens ou Consulaires, les cités par des Duumvirs et un Défenseur tirés du sénat municipal des Décurions et nommés par le peuple.

3° *Organisation militaire.* — Après les Compagnies des Gardes et les Écoles du Palais, venaient les légions et les auxiliaires, qui avaient pour commandans supérieurs : un Maître général de la Milice dans chaque préfecture, un Maître de la Cavalerie et un Maître de l'Infanterie, des Ducs et des Comtes militaires, des Préfets légionnaires, etc.

4° *Justice.* — Le questeur et quelquefois le sénat prononçaient sur les cas particuliers réservés à l'empereur. Pour les affaires ordinaires, elles ressortissaient des divers magistrats, suivant leur nature ou leur importance. On appelait du défenseur aux duumvirs, des duumvirs au président, du président au vicaire, du vicaire au préfet du prétoire.

5° *Finances.* — Les contributions publiques, perçues par les Collecteurs des cités, passaient par les mains des Préposés du Trésor ou Receveurs provinciaux, et des Comtes des Largesses pour arriver dans celles du Ministre du Trésor public ou Comte des Largesses sacrées. Le revenu de l'Empire provenait de quatre sources, savoir : le domaine public ; les contributions directes, qui comprenaient l'indiction et la capitation ; les contributions indirectes ; et les produits éventuels, tels que les confiscations, les déshérences, les amendes, l'or coronaire, etc.

6° *État des personnes.* — On distinguait parmi les sujets des empereurs trois principales classes de personnes : 1° celle des *Nobles*, comprenant les patriciens, les officiers impériaux civils et militaires, les décurions, etc. ; 2° celle des *Plébéiens*, composée des Curiales ou Possesseurs, des familles militaires, des marchands et des artisans libres ; 3° celle des *Esclaves*, où l'on peut faire rentrer aussi les affranchis et les colons tributaires.

§ IV. — *Division géographique et ethnographique du Nord.*

Les pays situés au-delà du Rhin, du Danube, de la mer Noire, du Caucase et des monts Altaï, étaient divisés par les Anciens en trois grandes contrées d'inégale étendue, savoir : la Germanie, la Sarmatie et la Scythie.

1° *Scythie*. — Cette contrée s'étendait depuis le Rha ou Volga jusqu'à la mer Orientale, que les Anciens ne connaissaient que de nom, et depuis les monts Imaüs ou Altaï jusqu'à la mer Septentrionale, dont les Grecs ni les Romains n'avaient aucune notion.

2° *Sarmatie*. — La Sarmatie, ou plutôt la Slavonie, comprise entre la Baltique et le Pont-Euxin, la Theiss et le Volga, se divisait en Dacie, Petite Scythie et Sarmatie européenne.

3° *Germanie*. — Elle comprenait tout le pays situé entre le Rhin, le Danube, la Theiss, la Vistule, le golfe Baltique et la mer d'Allemagne. On y rattachait aussi la Chersonèse cimbrique ou Danemarck et la Scandinavie.

Cette division du monde septentrional nous permet de rapporter à trois familles dominantes les diverses nations qui, à des époques différentes, envahirent les contrées méridionales de l'Europe et de l'Asie.

1° *Famille Scythique*. — Elle comprend les Huns ou Hiong-nou, peut-être les Alains, les Bulgares, les Avares, les Hongrois ou Madgiares, les Turcs, les Mongols ou Tatares, etc.

2° *Famille Sarmate* ou *Slave*. — Nous diviserons les tribus de cette race en trois classes :

Les *Slaves méridionaux*, Bosniens, Serviens, Croates, Esclavons, Dalmates modernes, etc., qui s'établirent entre la Save et la mer Adriatique ;

Les *Slaves occidentaux* ou *Vénèdes*, tels que les Polonais, les Bohémiens, les Moraves, les Poméraniens, les Wilses, les Obotrites, les Lusaciens, etc., qui se fixèrent entre l'Elbe et la Vistule, la Baltique et les monts Krapaks ;

Les *Slaves septentrionaux* ou *Sédentaires*, qui, réunis aux Finnois ou Tchoudes de la Baltique orientale, ont formé la nation russe primitive. On pourrait ranger dans cette classe les Livoniens, les Lettons ou Lithuaniens, et les anciens Prussiens.

Famille Germanique. — L'aspect topographique de

la Germanie nous présente les nombreuses peuplades de la nation teutonique placées, dans l'ordre suivant :

Au midi, les *Allemanni* ou Allemans, confédération formée de diverses tribus où dominaient les Suèves ou Souabes ; et à côté des Allemanni, les Bavarois ou Boiariens, chassés de la Bohême par les Marcomans ;

A l'est, les Marcomans, les Quades, les Hermundures et les Hérules ; hors de la Germanie, les Gépides et les Goths ;

A l'ouest, les Francs, qui comprenaient dans leur confédération les Saliens, les Sicambres, les Bructères, les Cattes, les Chamaves, etc., et sur la côte de l'Océan, les Frisons.

Au nord, les Vandales, les Bourguignons, les Rugiens et les Lombards, tribus de la nation des Suèves, et dont l'émigration laissa la place aux Vénèdes ; au nord-ouest, les Angles et les Saxons. Les Cimbres et les Scandinaves, la plupart d'origine germanique, restèrent étrangers à la grande irruption des barbares ; mais ils devaient plus tard faire à eux seuls une invasion sous le nom de *Northmans*.

§ V. — *Mœurs des Germains.*

Les mœurs et les coutumes des anciens peuples du Nord ne peuvent nous intéresser qu'en raison de l'influence qu'elles ont exercée sur les institutions des sociétés nouvelles, nées du sein même de l'invasion barbare ; et comme l'Empire romain d'Occident n'a guère reçu à demeure, dans ses provinces, que des conquérans sortis de la Germanie, il nous importe surtout de connaître les mœurs guerrières de cette nation et les usages publics dont elle a imprimé la trace dans la législation actuelle de l'Europe romaine.

Les Teutons ou Germains tiraient leur nom (*Teutsch*) de Tuist, fils de la Terre (*Herthe*), qu'ils regardaient comme leur mère commune, et qui était leur principale divinité. Ils offraient aussi une espèce de culte à Mars, à Hercule, à Mercure, comme au Soleil, à la Lune et au Feu. Des fontaines et même des arbres recevaient de ces peuples grossiers un hommage superstitieux.

La nation teutonique était divisée en un grand nombre de tribus qui avaient leur gouvernement particulier, et dont les plus faibles s'unissaient en confédérations. Il paraît que les Saxons avaient des rois héréditaires, descendans d'Odin. Chez les autres peuplades, les rois étaient élus dans les familles les plus illustres ; le commandement militaire était le prix du courage ; le pouvoir royal était limité par l'autorité des principaux, et par l'assemblée du peuple qui se tenait à la nouvelle ou à la pleine lune. Ces assemblées exerçaient le pouvoir législatif et rendaient aussi la justice comme nos anciens Champs-de-mai. A l'exception de la trahison et de la lâcheté, tous les crimes et délits s'expiaient par des amendes payées en nature.

C'est dans les réunions générales de la tribu que se décidait la guerre. Quelquefois aussi de simples guerriers d'une bravoure éprouvée y proposaient des expéditions particulières qui habituaient les jeunes gens aux dangers et à la discipline. Ces *heere-zog*, ou conducteurs d'armée, n'avaient sur leurs compagnons volontaires que l'autorité de l'exemple et des récompenses. Leurs libéralités se répandaient particulièrement sur un petit nombre de *leudes* ou *fidèles* qui s'étaient dévoués à leur personne, et qui devaient mourir pour les défendre ou pour les venger.

A peine sortis de l'adolescence, les Germains étaient présentés à l'assemblée publique, où ils recevaient des mains de leur père ou de celles d'un guerrier connu le bouclier et la framée. Dès ce moment, émancipés par les armes, ils passaient dans les rangs des hommes de guerre (*Herimans*), et se devaient à la patrie. Si la paix retenait leur valeur oisive, ils se préparaient aux fatigues militaires par l'exercice de la chasse, dédaignant également les soins de la famille, qu'ils laissaient aux femmes, et les travaux des champs, que supportaient les esclaves.

L'agriculture, ainsi méprisée, devait languir et peu produire. D'ailleurs rien n'attachait au sol des possesseurs précaires qui ne pouvaient tenir de domaine en propre. Pour ne pas détourner les hommes du goût des combats, et pour maintenir avec l'égalité des fortunes l'égalité des droits ; les magistrats distribuaient, tous les ans, à chaque bourgade, à chaque famille, le lot qu'elle devait cultiver. Dans la nécessité où se trouvait souvent une tribu de changer de résidence, il fallait ne rien laisser derrière soi. Le Germain remplaçait aisément l'habitation abandonnée ; une cavité souterraine ou une hutte de terre suffisait à toute sa famille et à ses animaux domestiques. Les vêtemens de ces barbares étaient aussi simples que leurs demeures ; ils portaient des habits serrés, dont l'usage devait un jour faire abandonner la toge et la robe romaine.

Sévères dans leurs mœurs, les Germains ne connaissaient pas la polygamie, ou du moins ils n'en permettaient le privilége qu'aux rois et aux grands, comme marque d'honneur. Le futur époux achetait le consentement du père de la fiancée ; celle-ci apportait en dot une armure complète, et recevait en douaire le *morgengab* ou présent du lendemain.

L'hospitalité, religieusement observée chez ces peuples, y dégénérait souvent en ostentation et en débauches. Pour faire honneur à l'étranger, on invitait les amis et les voisins à un festin dont tout le luxe consistait dans une abondance prodigue. Les affaires privées et publiques se traitaient souvent dans ces grossières orgies ; plus souvent la fête se changeait en rixe sanglante. Lorsque le jeu succédait au banquet, la vie des convives n'était plus en danger, mais leur liberté était compromise ; car les Germains s'attachaient avec tant de fureur aux hasards de la fortune, qu'ils jouaient souvent leur personne quand ils n'avaient plus rien à perdre.

Telle fut cette nation avec laquelle Rome se trouva engagée dans une lutte constante depuis l'invasion des Teutons et des Cimbres, qui faillirent renverser la République, jusqu'à celle des Goths et des Hérules, qui détruisirent l'Empire d'Occident.

CHAPITRE II.

Invasion des Barbares, depuis l'arrivée des Huns en Europe jusqu'à la chute de l'Empire d'Occident, 376-476.

§ I. — *Arrivée des Huns, et premier établissement des Goths dans l'Empire, 376-395.*

Origine des Huns. — Les Huns ou *Hiong-nou,* peuples pasteurs et nomades, étaient originaires de la partie septentrionale du grand plateau de l'Asie. Dès les temps les plus reculés, Tchun-Goei, leur khan ou tanjou, avait fondé un puissant empire au nord du désert de Kobi. Ses successeurs subjuguèrent les Mantchoux ou Tartares orientaux. C'est en vain que les Chinois opposèrent la Grande muraille à leurs incursions ; ils furent rendus tributaires des Tanjoux. Mais l'empereur Vou-ti chassa les Huns du Catay, et les Mantchoux s'affranchirent aussi de leur domination.

Les Huns en Europe. — En proie à une affreuse famine et à des guerres intestines, les Huns abandonnèrent les steppes de la Tartarie et se dirigèrent vers l'occident, divisés en deux corps de nation. Les Huns blancs ou Nephtalites s'arrêtèrent dans la Transoxiane, d'où ils se rendirent si redoutables à la Perse. Les autres tribus, conduites par Balamir, étant arrivées dans le pays des Alains, au nord du Caucase, entraînèrent avec elles ces barbares, passèrent ensemble le Don ou Tanaïs , et envahirent les terres occupées par les Goths (376).

Les Goths formaient la plus nombreuse et la plus puissante des tribus germaniques. Après avoir soumis la presqu'île scandinave, ils étaient revenus sur le continent, et leur roi Amala s'était emparé de tout le pays situé entre la Baltique et la mer Noire, la Theiss et le Tanaïs. Le Borysthène ou Dniéper séparait les *Ostrogoths* des *Visigoths ;* les Gépides ou Traîneurs s'étaient arrêtés au nord des monts Krapaks. Ces trois grandes peuplades de la même nation obéissaient au puissant Hermanrich , lorsque les Huns vinrent bouleverser leur domination.

Les Visigoths dans l'Empire , 376.—Après la défaite d'Hermanrich , qui se donna la mort pour ne pas survivre à son malheur , les Goths orientaux et les Gépides se soumirent aux Huns, ainsi que les Slaves, qui ne firent que changer de maîtres. Les Visigoths épouvantés accoururent en foule vers le Danube, et sollicitèrent un asile dans l'Empire romain. L'empereur Valens accorda cette faveur aux prières de leur évêque Ulphilas, à condition qu'ils embrasseraient l'arianisme et qu'ils livreraient leurs armes aux commissaires impériaux. Les barbares furent cantonnés dans les deux Mésies ; on leur distribua les terres vacantes, et on leur permit d'y vivre suivant leurs lois , mais sous la surveillance des officiers de l'empereur.

378.—Les vexations de ces agens poussèrent les Goths à la révolte. Ils prirent les armes , que la vénalité avait laissées entre leurs mains. Conduits par leurs juges Fritigern et Alavivus , ils passèrent le mont Hémus , et gagnèrent sur les Romains la sanglante bataille d'Andrinople , où l'empereur perdit la vie. Cependant les vainqueurs n'osèrent attaquer Constantinople , et rentrèrent dans leurs terres chargés de butin.

L'empereur d'Occident Gratien , ayant succédé à son oncle Valens , confia la défense de l'Orient au comte

Théodose, qu'il associa à l'Empire. Ce grand prince battit les barbares sur le Danube et leur dicta la paix. Les Visigoths s'engagèrent, moyennant une solde annuelle, à défendre la frontière qu'ils habitaient. Ils tinrent en échec les Huns, qui dominaient sur l'autre rive du fleuve, et leur général Alaric, fidèle à la fortune de Théodose, aida cet empereur à détruire le tyran Eugène, que le Franc Arbogast avait revêtu de la pourpre.

§ II.—*Invasion des Visigoths, des Bourguignons, des Suèves et des Vandales sous Honorius*, 395-424.

Première invasion d'Alaric, 395-401.—Après la mort de Théodose, les Visigoths, secrètement excités par le ministre Ruffin, se mirent en pleine révolte, sous prétexte que la cour de Byzance avait interrompu ou retardé le paiement de la solde convenue. Alaric à leur tête, ils ravagent la Thrace, la Macédoine, et pénètrent jusque dans le Péloponèse; Stilicon les y poursuit. Mais les barbares lui échappent et traitent avec l'empereur Arcadius, qui accorde à leur chef Alaric la dignité de maître de la milice dans la préfecture d'Illyrie. Peu de temps après, le général barbare est élevé sur le pavois et proclamé roi par les Goths.

401-403.—Les barbares campés au pied des Alpes Juliennes désolaient la Vénétie par des incursions partielles. Enfin, Alaric lui-même, profitant de l'absence de Stilicon, fondit sur l'Italie avec toutes les forces de sa nation. Les riches cités de la Cisalpine furent livrées au pillage. Honorius, chassé de Milan, se réfugia dans Asti, où les Goths allèrent l'assiéger ; mais Stilicon, accouru du fond de la Rhétie, délivra l'empereur, et, poursuivant les barbares, les atteignit et les battit près de Pollentia. Alaric se replia sur l'Illyrie et obtint une paix avantageuse. Honorius alla triompher à Rome de la victoire de son général ; ensuite il transporta la résidence impériale à Ravenne, et mit ainsi, entre lui et les barbares, les lagunes de la mer Adriatique.

Invasion de Radagaise, 406. — Pendant que les Visigoths étaient stationnés sur les bords de l'Isonzo, une multitude de Suèves commandés par Radagaise accourut des bords de l'Oder et se joignit aux Alains et aux Vandales qui erraient sur les deux rives du Danube. Une division de ces tribus combinées passa les Alpes Rhétiennes et s'avança sans obstacles jusque sous les murs de Florence. Mais Stilicon, arrivant au secours de cette place, força Radagaise à lever le siége, et enveloppa lui-même les barbares postés sur les rochers de Fésules. Affamés dans leur camp et réduits à un petit nombre, ils se rendirent au général romain, qui les vendit comme esclaves et fit trancher la tête à Radagaise.

Invasion de la Gaule, 407. — A la nouvelle de ce revers, les autres tribus barbares rentrent dans la Germanie et se rapprochent du Rhin, où les Bourguignons font alliance avec elles. Les quatre peuples réunis entreprennent de passer ce fleuve, qui servait de barrière à la Gaule. Les Francs Ripuaires, alliés de l'Empire, essaient en vain de défendre le passage ; après avoir soutenu un choc terrible où le roi des Vandales perdit la vie, ils sont mis en déroute par la cavalerie des Alains, et les tribus confédérées passent librement le Rhin près de Mayence. Les cités de la Belgique sont livrées aux flammes, et pendant plus de deux ans la Gaule est parcourue et dévastée dans tous les sens. Elle dut sa délivrance à l'usurpateur Constantin, que les légions de la Bretagne venaient de proclamer empereur, et qui fit reconnaître son autorité à la plus grande partie de la Gaule et de l'Espagne.

409. — Les Vandales, les Suèves et les Alains laissèrent les Bourguignons entre le Jura et la Saône, et passèrent les Pyrénées pour piller les richesses de l'Espagne, pendant que l'Italie subissait une nouvele invasion.

Prise de Rome par Alaric, 410. — L'empereur Honorius venait d'ordonner la mort de Stilicon, que ses envieux accusaient de trahison, et le massacre des Goths auxiliaires était compris dans ce coup d'État (408) ; mais les barbares s'échappent des garnisons de l'Italie et vont demander vengeance au chef de leur nation. Alaric saisit ce prétexte pour envahir de nouveau l'Italie. Il marche sur Rome, qui se rachète d'abord par une riche rançon. Elle reçoit ensuite pour empereur le préfet Attale, qu'Alaric fait élire par le sénat, pour le dégrader bientôt après ; enfin les portes de la ville sont ouvertes par les esclaves révoltés, et les immenses richesses accumulées dans la capitale de l'Empire deviennent la proie des barbares.

Les Visigoths dans la Gaule, 412. — Alaric étant mort à Cosenza, son beau-frère Adolphe ou Ataulf fut élu à sa place. Ce nouveau chef des Goths fit la paix avec l'empereur, qui lui laissa épouser sa sœur Placidie, et il s'engagea à chasser les usurpateurs Constantin, Gérontius, Jovin et Sébastien, qui se disputaient la Gaule. Constantin, fait prisonnier dans Arles par le comte Constantius, subit la peine capitale ; Gérontius se donna la mort ; Jovin et Sébastien, vaincus par les Visigoths, périrent sur l'échafaud à Narbonne.

Royaume des Bourguignons, 413. — A la faveur de cette anarchie, les Bourguignons s'étaient établis dans la Séquanaise, protégés par le traître Jovin ; Honorius confirma la possession de cette province à leur roi Gondicaire. Les successeurs de ce prince étendirent leur domination sur les provinces voisines, et Lyon devint la capitale des Bourguignons.

Royaume des Suèves, 419. — Le comte Constantius voulant éloigner de la Gaule des alliés qui la pillaient, engagea Ataulf à passer les Pyrénées. Ce chef barbare ayant été assassiné à Barcelone, Wallia prit sa place et servit les Romains contre les Vandales, les Suèves et les Alains. Dans cette lutte, les Alains furent détruits ; les Vandales furent poussés et contenus dans la Bétique ; et les Suèves, commandés par Hermanrich, fondèrent en Galice un royaume qui fut conquis par les Visigoths en 585.

Royaume des Visigoths, 419. — Pour prix des services que les Goths avaient rendus à l'Empire, Wallia obtint pour eux la seconde Aquitaine et la ville de Toulouse, qui fut pendant près d'un siècle la capitale de leur royaume. Les premiers successeurs de Wallia ajoutèrent à cette province tout le pays compris entre la Loire et les Pyrénées, ainsi que la plus grande partie de l'Espagne.

Mort d'Honorius, 424. — Trois royaumes barbares venaient d'être fondés dans l'Empire, lorsque Honorius finit son règne et sa vie. La plupart des actes de son gouvernement avaient eu pour objet l'extirpation de l'hérésie et du paganisme : il déclara tous les dissidens inadmissibles aux fonctions publiques, fit détruire les idoles et les temples des dieux. Il abolit aussi les combats des gladiateurs et tous les spectacles que réprouvaient la religion et l'humanité.

§ III. — *Invasion des Vandales en Afrique et des Huns en Europe, sous Valentinien III.*

Honorius n'ayant pas laissé d'enfans, son héritage revenait à son neveu Théodose II, déjà empereur d'Orient. Mais la division de l'Empire romain était devenue une nécessité publique, et le fils d'Arcadius se fit un devoir d'abandonner ses droits à son cousin Valentinien, né du second mariage de Placidie avec le comte Constantius. Cette princesse était alors à Constantinople avec son fils ; Théodose leur donna une armée pour aller prendre possession de l'Italie, où Jean le Secrétaire s'était fait reconnaître empereur.

Valentinien III, 425. — L'usurpateur, trop tard secouru par les Huns, fut livré à Placidie, qui le condamna à la peine capitale. Cette princesse fit reconnaître l'autorité de son jeune fils aux Romains occidentaux et aux Barbares auxiliaires, et prit elle-même les rênes de l'état, pendant que Pulchérie, sœur de Théodose, régnait en Orient au nom de son frère. Deux illustres sénateurs, le patrice Aëtius et le comte Boniface, se partagèrent la faveur de Placidie ; mais leur rivalité compromit l'empire et lui fit perdre l'Afrique.

Vandales en Afrique, 429. — Boniface, proconsul d'Afrique, accusé par Aëtius et disgracié par l'impératrice, refusa de se rendre à Ravenne et appela les Vandales à son secours. Ces barbares obéissaient alors à Genseric, qui venait de succéder à son frère Gonderic. Ils passèrent le détroit de Cadix, et furent accueillis en Afrique par les Donatistes persécutés et par les Maures indépendans, tous également ennemis des Romains. En vain Boniface, que les conseils de saint Augustin avaient ramené au devoir, et dont Placidie avait pardonné la trahison, s'efforça de défendre sa province contre Genseric. Sa valeur, secondée par les secours de l'Orient, ne put chasser les Vandales de la Numidie et d'une partie de la Carthaginoise, que la cour de Ravenne abandonna par un traité en 435.

Royaume de Carthage, 439. — A la faveur de cette paix, Genseric surprit Carthage, qui redevint alors la capitale d'un état indépendant plus redoutable pour Rome que ne l'avait été jadis la puissance punique. En peu de temps toute l'Afrique romaine subit le joug de Genseric, et les grandes îles de la Méditerranée, la Sicile, la Sardaigne, la Corse et les îles Baléares, tombèrent au pouvoir d'un prince qui avait su deviner que l'importance de l'Afrique dépendait du nombre de ses vaisseaux.

Prise de Rome, 455. — L'impératrice Eudoxie, veuve de Valentinien III, forcée de donner sa main au sénateur Pétrone Maxime, meurtrier et successeur de son mari, voulut tirer vengeance de ce crime et de cet outrage en appelant Genseric en Italie. Les

Vandales débarquèrent au port d'Ostie, et s'avancèrent sur Rome, dont les habitans mutinés venaient d'égorger l'usurpateur. La ville, prise sans résistance, fut livrée au pillage, et Carthage s'enrichit de la dépouille de Rome et de sa population captive.

Pendant plus de vingt ans encore, Genseric fit trembler l'Orient et l'Occident, brûla ou dispersa les flottes qui devaient le détruire; et survécut à la dernière catastrophe de l'empire romain. Après sa mort, qui arriva en 477, le royaume des Vandales ne fit que décliner jusqu'à l'époque où Bélisaire en fit la conquête sur Gélimer, en 534.

Puissance des Huns. — Depuis que ces barbares avaient paru en Europe, ils avaient inquiété l'Empire par des incursions passagères ; mais leur domination s'était étendue sur la plupart des tribus de la Sarmatie et de la Scythie. Attila agrandit encore cette puissance et la rendit formidable aux Romains.

Attila, 433-453. — Ce conquérant, si célèbre par ses dévastations qui lui méritèrent le surnom de *Fléau de Dieu,* affermit d'abord son autorité sur les peuples tributaires, et subjugua les Tartares Géougen pendant que ses lieutenans soumettaient les peuplades de la Germanie orientale.

442-450. — La cour de Byzance ayant refusé le tribut qu'elle s'était engagée à payer au roi des Huns, ces barbares passent la frontière, dévastent la Thrace et l'Illyrie, et forcent Théodose II, non-seulement à s'acquitter de cette dette, mais à leur abandonner la rive droite du Danube, et à livrer les Huns fugitifs qui s'étaient retirés dans les provinces de l'Empire (446). Pour se soustraire à ces conditions, les ministres de l'empereur trament un complot contre les jours d'Attila ; mais cette intrigue est déjouée, et le roi des Huns exige des réparations qui lui sont portées dans son camp par le consulaire Maximin et l'historien Priscus. Théodose ne survit que peu de mois à cette humiliation, et Marcien, qui lui succède, oppose aux prétentions d'Attila une fermeté digne des Romains d'un autre âge.

Invasion de la Gaule, 451. — Le roi des Huns tourne alors ses vues contre l'Occident. Il demande la main d'Honoria, sœur de Valentinien III, et la moitié de l'Empire comme dot de cette princesse. Le refus qu'il essuie est un des prétextes qu'il met en avant pour envahir la Gaule. Il passe le Rhin, et s'avance vers la Loire, après avoir livré aux flammes les villes déjà saccagées par les Vandales. Orléans assiégé est délivré par le patrice Aétius, qui poursuit les Huns, et remporte sur eux une grande victoire près de Châlons-sur-Marne, avec l'aide des Visigoths, des Francs et des Bourguignons. Attila vaincu repasse en Germanie.

Invasion en Italie, 452. — Les Huns et les hordes tributaires d'Attila traversent les Alpes Juliennes et détruisent d'abord Aquilée. La Vénétie est saccagée, et ses habitans fugitifs se retirent dans les îles, où ils jettent les premiers fondemens de Venise. L'empereur Valentinien III, effrayé par la dévastation de la Cisalpine, envoie au roi des Huns une ambassade présidée par le pape saint Léon. L'éloquence de ce grand pontife impose au féroce conquérant. Attila reçoit les présens de la cour impériale, et consent à abandonner l'Italie. La mort délivre l'Empire de ce formidable voisin (453).

Dispersion des Huns, 453, etc. — La mort d'Attila mit fin à la vaste et mouvante domination des Huns. Ses nombreux enfans se divisèrent, et la révolte éclata de tous côtés parmi les tribus scythiques, slaves et germaniques. Plusieurs fils du conquérant périrent dans cette mêlée des hordes barbares, et Irnak, le plus jeune d'entre eux, ramena en Asie les restes de la nation des Huns. Par suite de l'émancipation des peuplades tributaires, Ardaric, roi des Gépides, forma un état indépendant entre la Theiss et le Dniester, pendant que les Ostrogoths s'établissaient dans la Pannonie sous l'autorité de leurs trois chefs Walamir, Widimir et Théodomir.

§ IV. — *Chute de l'empire d'Occident, 455-476.*

Derniers empereurs, 455-476. — Depuis l'invasion de l'Italie par Attila, et la prise de Rome par Genseric, arrivées à peu d'intervalle, jusqu'à la chute de l'empire d'Occident, il s'écoula environ un quart de siècle qu'on peut considérer comme l'agonie de l'empire romain. La fureur populaire avait fait justice du lâche Maxime. Le rhéteur Avitus, proclamé dans la Gaule par son disciple Théodoric II, roi des Visigoths, est détrôné par le Suève Ricimer, qu'il avait choisi pour maître de la milice. Ce général donne la pourpre au brave Majorien, dont les vertus et le grand caractère trompent les espérances ambitieuses de son protecteur. Ce prince, digne d'un meilleur temps, entreprend, mais en vain, de remettre en honneur parmi les Romains les mœurs antiques, et de faire régner les lois et l'ordre public. Dans le dessein de chasser les Vandales de l'Afrique, il fait préparer un grand armement naval dans le port de Carthagène; mais ses généraux, gagnés par l'or de Genseric, laissent incendier la flotte impériale. Majorien désespéré retourne en Italie, où il trouve une armée mutinée qui le dépose et le livre au sanguinaire Ricimer.

Le meurtrier de Majorien dispose successivement de la dignité suprême en faveur de trois sénateurs, Sévère III, Anthémius et Olybrius, également indignes du trône. Les noms obscurs de ces empereurs n'inspirent pas plus d'intérêt que ceux de Glycérius et de Julius Népos. qui furent détrônés l'un et l'autre et terminèrent leur carrière, l'un dans les honneurs de l'épiscopat, l'autre dans la retraite de Salone.

Fin de l'empire romain, 476. — Le patrice Oreste, maître de la milice en Italie, après avoir été ministre d'Attila, revêtit son fils Romulus Augustule de la pourpre dont il venait de dépouiller Julius Népos. Mais les Barbares au service de l'Empire, sous le nom de *fé-dérés*, n'ayant pu obtenir de lui le tiers des terres de l'Italie, se révoltèrent sous la conduite d'Odoacre, Hérule de nation. Oreste, vaincu, périt massacré dans Pavie, et son fils, à peine âgé de six ans, fut relégué à Lucullanum, dans la Campanie, où il mourut bientôt après. La puissance des Césars acheva de s'éteindre dans un enfant.

La chute de la domination impériale en Occident ne peut être considérée comme une révolution ; ce fut un événement presque inaperçu qui ne changea rien au sort des peuples, tel que l'invasion l'avait fait. Les Barbares achevèrent leur établissement dans les provinces romaines, et l'Italie reçut Odoacre pour maître, sous les titres de patrice et de roi.

CHAPITRE III.

Suite de l'invasion des Barbares. — Établissement des Francs dans la Gaule. — Règne de Clovis et de ses successeurs jusqu'à la mort de Clotaire II.

§ I.—*Des Francs avant Clovis.*

On a torturé l'histoire et dénaturé ses témoignages pour reculer dans l'obscurité des siècles l'illustration des Français, et retrouver les titres de famille de cette grande nation. L'origine troyenne qu'on a voulu leur donner est trop ridicule pour être combattue ; leur identité avec les Gaulois, soutenue par quelques auteurs, est dénuée de preuves et même de vraisemblance. L'opinion la plus commune fait descendre les conquérans des Gaules de divers peuples germains établis sur les bords du Weser, et qui, sous le nom de *Francs*, se liguèrent contre les Romains dans le troisième siècle, vers le même temps où les *Allemanni,* formés aussi de plusieurs tribus teutoniques, se réunissaient en confédération entre le Rhin, le Mein et le lac de Constance.

Depuis le règne de l'empereur Gallien, les Francs firent de fréquentes incursions dans la Gaule belgique. Probus, Constance Chlore et Constantin remportèrent sur eux de sanglantes victoires, et Julien leur permit, en 358, de se fixer dans la Toxandrie, où ils devinrent les gardiens du Rhin et les défenseurs suspects de la Gaule.

Premiers rois, 419-481.—Pharamond, fils de Marcomir, prince inconnu et peut-être fabuleux, ne doit pas être regardé comme le fondateur de la monarchie française. Cet honneur appartiendrait plutôt à Clodion, qui passa le Rhin et fit des incursions jusque sur les bords de la Somme, où il fut battu par Aétius. Après lui, un prince de sa famille, nommé Mérovée, fut élevé sur le bouclier par les Francs saliens, en 448, et donna son nom à la première race de nos rois. Son fils Childeric, d'abord chassé pour ses débauches, fut ensuite rappelé par les guerriers de sa tribu, qui, pendant son exil, avaient reconnu l'autorité du comte Egidius, gouverneur romain de la Gaule celtique. Il fit la guerre aux Visigoths sur les rives de la Loire, pendant que les Francs ripuaires s'établissaient à Cologne, et il alla mourir à Tournai. De son mariage adultère avec Basine, femme du roi des Thuringiens, était né Hludowigch ou Clovis, le véritable conquérant de la Gaule.

§ II.—*Règne de Clovis,* 481-511.

État de la Gaule.—Lorsque Clovis, à la tête d'une peuplade peu nombreuse, entreprit la conquête des Gaules, cette contrée était partagée en quatre dominations : 1° les Romains conservaient quelques provinces entre la Somme et la Loire; 2° les Armoricains ou Gaulois maritimes s'étaient rendus indépendans sur la côte occidentale, et disputaient la troisième Lyonnaise aux

Bretons fugitifs; 3° les Bourguignons s'étaient étendus depuis le haut Rhin jusqu'à la Méditerranée, et depuis la haute Loire jusqu'aux Alpes; 4° enfin les Visigoths dominaient dans la première Narbonnaise, les trois Aquitaines et la plus grande partie de l'Espagne. C'est de ces divers élémens réunis par les Francs victorieux que s'est formée la nation française.

Bataille de Soissons, 486.—Clovis traversa la forêt des Ardennes à la tête de cinq mille guerriers. Il défit le patrice Syagrius devant Soissons, et s'empara de cette ville, où il établit sa résidence. Le général romain, réfugié à la cour de Toulouse, fut livré par Alaric II à la vengeance du roi des Francs. La Gaule romaine fit sa soumission au vainqueur. Quelques années après, le mariage de Clovis avec une princesse catholique lui concilia l'affection des vaincus (493). Cette épouse était Clotilde, nièce de Gondebaud, roi des Bourguignons.

Bataille de Tolbiac, 496. — Les *Allemans* ou *Souabes* ayant envahi le royaume des Francs ripuaires, Clovis marcha au secours de leur roi Sigebert, et tailla en pièces les ennemis près de Tolbiac. Les vaincus repassèrent le Rhin : une partie se mit sous la protection de Théodoric, roi d'Italie; les autres se reconnurent pour tributaires des Francs, 497. Clovis avait promis, pendant la bataille, d'embrasser la religion de Clotilde, si le Dieu des chrétiens lui donnait la victoire. Il tint parole, et reçut le baptême avec le plus grand nombre de ses guerriers. Cette conversion eut pour Clovis les plus heureux résultats; elle détermina les cités libres de l'Armorique à reconnaître ses lois. Plus tard, les Bretons furent soumis au tribut, et leur comte, Budic, déposa le titre de roi qu'il s'était arrogé.

Guerre contre les Bourguignons, 500.—Le roi Gondebaud avait dépouillé et mis à mort son frère Chilpéric, père de Clotilde. Clovis lui déclara la guerre, après avoir conclu une secrète alliance avec Godegisèle, autre frère de Gondebaud. La défection de ce prince assura aux Francs une victoire aisée. Les Bourguignons, vaincus près de Dijon, furent poursuivis et assiégés dans Avignon. Un traité mit fin à cette première guerre; mais Gondebaud s'étant vengé sur Godegisèle, les hostilités recommencèrent. Clovis, soutenu par Théodoric le Grand, s'empara une seconde fois du royaume de Bourgogne, et n'accorda la paix à son ennemi qu'à la condition d'embrasser le catholicisme. Le roi des Ostrogoths se fit céder la province de Marseille.

Guerre contre les Visigoths, 507.—Sous prétexte de délivrer la Gaule méridionale de l'oppression des hérétiques, assuré du concours du clergé qui conspirait en sa faveur, Clovis déclara la guerre aux Visigoths. Leur roi, Alaric II, fut vaincu et tué à la bataille de Vouillé. Le vainqueur marcha sur Bordeaux, et s'en empara, ainsi que de Toulouse, capitale des Visigoths, pendant que Thierri, fils aîné du roi des Francs, soumettait l'Auvergne et faisait sa jonction avec les Bourguignons. Mais les deux armées combinées furent battues près d'Arles par les troupes que Théodoric envoyait trop tard au secours d'Alaric II, son gendre. Toutefois les Ostrogoths reprirent la Septimanie, qui resta long-temps attachée aux destinées de l'Espagne; les Francs gardèrent les trois Aquitaines, et les Bourguignons rentrèrent dans leurs limites.

508.—Clovis victorieux reçut de l'empereur Anastase les insignes du consulat et fixa sa résidence à Paris. Rien ne manquait à sa gloire, mais sa puissance lui paraissait encore trop bornée. Pour l'agrandir, il fit mourir quatre princes de sa famille, qui régnaient sur des tribus franques cantonnées à Cologne, à Térouanne, à Cambrai et au Mans. Toute la nation des Francs se trouva ainsi réunie sous un même sceptre; mais la mort prématurée de Clovis, arrivée en 511, devait la diviser encore.

§ III.—*Des Francs sous les fils de Clovis, 511-561.*

Les quatre fils de Clovis se partagèrent le royaume

par égales portions, suivant les dispositions du droit civil qui régissait la Gaule. Thierri, né d'un premier mariage, alla régner à Metz sur les Francs orientaux ou Ostrasiens; Clodomir, fils aîné de Clotilde, fut roi d'Orléans; Childebert I*er*, de Paris, et Clotaire I*er*, de Soissons. Le partage des provinces se fit d'une manière irrégulière, afin d'intéresser les quatre héritiers à la défense de tout l'héritage.

Conquête de la Thuringe, 530.—Thierri déclara la guerre au roi des Thuringiens Hermanfrid, qu'il avait aidé à dépouiller ses deux frères, et dont il n'avait pas reçu la récompense promise. Secondé par Clotaire, il envahit les États de ce prince, et le fit ensuite mourir dans une entrevue. La Thuringe fut réunie à l'Ostrasie.

Conquête de la Bourgogne, 523-534.—Les trois fils de Clotilde se liguèrent contre les fils de Gondebaud. Dans une première guerre, le roi Sigismond fut fait prisonnier à Saint-Maurice, et mis à mort par Clodomir, près d'Orléans. Mais ce prince cruel périt bientôt après en combattant les Bourguignons à Véséronce, et ses fils furent égorgés par leurs oncles, qui se partagèrent le royaume d'Orléans.—La guerre, un moment ralentie, recommença en 533, et l'année suivante, Gondomar, qui avait succédé à son frère Sigismond, tomba au pouvoir des rois francs, qui restèrent maîtres de son royaume. Cependant les vaincus conservèrent leurs lois, leurs patrices, leur forme de gouvernement, en un mot leur nationalité.

Guerre contre les Visigoths, 531-542.—Childebert envahit la Septimanie, et passa les Pyrénées pour soustraire sa sœur Clotilde aux mauvais traitemens de son époux Amalaric. Les Goths massacrèrent leur roi à Barcelone, sans pouvoir empêcher les Francs de s'avancer jusqu'à Tolède, et rendirent la fille de Clovis.

La guerre fut reprise en 534 par le roi d'Ostrasie, qui envoya une armée en Septimanie, sous le commandement de son fils Théodebert. Ce jeune prince s'empara de l'Albigeois et du Rouergue, mais la mort de Thierri le rappela sur les bords du Rhin, où les Leudes Ostrasiens entreprenaient sur son héritage.

Childebert et Clotaire firent ensuite la guerre à Theudis , successeur d'Amalaric, et allèrent assiéger Saragosse. Forcés de lever le siége, ils repassèrent les Pyrénées, emportant avec eux les reliques de saint Vincent, 542.

Guerre contre les Ostrogoths, 539-554.—Le roi d'Ostrasie, Théodebert , avait promis des secours à Vitigès, roi d'Italie, et à l'empereur Justinien, qui lui avaient cédé, chacun de son côté, leurs droits sur la Provence. Il passa en effet les Alpes , non pour secourir, mais pour combattre les Ostrogoths et les Grecs qu'il avait trompés par des alliances contradictoires. Ses armées furent détruites par la faim et par les maladies. Sous le règne de son fils Théodebald , les ducs Léutharis et Buccelin conduisirent en Italie un corps de 75,000 Allemans, qui furent taillés en pièces à Casilin par le patrice Narsès, en 554 , ou périrent de la peste dans la vallée de l'Adige. (*Voyez* le chap. suivant.)

Clotaire Ier seul roi , 558-561.—Les fils de Clodomir avaient été égorgés ; Théodebald n'avait pas eu de postérité ; Childebert ne laissait que des filles. Ainsi Clotaire hérita de toute sa famille, et réunit sous ses lois les états de Clovis agrandis de la Bourgogne et de quelques autres provinces. La soumission des Saxons méridionaux, qui s'étaient joints aux Thuringiens insurgés, avait encore ajouté à la prédominance de la nation. Mais la mort de ce prince devait diviser de nouveau l'empire des Francs.

§ IV.—*Depuis la mort de Clotaire Ier jusqu'à celle de Clotaire II , 561-628.*

Clotaire Ier laissait quatre fils. Sigebert Ier fut roi d'Ostrasie ; Chilpéric Ier, de Soissons ; Caribert, de Paris ;

Gontran, d'Orléans et de Bourgogne. Comme après la mort de Clovis, le partage se fit d'une manière irrégulière, à tel point que plusieurs villes furent divisées; ce qui devait être une source de querelles. Ces élémens de discorde s'accrurent encore par la mort de Caribert, dont les états furent démembrés par ses trois frères.

564-567.—Pendant que Sigebert défendait l'Ostrasie contre une invasion des Avares, Chilpéric lui enleva quelques villes contestées. De là naquit une première guerre civile de peu d'importance. La réconciliation des deux princes fut suivie d'une double alliance qui semblait devoir resserrer leurs liens domestiques. Sigebert et Chilpéric épousèrent deux sœurs, Brunehaut et Galswinthe, filles d'Athanagilde, roi des Visigoths. Mais le roi de Soissons ayant fait périr sa femme pour épouser la sanguinaire Frédégonde, Brunehaut jura de venger sa sœur et de punir l'usurpatrice.

Guerre civile, 567-575.—L'inimitié de Brunehaut et de Frédégonde alluma une guerre intestine qui devait déchirer la France pendant un demi-siècle, et remplir la maison royale de haines et de crimes. Les Ostrasiens battirent les Neustriens sur tous les points, et Chilpéric fut assiégé dans Tournai. Mais un émissaire de Frédégonde assassina Sigebert au moment où il était proclamé roi par les Neustriens. Chilpéric recouvra son royaume. Brunehaut fut retenue captive, et son jeune fils Childedert, soustrait à la vengeance de Frédégonde, fut ramené en Ostrasie, où les Leudes s'emparèrent du gouvernement.

Incursions des Lombards, 572-576.—Ces barbares, récemment arrivés en Italie sous la conduite d'Alboin, passèrent plusieurs fois les Alpes, et s'avancèrent jusqu'au Rhône par les vallées de l'Isère et de la Durance. Amatus, patrice de la Bourgogne, mourut en les combattant. Son successeur, Mummol, les battit près d'Estoublons, et les força à repasser en Italie, 576.—Quelques années après, Childebert II, allié de l'empereur

Maurice, alla exercer de justes représailles sur les terres des Lombards, qui furent soumis au tribut jusqu'en 617.

Suite de la guerre civile, 576, etc.—Gontran, voulant arrêter les empiétemens de Chilpéric, adopta Childebert II, qui méconnut ses bienfaits, et fit alliance avec le roi de Soissons. Cependant la paix fut conclue. Mais Frédégonde, pour régner sans partage, fit assassiner son mari en 584, et gouverna sous le nom de son fils Clotaire II, à peine âgé de trois ans. Les désordres recommencèrent, et la guerre fut rallumée dans le midi par l'usurpation éphémère de Gundovald, et par une entreprise des Francs sur la Septimanie, qui resta au pouvoir des Visigoths.

Traité d'Andelot, 587.—Pour satisfaire les intérêts divers et prévenir de nouveaux troubles, Gontran, Childebert et Brunehaut conclurent, de concert avec les seigneurs, le célèbre traité d'Andelot, qui assurait au roi d'Ostrasie la succession du roi de Bourgogne, et qui laissa aux Leudes la possession héréditaire de leurs bénéfices. Childebert ne jouit pas long-temps de l'héritage de son oncle; et ses deux fils, Théodebert II et Thierri II, divisèrent de nouveau la Bourgogne et l'Ostrasie un moment réunies.

602.—Après avoir dépouillé Clotaire II d'une partie de ses états, les deux fils de Childebert II marchèrent contre les Basques ou Gascons, qui avaient quitté les montagnes de la Cantabrie pour envahir la Novempopulanie. Cette peuplade belliqueuse se soumit à la souveraineté des rois mérovingiens, et reçut pour duc Genialis.

Fin de la guerre civile, 605-613.—La guerre éclata entre Thierri II et Théodebert II, à l'occasion de l'Alsace, dont ils se disputaient la possession. Théodebert, vaincu à Tolbiac en 612, fut décapité par ordre de son frère, qui mourut lui-même l'année suivante. Brunehaut, secondée par le patrice Protadius, essaya en vain d'assurer la couronne à un fils de Thierri; Clotaire II reprit le dessus, et attira à lui les Leudes ostrasiens, dont Brunehaut avait réprimé les prétentions par les mesures les plus violentes. Cette vieille reine, livrée au fils de Frédégonde, fut condamnée à un cruel supplice.

613-628. — Clotaire II réunit toute la monarchie, et par un sage édit rendu à Paris dans une assemblée nationale, il réforma le royaume, et assura la paix publique, qui ne fut plus troublée de son vivant.

* * * *
CLODION LE CHEVELU,
4?8-448.

MÉROVÉE, 4i8-456.

CHILDERIC Ier, 456-481.

CLOVIS Ier, 481-511.

Ostrasie 511-534.	Orléans, 511-524.	Paris, 511-558.	Soissons, 511-561.
THIERRI Ier.	**CLODOMIR.**	**CHILDEBERT Ier.**	**CLOTAIRE Ier.** seul roi, en 558.
THÉODEBERT Ier. 534-548.	Deux fils assassinés et saint Cloud.	deux filles.	

THÉODEBALD, 548-555. Sans postérité.	Paris, 561-567. **CARIBERT Ier.**	Orléans, 561-593. **GONTRAN.**	Ostrasie, 561-575. **SIGEBERT Ier.**	Soissons, 551-584. **CHILPÉRIC Ier.**
			CHILDEBERT II. 575-596. R. de Bourgogne, 593.	**CLOTAIRE II.** 584-628. seul roi en 613.
			Ostrasie. Bourgogne. **THÉODEBERT II. THIERRI II.** 596-612. 596-613.	**DAGOBERT,** seul roi, 628-638. **CARIBERT II.** 628-631. Tige des ducs d'Aquitaine.

(*Voyez la suite, page* 8o.)

CHAPITRE IV.

Suite et fin de l'invasion des Barbares. — Établissement et domination des Ostrogoths en Italie. — Origine du royaume des Lombards et de l'Exarchat de Ravenne. — Invasion de la Grande-Bretagne par les Anglo-Saxons. — Émigration des Slaves, des Avares et des Bulgares.

§ I.—*Règne de Théodoric le Grand, 489-526.*

Les Goths orientaux, délivrés du joug des Huns par la défaite d'Irnak én 455, s'étaient fixés dans la Pannonie, du consentement de l'empereur Marcien, qui leur confia la défense du Danube. Ils obéissaient à trois frères, Walamir, Théodemir et Widimir. Théodoric, fils de Théodemir, fut élevé comme otage à la cour de l'empereur Léon Ier, qui l'adopta par les armes. Après la mort de ses oncles et de son père, il fut reconnu pour roi par les Ostrogoths walamirs. Les services qu'il rendit à Zénon contre l'usurpateur Basiliscus lui méritèrent les titres de patrice et de consul. Mais la défection des Goths triariens ayant entraîné celle des Walamirs, Théodoric se vit contraint de faire la guerre aux Romains orientaux. Pour éloigner un ennemi si redoutable, la cour de Byzance lui délégua les droits de l'Empire sur l'Italie, et l'invita à les faire valoir.

Conquête de l'Italie, 489-493.—Les Ostrogoths se mettent en marche pour l'Italie, et dispersent les tribus gépides, slaves et bulgares qui devaient leur en fermer le chemin. Après avoir vaincu sur les bords du Sontius les troupes mercenaires d'Odoacre, Théodoric s'empare de l'Istrie et de la Vénétie et remporte une seconde victoire près de Vérone. Le vainqueur éprouve à son tour des revers dans la Ligurie; mais un secours de Visigoths rétablit sa fortune. Le roi des Hérules, battu de nouveau sur l'Adige, se réfugie à Ravenne, où les Goths vont l'assiéger. Pendant le blocus, qui dura deux ans, Théodoric reçoit la soumission de Rome et de toute l'Italie. Pour se le rendre favorable, le roi des Vandales, Trasimond, lui cède la Sicile.

493.—Désespérant d'une plus longue résistance, Odoacre se livre à Théodoric, sur la promesse de partager avec lui le gouvernement de l'Italie. Mais le roi des Goths le fait égorger au milieu d'un festin. A l'exemple des derniers Césars, il fixe sa résidence à Ravenne, prend le titre de roi d'Italie, et se fait reconnaître en cette qualité par l'empereur Anastase.

Sans sortir de l'Italie, Théodoric ajouta à son royaume l'Illyrie, la Pannonie, le Norique et la Rhétie. Les Bavarois devinrent ses tributaires; quelques tribus allemaniques sollicitèrent son patronage pour échapper à celui de Clovis. Une guerre contre les Bourguignons lui valut la seconde Narbonnaise; la victoire d'Arles lui acquit le reste de la Provence et la Septimanie, pendant que la minorité de son petit-fils Amalaric amenait la réunion temporaire des deux grands états fondés par les Goths.

Relations étrangères.—Théodoric s'appliqua d'abord à se concilier la cour byzantine par ses déférences. Il voulut persuader à l'empereur Anastase que la souveraineté impériale n'avait reçu aucune atteinte en Italie. Mais lorsqu'on lui demanda autre chose que des hommages, il jeta le masque de la soumission, et défendit avec vigueur l'indépendance de sa couronne. A l'égard des rois barbares, il eut l'art de les placer presque tous sous sa dépendance par des liens de famille ou de protection.

Gouvernement.—Le conquérant de l'Italie, voulant donner pour bases à son empire la propriété territoriale et la force des armes, distribua à ses guerriers le tiers des terres conquises, et leur réserva l'honneur comme les charges du service militaire. Il leur interdit la fréquentation des écoles, et les rendit par là inhabiles aux emplois civils, qui restèrent le privilége des Romains. Les deux nations se trouvèrent ainsi séparées par leurs capacités respectives; mais elles furent soumises à la même loi civile, qui n'était autre que le droit romain modifié par l'Édit de Théodoric.

La royauté, modelée sur l'autorité impériale, était absolue comme elle; car il ne paraît pas que les réunions armées qui avaient lieu chaque année aient pris aucune part aux délibérations publiques. Les lois, discutées dans un conseil d'État, n'étaient communiquées que pour la forme au sénat de Rome, dont Théodoric avait conservé le fantôme, ainsi que toute la hiérarchie administrative de l'Empire. L'ordre ancien ne fut modifié que par l'établissement des comtes goths, chargés de rendre la justice aux barbares et de commander la force publique. Cette force consistait dans l'armée nationale, toujours disponible et rarement employée, et dans des corps de troupes mercenaires chargés de protéger la tranquillité intérieure et la sûreté des frontières. Les côtes, souvent assaillies par les Grecs, ou inquiétées par les pirates, furent défendues par mille légers navires appelés *dromones* ou corsaires.

L'agriculture et les arts industriels fleurirent à l'ombre de la paix et de la liberté civile. La division des terres en multiplia les produits, et l'Italie, naguère à la merci de l'Afrique et de la Sicile, put suffire à la nourriture de ses habitans. Les contributions arrivèrent sans peine dans les coffres de l'État, et fournirent au prince les moyens de réparer les maux de l'invasion, d'animer toutes les industries, et de déployer une magnificence royale dans les monumens d'utilité publique ou de pure ostentation. On sait que Théodoric fut un des plus généreux protecteurs des lettres et des arts : il eut pour amis et pour ministres les plus beaux génies de son siècle. De ce nombre furent le consul Boèce, l'évêque Ennodius, et surtout le préfet du prétoire Cassiodore, qui fut le glorieux instrument et peut-être le promoteur des grandes idées de Théodoric.

Ce grand homme montra une raison supérieure à son siècle dans les affaires de religion. Quoiqu'il professât, avec toute sa nation, les erreurs d'Arius, l'esprit de secte ne l'égara jamais. Il ne fut ni persécuteur ni intolérant; et si on le trouve quelquefois partial, c'est toujours en faveur du catholicisme. Cette tolérance fut un moment sur le point de se démentir, lorsque l'empereur Justin se mit à persécuter les Ariens en Orient ; Théodoric menaça d'user de représailles contre les Catholiques. La crainte d'une persécution se répandit en Italie ; quelques ambitieux, profitant du mécontentement général, tramèrent une conspiration, qui fut déjouée. Mais Boèce et son beau-père Symmaque, impliqués dans le complot, furent cruellement torturés, et mis à mort sans jugement. Théodoric reconnut trop tard leur innocence, et les remords qu'il éprouva troublèrent sa raison et hâtèrent la fin de ses jours (526).

526.—A la mort de Théodoric, ses deux petit-fils se partagèrent l'Empire gothique. Amalaric, fils d'Alaric II, fut proclamé roi par les Visigoths d'Espagne ; les Ostrogoths reconnurent le jeune Athalaric, né du mariage d'Amalasonte avec un prince de la famille de Théodoric. Cet enfant régna sous la tutelle de sa mère, et termina bientôt sa carrière.

§ II.—*Décadence et chute du royaume des Goths,*
534-554.

534-536.—La mort d'Athalaric faisant déchoir sa mère d'un pouvoir qu'elle avait exercé au profit des Romains, Amalasonte employa tout son crédit pour faire élire son cousin Théodat, qui promettait de partager avec elle la souveraine puissance. Trompée dans son attente, elle se disposait à quitter l'Italie lorsque Théodat la fit enfermer et mettre à mort. Il donna ainsi un prétexte de guerre à Justinien, qui envoya contre lui Bélisaire, le destructeur des Vandales africains. La Sicile se soumit sans combat; Naples et Rome tombèrent au pouvoir du général romain, et Théodat fut mis à mort par les siens pendant qu'il marchandait secrètement sa soumission.

536-540.—Vitigès, élu à sa place, fit alliance avec les Francs et les Perses contre l'Empire d'Orient. Trahi par les Francs, abandonné par les Italiens, il succomba dans Ravenne en 540, et alla finir ses jours dans une honorable, mais courte captivité. Bélisaire, calomnié à la cour, fut rappelé par Justinien, qui l'envoya combattre les Perses.

541-552.—L'absence de Bélisaire ranima le courage des Goths, et le génie de leur roi Totila releva un moment leur fortune. Vainqueur des Grecs à Faenza, ce guerrier recouvra en peu de temps Rome et la plus grande partie de l'Italie. La cour de Byzance, effrayée, se hâta de rendre à Bélisaire le commandement de l'armée; mais ce héros, dénué de ressources, borna ses succès à la reprise de Rome devenue déserte : il demanda lui-même et obtint son rappel (548). L'eunuque Narsès fut chargé de la guerre, et remporta sur Totila, blessé et mourant, la victoire de Lentagio, qui décida du sort de l'Italie (552).

553-554.—En vain Téias, successeur de Totila, entreprit de soutenir une lutte inégale : il fut aussi vaincu et tué près de Cumes. Deux corps auxiliaires de Francs, arrivés trop tard pour le secourir, furent détruits sur les bords du lac de Garda, ou taillés en pièces près de Casilin. Un frère de Téias, Aligern, tenta quelques vains efforts qui n'amenèrent qu'une capitulation. Les restes de la nation gothique abandonnèrent l'Italie, qui redevint une province de l'Empire.

554-568.—Narsès gouverna quinze ans l'Italie en qualité de duc ou d'exarque; mais sa cupidité l'ayant rendu odieux aux Romains, le sénat demanda son rappel à l'empereur Justin II. L'impératrice Sophie ayant insulté à la disgrâce de l'eunuque par une lettre outrageante, Narsès n'écouta que son ressentiment et invita les Lombards à la conquête de l'Italie.

§ III.—*Invasion des Lombards en Italie*, 568.

Ce peuple, originaire des bords de l'Oder, et depuis long-temps errant sur la rive gauche du Danube, avait été attiré par Justinien dans la Pannonie après la mort de Théodoric. Pendant qu'Alboin régnait sur les Lombards, les Avares arrivèrent du fond de l'Asie, et s'unirent à ces barbares pour faire la guerre aux Gépides. Cunimund, dernier successeur d'Ardaric, fut tué, dans un combat, de la main d'Alboin, qui épousa sa fille Rosamonde. La Dacie envahie resta au khan des Avares, et les Lombards rentrèrent dans la Pannonie chargés de butin (566) ; deux ans après, cette expédition, ils furent appelés en Italie.

Alboin, 568-573.—La nation entière des Lombards franchit les Alpes Juliennes avec un corps nombreux de Saxons et de Bavarois qui s'étaient associés à leurs espérances. Alboin s'empare sans combat de la Carniole, de la Vénétie et de la plus grande partie de l'Italie transpadane. Milan ouvre ses portes comme les autres villes, et le conquérant s'y fait proclamer roi d'Italie. Pendant qu'une partie de l'armée tient Pavie en état de blocus, Alboin passe le Pô et va subjuguer la Ligurie, l'Émilie, la Toscane, l'Ombrie, et peut-être le Samnium. Au retour de cette expédition, il se rend maître de Pavie, dont il fait la capitale de son royaume.

Les conquêtes des Lombards sont partagées en trente-six duchés, dont le gouvernement est assigné aux principaux compagnons d'Alboin. Ces duchés, dont les plus considérables furent ceux de Frioul, de Spolète et de Bénévent, devinrent bientôt héréditaires.

Toute la côte d'Italie, depuis l'embouchure du Pô

jusqu'à celle de l'Arno, Gênes et quelques villes de l'intérieur, restèrent sous la puissance des empereurs d'Orient, et formèrent une province gouvernée par un exarque, qui résidait à Ravenne. Plusieurs villes maritimes, telles que Venise, Naples, Gaëte, Amalfi, etc., commencèrent dès-lors à se rendre indépendantes de la cour de Byzance. La durée de l'exarchat, commencé à l'arrivée de Longin, en 568, devait se terminer à la prise de Ravenne par les Lombards, en 752.

Mort d'Alboin, 573.—Après cinq ans d'un règne sans repos, le conquérant de l'Italie fut mis à mort par l'ordre de sa femme Rosamonde, dont il avait irrité la douleur filiale en la forçant de boire dans le crâne de son père Cunimund. Cette reine criminelle se déroba par la fuite à la fureur des Lombards, et se réfugia dans Ravenne avec son séducteur Hemilchild, qu'elle trahit à son tour, et qui la força de partager avec lui une coupe empoisonnée.

Aristocratie, 575-585.—Après la mort violente de Cleph, successeur d'Alboin, les ducs Lombards laissèrent le trône vacant, et substituèrent à la royauté un gouvernement fédératif; mais les divisions intérieures et la nécessité de s'unir contre les Grecs et les Francs les ramenèrent à l'unité monarchique.

Autharis, *Agilulfe*, *Rotharis*, 585, etc.—Le roi Autharis, fils de Cleph, recouvra les provinces perdues, et s'avança jusqu'au détroit de Rhegium. Vainqueur des Grecs, il remporta aussi une victoire sur les Francs; mais il ne put empêcher leurs fréquentes incursions. La veuve d'Autharis, la sage Théodelinde, ayant donné pour roi aux Lombards un prince courageux et pacifique dans la personne d'Agilulfe, la nation jouit pour la première fois de la paix; et les efforts réunis des deux époux, que secondait le pape saint Grégoire, propagèrent la religion chrétienne parmi les Lombards, encouragèrent l'agriculture, et commencèrent la civilisation de ce peuple sauvage.

De bonnes lois manquaient encore aux conquérans de l'Italie ; Rotharis fut leur législateur. Après avoir rétabli l'ordre dans l'état et conquis la Ligurie maritime, ce prince publia à la diète de Pavie, tenue en 643, un code de lois qui fut amendé et développé sous les règnes de Grimoald et de Luitprand. Ces deux rois sont les seuls qui méritent d'être tirés de l'oubli durant l'anarchie qui suivit la mort de Rotharis.

§ IV. — *Invasion des Anglo-Saxons.*

Avant la conquête des Romains, la Bretagne était habitée au nord par les Calédoniens, divisés en Pictes et Scots (Scythes) ; à l'ouest par les Gallois, Welches ou Cambriens ; au sud-est et au centre par les Logriens. Tous les efforts des empereurs n'avaient pu assujettir les Calédoniens, et ces intrépides montagnards ne cessèrent d'assaillir la Bretagne romaine, malgré les deux retranchemens qu'Adrien et Sévère avaient opposés à leurs incursions.

Lorsque l'Empire fut de toutes parts attaqué par les barbares, la cour de Ravenne rappela les légions qui auraient pu défendre la Bretagne romaine. Rendues ou plutôt condamnées à leur première indépendance, les cités bretonnes se confédérèrent pour résister aux Pictes et aux Écossais, et nommèrent un *Penteyrn* ou généralissime, chargé de pourvoir à la défense commune.

Mais les Calédoniens n'en continuèrent pas moins leurs courses dévastatrices, et ce fut en vain que les Bretons implorèrent le secours du patrice Aétius, alors maître de la milice dans les Gaules.

Descente des Saxons, 448. — Pressés par leurs ennemis, les Bretons dégénérés ne pouvaient plus se défendre eux-mêmes. Le penteyrn Wortigern appela à son aide les Saxons du Holstein et du Jutland. Quinze cents de ces pirates débarquèrent sous les ordres d'Hengist et d'Horsa, et battirent les Pictes près de Standford. Pour prix de ce service, ils obtinrent l'île de Thanet et la promesse d'un tribut.

Royaume de Kent, 455. — Des différends s'étant élevés entre les Bretons et la colonie de Thanet, une lutte longue et sanglante s'engage entre les insulaires et les étrangers. Hengist, vainqueur de Wortigern et de son fils Vortimer, s'établit dans le territoire de Cantium ou Kent, et y fonde le premier royaume saxon.

Royaume de Sussex, 491. — Les Saxons, chaque jour renforcés par de nouveaux aventuriers, continuent le cours de leurs brigandages. Ella, soutenu par Hengist, défait le penteyrn Ambrosius, et fonde le royaume de . Sussex.

Royaume de Wessex, 516. — La défaite et la mort de Nazaléod, successeur d'Ambrosius, livrent à Cerdic et à ses compagnons la contrée sud-ouest du pays des Logriens : ainsi s'établit le royaume de Wessex.

Les progrès des Saxons furent arrêtés par Arthur, prince de Caërléon, qui remporta vers l'an 520 la victoire de Badon-Hill, et dont les exploits sauvèrent l'indépendance de la nation cambrienne.

Royaume d'Essex, 526. — Les Saxons, affaiblis, se divisent, et Erkenwin détache le pays d'Essex du royaume de Kent.

Descente des Angles, 547. — La nation des Angles abandonna à son tour les bords de l'Eyder pour s'établir dans la Grande-Bretagne, à l'exemple des Saxons.

Royaume de Northumberland, 547. — Conduits par Idda et ses douze fils, ils débarquèrent à Flamborough, et s'emparèrent de tout le pays situé entre l'Humber et le Forth. La conquête des Angles fut divisée après la mort d'Idda en royaumes de Deïre et de Bernicie ; mais Ethelfrid les réunit en 590, et toute la contrée prit le nom de royaume de Northumberland.

Royaume d'Est-Anglie, 571. — Une troupe d'Angles, détachée de l'armée d'Idda, avait déjà formé une colonie sur la côte, lorsque Offa, un de leurs chefs, prit le titre de roi d'Est-Anglie.

Royaume de Mercie, 584. — Peu d'années après, Crida établit sur la limite des Cambriens le royaume de Mercie, qui fut le dernier des sept États fondés par les Germains dans l'île d'Albion et connus dans l'histoire sous le nom d'*Heptarchie* (1).

Les résultats de l'invasion anglo-saxonne furent la destruction, l'exil ou la servitude de la population britannique. Une partie des vaincus, refoulés dans les pays de Galles et de Cornouailles, y défendirent avec succès l'indépendance nationale. Il s'y forma cinq principautés souveraines, qui furent un moment réunies, en 843, par Roderic le Grand. Les Bretons de la côte méridionale se réfugièrent en grand nombre dans l'Armorique, où ils se maintinrent long-temps en corps de nation, et qui a reçu d'eux le nom de Bretagne.

Irlande. — L'Hibernie ou Irlande resta à l'abri de l'invasion germanique, comme elle avait échappé à la domination romaine. La population de cette île reculée était divisée en un grand nombre de clans ou tribus gouvernées par des *riaghs* ou rois subalternes qui reconnaissaient pour chef un *ardriagh* et avaient sous leurs ordres des *Tiernes* ou chefs des clans inférieurs. Le roi suprême était élu dans une assemblée générale, mais toujours choisi dans la même famille : impuissante précaution contre l'ambition et l'anarchie. Des juges nommés *brehons* conservaient le dépôt des lois traditionnelles, dont une des principales dispositions rendait la propriété des terres viagère et en prescrivait le partage dans la tribu après la mort du possesseur.

§ V. — *Émigration des Slaves.*

On peut classer les tribus Slaves suivant les trois prin-

______

(1) *Voyez* le tableau géographique de cette fédération dans notre *Histoire générale du moyen âge*, tome 1, page 155.

cipales directions qu'elles suivirent en abandonnant leur terre natale.

1° *Slaves septentrionaux*. — Nous donnons ce nom aux Slaves proprement dits, qui, vers le commencement du cinquième siècle, furent refoulés vers le nord, dans le pays des Finnois. Ils fondèrent sur le lac Ilmen une ville nommée Slavensk, dont on croit reconnaître les ruines à Staroié-Goroditsché. Dans le même temps, suivant une hypothèse plausible, les Roxolans, formés d'un mélange des Rossi et des Alains, bâtirent Kief, sur le Borysthène; mais, chassés à leur tour par d'autres barbares, ces Russes primitifs allèrent se joindre aux Slaves septentrionaux, et fondèrent avec eux la ville de Novogorod, qui fut si long-temps la métropole du Nord.

2° *Slaves occidentaux*. — Les Venèdes ou Wendes s'établirent vers les cinquième et sixième siècles, entre l'Elbe et la mer Baltique, dans les contrées laissées désertes par l'expatriation des Suèves et autres peuplades germaniques. Leurs principales tribus étaient les Obo-trites, les Wilses, les Lusaciens, les Poméraniens, qui se fixèrent près des côtes, et les Moraves, les Tchèques et les Leckhes ou Poléniens, qui fondèrent dans l'inté-rieur des terres des États plus puissans, et dont deux subsistent encore.

Vers l'an 550, les *Tchèques* chassèrent les Marco-mans du pays des anciens Boïens et prirent le nom de *Bohémiens;* ils y fondèrent la république de Prague, qui fut plus tard subjuguée par les Avares. Un marchand franc, nommé Samon, les ayant délivrés de ce joug étranger, les Tchèques formèrent de nouveau un corps de nation, et leur confédération prit quelque consistance lorsqu'elle se donna un chef unique dans la personne de Prémislas, dont on ne connaît guère que le nom.

Les *Polonais* n'ont pas une origine plus authentique: on les fait descendre des Leckhes ou Poléniens, qui par-tirent des environs de Kief, sous la conduite de Leckh, leur premier woiévode, vers l'an 550. Les villes de Poznan et de Gnezne rapportent leur fondation à ce conquérant, peut-être fabuleux, et Cracovie tire son nom de Cracus, qui bâtit, dit-on, cette ancienne capitale de la Pologne. Des dissensions aristocratiques déchirèrent ce pays de bonne heure, et l'exposèrent aux attaques de ses voisins. Un autre Prémislas sauva la nation, et fut proclamé *Krol* ou roi, en 750.

3° *Slaves méridionaux.* — Les Antes ou Slaves de la mer Noire paraissent au nord de la Dacie vers l'an 527. De même que les Moraves et les Bohémiens, ils subirent la domination des Avares; mais, après la défaite du khan Baïan devant Constantinople, en 626, ils se révoltèrent contre leurs oppresseurs, et l'empereurr Héraclius leur permit de s'établir dans l'Illyrie. Telle est l'origine des anciens royaumes ou *bannats* de Croatie, de Dalmatie, d'Esclavonie, de Besnie et de Servie. Les Slaves illyriens se livrèrent à la piraterie, et leurs vaisseaux infestèrent long-temps les mers de l'Adriatique et de l'Archipel.

Les villes maritimes de Trau et de Zara résistèrent à ces barbares qui avaient dévasté toute la contrée. Spalatro et Raguse, fondées par les fugitifs de Salone et d'Épidaure, restèrent également sous l'autorité des empereurs, et firent partie de la province ou *thème* de Dalmatie.

§ VI. — *Avares et Bulgares.*

Avares. — Ce peuple, souvent confondu avec les Huns, n'était qu'un débris de la grande nation des Tartares-Géougen, qui dominait depuis l'an 402 dans les environs des monts Altaï, et qui fut détruite en 552 par les Turcs aidés des Chinois. Sur les ruines de cette domination, le khan Dysabule avait fondé un puissant empire, d'où sortirent plus tard les Khozares et les Seljoucides, qui se rendirent si formidables à l'Empire d'Orient.

Les Ogors échappèrent à la destruction des Géougen

dont ils faisaient partie , et se dérobèrent par la fuite à leurs ennemis. Conduits par le kakhan Varkhouni , ils passèrent le Volga , et arrivèrent en Europe sous le nom d'Avares. L'empereur Justinien les engagea à s'établir dans la Dacie , pour les opposer aux Gépides et aux Lombards (558). Nous avons vu comment Baïan , leur chef , conquit le royaume des Gépides ; il subjugua aussi les Antes , les Moraves , les Tchèques et les Bulgares. Long-temps redoutable à l'Empire, qu'il dévasta dans ses incursions, ce conquérant fut enfin battu devant Byzance en 626 , et sa défaite fut le signal de la révolte des peuplades tributaires. Cependant la domination des Avares subsista long-temps encore dans les deux Pannonies, et ne fut détruite qu'en 799 par Charlemagne.

Bulgares. — Cette nation , originaire des bords du Volga , s'était avancée vers les bords du Borysthène et du Dniester, sous le règne de l'empereur Zénon. Pendant deux siècles que les Bulgares occupèrent cette contrée , l'Empire grec fut souvent exposé aux incursions qu'ils faisaient en commun avec les Slaves ou avec les Avares. Lorsque la mort de Baïan eut rendu la liberté au monde barbare , ils ne reconnurent plus d'autre autorité que celle de leur chef Couvrate.

Après la mort de Couvrate , les Bulgares se partagèrent entre ses deux fils. L'un , nommé Alezécus , fut appelé en Italie par un duc de Bénévent , qui établit sa tribu dans les environs de Molise. Asparouk se mit à ravager la Thrace avec le gros de la nation , et vendit ensuite son alliance à l'empereur Constantin Pogonat , qui lui abandonna la Mésie déserte , en 679. On peut regarder Asparouk comme le fondateur du premier royaume de Bulgarie, qui subsista jusqu'en 1019.

CHAPITRE V.

Idée générale des institutions germaniques apportées par la conquête dans les provinces romaines.

§ I. — *Établissement des Barbares et partage des terres.*

Lorsque l'invasion, en s'arrêtant, eut laissé les diverses tribus germaniques dans les provinces où le flot de la guerre les avait poussées, les conquérans s'attachèrent au sol de la conquête en s'attribuant une partie des propriétés romaines et des colons esclaves. Les Bourguignons et les Visigoths s'emparèrent des deux tiers des terres ; les Hérules, les Ostrogoths et les Lombards, du tiers seulement ; les Anglo-Saxons, de la totalité. On ignore dans quelle proportion les Vandales, les Suèves et les Francs s'associèrent à la possession du domaine conquis par leurs armes. Cette spoliation partielle des vaincus fut compensée par l'abolition des impôts dont la fiscalité impériale avait chargé la propriété.

Pour intéresser les nouveaux possesseurs à la défense commune et au maintien de l'ordre établi, les lois barbares mirent des entraves à l'aliénation des portions de terre qui étaient échues à chacun des guerriers de la conquête. Le code des Bourguignons la prohiba formellement ; celui des Francs défendit que les filles succédassent aux terres *saliques*, qui n'étaient autres que les lots primitifs du partage.

Dans tous les États fondés par les barbares, on distingue trois espèces de terres :

1° Les *aleuds*, ou terres libres, appelées en latin *sortes barbaricæ*, et résultant de la conquête. Il paraît cependant que les propriétés romaines, franches de toute redevance, furent assimilées à ces domaines ;

2° Les *bénéfices* ou *fiscs*, que les rois détachaient du domaine public pour en gratifier leurs *leudes* ou *fidèles*, à titre révocable, viager ou héréditaire, en les obligeant à des devoirs particuliers ou à certaines charges ;

3° Les terres *censives* ou *tributaires*, dont la possession entre les mains de colons héréditaires était pourtant conditionnelle et subordonnée au paiement d'un cens annuel. Ce genre de tenure existait sous les Romains, et les Barbares le laissèrent subsister.

Dans la suite des temps, il s'opéra une révolution dans la nature de ces trois propriétés. Les terres libres furent soumises à des impôts, et cédèrent le premier rang aux bénéfices, qui, sous le nom de *fiefs*, furent affranchis des charges publiques; et les terres tributaires devinrent la pleine propriété de ceux qui n'y exerçaient d'abord qu'un droit de redevance.

§ II. — *État des personnes.*

Les deux grandes divisions qui se présentent d'abord sont : 1° celle des Barbares et des Romains ; 2° celle des hommes libres et des esclaves. Mais les conquérans ayant adopté de bonne heure les distinctions déjà reconnues chez les Romains, nous diviserons la population en trois classes.

Ire classe. — Les plus considérables d'entre les barbares formaient une espèce de noblesse personnelle qui consistait dans la possession des bénéfices et de certains emplois ; on les appelait *leudes*, *antrustions* ou *vassaux* en France, *masnadieri* en Italie, *thanes royaux* en Angleterre, etc. Les Romains pouvaient être assimilés à ces *seigneurs* primitifs sous le titre de *convives du roi*, et les décurions des cités conservèrent leur noblesse municipale avec les priviléges qui y étaient attachés.

IIe classe. — Elle comprenait les Barbares propriétaires de biens allodiaux, et jouissant de tous les droits civils et politiques; on leur donnait le nom d'*hérimans*, *fribourgs*, *thanes*, etc. Les Romains de cette classe étaient exclus de la liberté politique, mais conservaient tous les avantages attachés à l'*ingénuité*.

IIIe classe. — Les colons tributaires, bien que libres de leur personne, les affranchis qui l'étaient devenus, et les esclaves restés asservis à la glèbe ou au service domestique, peuvent être réunis dans cette dernière division.

§ III. — *Gouvernement et administration.*

La monarchie mixte fut commune à tous les États d'origine germanique. Les chefs de tribu qui n'étaient pas rois avant l'invasion, le devinrent après la conquête. La royauté tendit à changer de principe et de nature ; l'élection y eut une moindre part, et le rang suprême chercha à se modeler sur la dignité impériale par ses attributions et par sa pompe extérieure. Cependant le principe de l'élection ne s'effaça jamais entièrement, et il conserva toute sa force chez les Goths et les Lombards. Chez les Saxons, la royauté fut purement héréditaire, et n'appartint qu'aux descendans d'Odin : c'était pour eux un droit divin. Partout les femmes étaient exclues du trône.

L'autorité des rois était limitée par les assemblées de la nation, désignées sous les noms communs de *mallum*, *placitum*, *parliamentum,* et sous les dénominations locales de *champ-de-mars* ou de *mai* en France, de *wittenagemot* en Angleterre, et de *concile de Tolède* en Espagne. On y décidait de la guerre, de la paix et des affaires d'un intérêt général.

En France, en Espagne et en Italie, les provinces furent administrées par des ducs, les cités ou diocèses par des comtes, et les subdivisions des comtés par des viguiers ou vicomtes, des centeniers et des dizeniers. Les ducs et les comtes percevaient les revenus publics, menaient les hommes libres à l'armée, et présidaient le *placitum* provincial où se rendait la justice. Ainsi, l'autorité civile et le pouvoir militaire, séparés depuis Constantin, se trouvèrent de nouveau réunis.

Le système fiscal des Romains ayant disparu dans la conquête, on peut dire qu'il n'y avait plus ni impôts réguliers, ni trésor public. Les charges de l'État étaient toutes locales, et la munificence des princes, trop pauvres pour donner de l'or, s'exerçait aux dépens du domaine royal. Les rois mérovingiens n'eurent long-temps pour revenus que le produit de leurs métairies, la moitié des amendes judiciaires et les présens volon-taires que les Francs leur apportaient au champ-de-mars. Plus tard on fut obligé de recourir aux impôts indirects ; mais jamais les aleuds ne furent soumis à la contribution foncière.

Le service militaire était dû par tous les citoyens, dans les guerres nationales appelées *landwehr* (défense du pays). Chaque guerrier était tenu de s'équiper et de s'entretenir à ses propres frais. Quand le roi en-treprenait une guerre privée, ou *fehde*, pour un inté-rêt particulier, il ne pouvait appeler sous ses drapeaux que les leudes liés à sa personne par un bénéfice ou par une solde. La guerre était annoncée par un *ban* ou publication : de là les noms de *ban* et d'*arrière - ban* donnés à nos anciennes milices.

La justice était rendue dans des assises (*placita mi-nora*), tenues par les comtes, les viguiers, les cente-niers et les dizeniers, suivant la nature de l'affaire ou la gravité du cas. D'abord tous les hommes libres du canton devaient assister à ces plaids. Dans la suite, les comtes n'y appelèrent plus qu'un nombre déterminé de jurés appelés *rachimbourgs* ou *échevins*. Ainsi, dès le berceau des nouvelles monarchies, chacun était jugé par ses pairs.

La procédure était publique. Les jugemens se fon-daient : 1° sur les preuves écrites ; 2° sur les témoins ;

3° sur les conjurateurs qui affirmaient sous serment la vérité de l'accusation ou l'innocence de l'accusé ; 4° sur les épreuves judiciaires, ou jugemens de Dieu, par le feu, l'eau, la croix ou le combat. Cette dernière épreuve avait pour objet d'imposer une règle et une limite au droit de guerre privée.

Après la peine capitale réservée pour des cas rares, et dont la loi des Francs ne faisait pas même mention, les condamnations ordinaires étaient l'amende et la composition. L'*amende* ou *fredum* était le prix de la paix (*friede*) que la société garantit à chacun de ses membres ou de la réconciliation entre les parties. La *composition* ou *weregild* était la compensation due à la partie lésée, ou à ses héritiers dans le cas d'homicide. On trouve dans les lois barbares le tarif des compositions pour toutes sortes de délit et de crime. Dans les deux codes salique et ripuaire, le weregild d'un Franc est toujours double de celui d'un Romain de condition égale.

Les Romains ayant conservé leurs institutions municipales, continuèrent d'être jugés par les juges des cités.

§ IV. — *Lois des barbares.*

Lorsque les nations germaniques se furent fixées dans les pays conquis par elles, chaque guerrier se trouvant transformé en propriétaire, et engagé dans des rapports continuels, soit avec ses compatriotes, soit avec les Romains, leur vie, naguère si simple et si libre, se compliqua de mille manières, et il devint nécessaire de créer pour elles un droit civil fondé sur leurs anciennes coutumes, et particulièrement destiné à réprimer les excès de la liberté et de la force individuelle. On rédigea donc des codes qui furent approuvés dans les assemblées générales des hommes libres, et modifiés par la suite avec les mêmes formalités. La plupart de ces monumens d'une législation grossière sont parvenus jusqu'à nous. Ces lois sont :

1° La *loi salique*, rédigée au-delà du Rhin avant la conquête, et dont on attribue à Clovis une seconde publication en langue latine. Les textes que nous en avons sont ceux de Dagobert et de Charlemagne. On croît communément que la loi salique exclut les femmes de la couronne de France. Ce principe conservateur de notre monarchie n'est qu'une dérivation d'un article de ce code, en vertu duquel *aucune portion de la terre salique ne doit venir en héritage aux filles;*

2° La *loi des Ripuaires*, semblable à celle des Francs saliens, et promulguée par Thierry Ier dans un champ-de-mars tenu à Châlons-sur-Marne ;

3° La *loi des Bourguignons*, appelée aussi *loi gombette*, du nom de Gondebaud, son premier auteur, qui la fit accepter à l'assemblée d'Ambérieux, en 502. Sigismond, son fils, en publia une édition plus complète en 517 ;

4° La *loi des Allemans*, attribuée à Thierry Ier, mais dont les dispositions chrétiennes témoignent une origine moins ancienne. On peut au moins affirmer que Dagobert la fit reviser en 630 ;

5° La *loi des Bavarois*, qui eut la même origine que la précédente et fut refondue sous le même règne ;

6° La *loi des Visigoths*, que le roi Alaric II fit rédiger, en 506, par deux jurisconsultes, l'un goth, l'autre romain, chargés de fondre ensemble les usages nationaux, le code théodosien et divers recueils de jurisprudence romaine. Plusieurs fois amendé, ce code reçut sa dernière sanction en 688, sous le règne d'Égica, au concile législatif de Tolède ;

7° La *loi des Ostrogoths*, qui n'est autre chose qu'un long édit de Théodoric, rendu en 500 dans le dessein de soumettre cette nation à la législation romaine ;

8° La *loi des Lombards*, que Rotharis révisa, et dont il proposa l'acceptation à la diète de Pavie, en 643;

9° La *loi saxonne*, rédigée dans le IXe siècle par

Alfred le Grand, d'après différentes lois d'Ina, Éthelbert et autres princes de l'Heptarchie. Nous n'en possédons que des fragmens.

Tous ces codes, destinés à régir des peuples qui
avaient une même origine, se ressemblent beaucoup
pour le fond et pour la forme ; la plupart ont en outre
des caractères communs qui les distinguent des légis-
lations anciennes et modernes :

1° Toutes ces lois, à l'exception du code des Visigoths, étaient personnelles et non territoriales ;

2° Elles laissaient à chacun la faculté de choisir la
loi qu'il voulait suivre ;

3° Elles donnaient la faculté de réparer tous les délits par des compensations pécuniaires.

En France, et pendant quelque temps en Espagne,
les Romains continuèrent de vivre sous l'empire des
Constitutions impériales que Théodose II venait de recueillir dans un code qui porte son nom. Le droit justinien régit les Romains d'Italie.

§ V. — *Résultats généraux de l'invasion.*

La lutte qui s'était engagée entre les peuples du Nord
et les Romains avait été un combat à mort entre la
barbarie et la civilisation. La barbarie triompha, et les
vaincus partagèrent l'ignorance et la rudesse des vainqueurs, sans en emprunter le courage et l'indépendance. Plus heureux que les Romains, les barbares
dépouillèrent leur férocité sans renoncer à leurs vertus
guerrières ; ils reçurent les bienfaits du christianisme,
qui devait les faire participer un jour à la civilisation
romaine, dont cette religion conservait les précieux
germes.

Dans le mélange des deux races, les langues se mêlèrent comme les mœurs, et les conquérans subirent le
joug de la langue latine, qui était celle du culte, et qui
devint celle des lois. Cependant le contact de l'idiome

teutonique dénatura le langage qui avait prévalu : de cette corruption sortit une langue *vulgaire* ou *rustique*, qui fut depuis appelée *romane*, et de laquelle sont dérivés tous les dialectes de l'Europe méridionale.

On attribue à l'invasion barbare la dépopulation et la misère qui se firent si long-temps sentir dans les provinces romaines, autrefois si florissantes. Les fléaux de la guerre y contribuèrent sans doute ; mais le dépérissement universel avait déjà fait d'effrayans progrès : il était né de l'oppression impériale. L'agriculture continua à être négligée faute de bras et de consommateurs ; le commerce, sans sûreté et sans encouragement, ferma tous les canaux aux productions de la terre, comme aux produits de l'industrie ; les arts de première nécessité se dégradèrent, et les arts libéraux n'existèrent plus.

CHAPITRE VI.

De l'Empire d'Orient, depuis la mort de Théodose le Grand jusqu'aux conquêtes des Arabes.

§ I. — *Des empereurs avant Justinien*, 395-527.

Le fils aîné du grand Théodose, Arcadius, sembla imprimer sa faiblesse à l'Empire byzantin, dont son règne commence l'histoire (395). Il laissa le soin de l'État aux courtisans et aux généraux barbares, qui se détruisirent les uns les autres. Une femme et des eunuques gouvernèrent sous Théodose II (408-450). Pulchérie, sa sœur, reçut à quinze ans le double fardeau de la tutelle du prince et de la régence de l'Empire. Pour dominer plus aisément Théodose, elle lui inspira la dévotion d'un anachorète et les futiles goûts d'un rhéteur. Aussi l'empereur n'hésita pas à placer sur le trône la fille d'un sophiste, la savante Athénaïs: union bizarre et malheureuse qui ne donna pas d'héritier au trône. Sous ce règne, l'Empire n'éprouva de la part des barbares que deux incursions passagères, et resta en paix avec les Perses, qui se partagèrent l'Arménie avec les Romains. Le mont Taurus fut donné pour ligne de démarcation à l'Arménie romaine et à la Persarménie. Théodose acquit une facile illustration par la publication d'un code qui porte son nom, et qui n'est qu'un recueil d'édits impériaux (438). En 450, le guerrier Marcien succéda au faible Théodose II, par la faveur de Pulchérie. Cette princesse le choisit pour époux, lorsque son âge ne permettait plus l'espoir d'un héritier à la race théodosienne, qui s'éteignait en même temps dans les deux empires, en laissant l'Orient à la merci des intrigues du palais, moins violentes, mais plus ignobles que les révolutions prétoriennes de l'Occident. Pendant près de deux siècles, les empereurs mourront sans héritiers directs, et la dignité impériale se transmettra par des mariages d'ambition et des adoptions forcées.

La fière contenance de l'époux de Pulchérie déconcerta les prétentions d'Attila, et détourna sur l'Occident les fureurs de ce barbare. Sous le règne de Marcien, l'Église fut tranquille comme l'État. Il n'en fut pas de même sous le Thrace Léon, qui, le premier, dut la couronne à la protection d'un général barbare, et la reçut des mains d'un évêque (457). — Zénon, gendre de ce prince, gouverna l'Empire après lui; d'abord comme tuteur de son propre fils, Léon II, mort en bas âge, et ensuite comme empereur (474). — Porté à l'Empire par la garde prétorienne des Isauriens, il y fut rétabli par le dévouement de cette milice, lorsqu'un complot tramé par la veuve de Léon Ier eut un moment placé sur le trône le rebelle Basiliscus. Incapable de défendre et de gouverner l'État, Zénon se flatta de rétablir l'unité de croyance dans l'Église ; mais son *Édit d'union* (hénoticon) ne put concilier les catholiques avec les Eutychiens, et suscita de nouvelles disputes.

491. — Les querelles religieuses se prolongèrent sous le règne d'Anastase, que l'impératrice Ariadne fit élire par le sénat lorsqu'il allait prendre possession du siége patriarcal d'Antioche. Imbu des erreurs d'Eutychès, ce monarque théologien se déclara pour les hérétiques ; et par la déposition du patriarche orthodoxe Macédonius, il donna des prétextes et des fauteurs à la rebellion de Vitalien, qui aspirait à l'Empire. Les désordres excités dans l'État par une intolérance coupable furent réparés par d'utiles réformes, telles que l'abolition de certains impôts honteux et vexatoires, de la vénalité des charges, de la garde isaurienne, etc.

Guerre avec la Perse, 502-505. — L'Empire était en paix depuis près d'un siècle avec les rois Sassanides de Perse, dont la domination avait succédé, en 223, à celle des Parthes Arsacides. Le voisinage des Huns nephtalites, établis sur l'Oxus, était à charge aux Grands Rois, et la nécessité de repousser leurs incursions tournait de ce côté les forces de la Perse. Ils avaient aidé Cabadès à recouvrer sa couronne usurpée par un de ses frères ; et comme ce prince ne pouvait leur payer la récompense de ce service, il s'adressa à l'empereur Anastase, qui répondit par un refus. La guerre éclata, et les Perses enlevèrent aux Romains le comté d'Arménie et la Colchide. Anastase profita de quelques années de trève pour fortifier la frontière orientale, en même temps qu'il protégeait Constantinople contre les Slaves, en bâtissant le mur qui porta son nom.

Le repos de l'Église, la tranquillité des provinces et la paix du dehors, ne furent point troublés pendant le règne de Justin *le Thrace*. Mais la sûreté d'un soldat parvenu demandait quelques victimes, et l'ambitieux Vitalien perdit la vie sur l'échafaud. Justin Ier, en accep tant la soumission des Lazi, peuple tributaire de la Perse, provoqua une rupture dont sa mort ne lui permit pas de voir les suites. Il légua l'empire et la guerre à son neveu Justinien.

§ II. — *Règne de Justinien*, 527-565.

Guerre de Perse, 528-532. — Cabadès fait attaquer les ouvriers romains qui bâtissaient une forteresse en avant de Dara. Mais Bélisaire, préfet d'Orient, vole au secours de cette place, et commence par une victoire son immense renommée. Les Perses vaincus se détournent sur l'Arménie, et menacent la Syrie. Bélisaire ramène ses troupes vers Antioche; et, malgré la perte d'une bataille, il sauve la Syrie et sa métropole. Sittas, envoyé pour remplacer ce général, ne peut faire lever le siége de Martyropolis. Mais la mort imprévue de Cabadès change la politique de la cour de Ctésiphon. Chosroès Nouschirwan, menacé sur son trône par un frère déshérité, prête l'oreille à des propositions de paix. Un traité d'amitié *perpétuelle* ne fait que suspendre la guerre (532).

Guerre d'Afrique, 533-534. — Justinien, ayant formé le dessein de reconquérir les provinces romaines tombées au pouvoir des barbares, tourne d'abord ses vues sur l'Afrique. Il prend pour prétexte l'usurpation de Gélimer, qui venait de détrôner Hildéric. Les Vandales, amollis par le luxe et par le climat africain, devaient être facilement subjugués.

Bélisaire va débarquer près de Sullecte, et marche sur Carthage, dont il s'empare après une victoire. Une seconde bataille, gagnée à Tricaméron, met en son pouvoir le royaume et le roi des Vandales. Le vainqueur de l'Afrique est rappelé à Constantinople, où il fait une entrée triomphale, suivi de son royal prisonnier.

Guerre Gothique, 534, etc. — Après ce grand exploit, Bélisaire est chargé de la conquête de l'Italie, et commence avec gloire une guerre que Narsès acheva avec plus de bonheur. (*Voy.* chap. IV.)

Pendant que la domination des Goths succombait en Italie, elle était ébranlée en Espagne par l'imprudence du roi Athanagilde, qui implora le secours de Justinien contre son compétiteur Agila (552). Le patrice Libérius prit possession de Valence, de Cordoue, et de toute la Bétique orientale, dont les Romains de Byzance conservèrent une partie jusqu'en 624.

Deuxième guerre de Perse, 540-562. — Excité à la guerre par les Arméniens et par les Ostrogoths, Chosroès rompt la paix avec les Romains. Les Perses envahissent la Syrie, et en sont chassés par Bélisaire. Dans le même temps, les Lazi se donnent à Chosroès, qui entreprend, sans succès, de créer une puissance navale dans la mer Noire. Les habitans de la Colchide, menacés d'être transplantés hors de leur patrie, reviennent aux Romains, et contribuent à l'expulsion des Perses (555). La guerre languit plusieurs années encore, et se termine par la paix de 562, qui rétablit les anciennes limites des deux empires.

Invasion des Bulgares, 559. — Les Bulgares, réunis aux Slaves du midi, passent le Danube sur la glace et envahissent la Thrace, conduits par le féroce Zaber-Khan. Bélisaire, disgracié, sort de sa retraite, se met à la tête des gardes et des citoyens armés, bat les barbares et les rejette au-delà du Danube.

Mort de Justinien, 565. — Bélisaire, faussement accusé d'avoir conspiré contre l'empereur, et dépouillé de ses biens, n'avait survécu que de quelques années à sa dernière disgrâce. Justinien termina, quelques mois après la mort de ce héros, un règne plein de gloire, de fautes, de scandales et de malheurs : de sanglantes séditions nées dans l'Hippodrome, des tremblemens de terre qui renversèrent des villes entières en 557, et la peste qui dépeupla l'Europe en 543, tous ces fléaux, joints à ceux de la guerre, protestent contre la prospérité que semblent supposer des conquêtes brillantes.

La grande gloire de Justinien repose sur les travaux de législation qui furent entrepris sous son règne. Il avait chargé le questeur Tribonien de recueillir et d'abréger les divers monumens de la jurisprudence romaine. Cette immense compilation, faite trop à la hâte, produisit en peu d'années quatre publications successives : 1° Le *Code* (528), recueil en XII livres de constitutions impériales ; 2° les *Institutes* (533), qui réduisirent en principes élémentaires, à l'usage des écoles, tout le système des lois romaines ; 3° les *Pandectes* ou *Digeste* (533), compilation en L livres des Codes grégorien, hermogénien, théodosien, et de deux mille traités de jurisprudence ; 4° les *Novelles* ou *Authentiques* (534 et 565), recueil de lois récentes rendues par Justinien. Tous ces codes s'accordent à reconnaître pour souveraine et absolue la volonté de l'empereur.

§ III. — *Depuis la mort de Justinien jusqu'aux derniers empereurs Héraclides*, 565-711.

565-579. — Justinien laissa à son neveu Justin II l'Empire, qu'il tenait de son oncle Justin Ier. La disgrâce de Narsès facilita aux Lombards la conquête de l'Italie (*Voyez* chap. IV). Vers le même temps, les Avares et les Turcs envoyèrent des ambassadeurs à Constantinople. Justin refusa avec fierté l'alliance que les premiers voulaient lui imposer, et se ligua contre les Perses avec le khan des Turcs, dont l'amitié ouvrit aux Romains le commerce de l'Asie centrale. La guerre ayant éclaté entre Justin et Chosroès au sujet de la Persarménie, les Perses envahirent de nouveau les provinces romaines ; mais la mort de l'empereur et celle du Grand Roi ralentirent un moment les hostilités.

578-610. — Tibère, adopté par Justin, se montra digne de ce choix. Pendant qu'il repoussait les Avares dans la Dacie, ses généraux, Justinien et Maurice, remportaient sur les Perses les victoires de Mélitène et de Constantine. Maurice obtint en récompense la fille de Tibère et l'espoir de l'Empire; mais moins heureux comme empereur que comme général, il ne put maintenir ses avantages. Le satrape Bahram, après avoir vaincu les Turcs, allait pénétrer dans l'Asie mineure, lorsqu'il fut battu par les Romains. Rappelé après sa défaite, il se révolta contre le roi Chosroès II, qu'il réduisit à chercher un asile dans l'Empire. Le généreux Maurice rétablit son ennemi, et obtint par un traité la restitution des conquêtes de Bahram (591). Il s'appliqua ensuite à détruire la puissance des Avares, que Priscus défit dans cinq batailles; mais l'armée victorieuse se révolta, et proclama le centurion Phocas, pendant qu'une faction chassait Maurice de sa capitale et ouvrait les portes à l'usurpateur, en 602. Phocas préluda à ses tyrannies par le massacre de toute la famille impériale, et appela sur lui la haine et le mépris des peuples. Son gendre Priscus se mit à la tête d'une conspiration, et invita l'exarque d'Afrique à le détrôner. Héraclius arriva avec la flotte de Carthage, et vengea la mort de Maurice. Il fut proclamé empereur par la reconnaissance publique.

Héraclius, 610-641. — Des revers accablans, de glorieux faits d'armes et de nouveaux revers marquèrent le commencement, le milieu et la fin du règne d'Héraclius.

Preimère période de revers, 610-622.—Chosroès II, qui avait pris les armes pour venger la mort de Maurice, son bienfaiteur, refuse l'amitié d'Héraclius, déjà maître de la Mésopotamie; il envahit la Syrie, et livre aux flammes Antioche, Damas et Jérusalem. Il annonce le dessein de substituer la religion des Mages à celle de l'Évangile. Le satrape Saïn parcourt en vainqueur l'Égypte et la Cyrénaïque; puis, revenant sur ses pas, il pénètre dans l'Asie mineure, et s'empare de Chalcédoine

(614). — Les Avares, alliés des Perses, s'avancent jusque sous les murs de Constantinople (619). — Héraclius, réduit à la possession de sa capitale et de quelques provinces maritimes, veut transporter le siége de l'empire à Carthage ; mais le patriarche s'y oppose, et les libéralités de l'Église sauvent l'État.

Période de gloire, 622-632. — L'empereur, par une résolution hardie, transporte le théâtre de la guerre au-delà du mont Taurus ; une victoire remportée à Issus signale sa première expédition. L'année suivante, il va débarquer à Trébizonde, fait alliance avec les Turcs Khozares, et force Chosroès à défendre ses propres frontières. Les Avares sont taillés en pièces devant Constantinople, en 626. Héraclius, renforcé par quarante mille Khozares, reprend toutes ses villes perdues, et marche sur Ctésiphon après avoir battu les Perses à Mossoül. Il dicte la paix à Siroès, qui venait de détrôner son père, en 628. — Ce traité termine la longue querelle des deux empires, qui vont se trouver engagés dans une lutte nouvelle avec les Arabes.

IIe période de revers, 632-641. — Héraclius, attaqué par les Musulmans, n'ose se commettre en personne aux hasards de cette guerre. L'Empire perd la Syrie et l'Égypte ; et l'empereur, déchu de sa gloire, finit misérablement son règne entre une dispute théologique et une guerre religieuse (641). (*Voyez* le chap. VIII).

Empereurs héraclides, 641-711. — Il suffira de présenter la suite chronologique de ces princes, dont les noms souillent plus que tous les autres les annales byzantines : Héraclius Constantin, empoisonné en 641 ; — Héracléonas, son frère, mutilé (641) ; — Constantin II, assassiné à Syracuse, après une expédition désastreuse en Italie (668) ; — Constantin III Pogonat, mort en 685 ; — Justinien II, détrôné et mutilé (695) ; — Léonce et Absimare Tibère, usurpateurs, massacrés ; Justinien rétabli par les Bulgares, puis décapité (711).

CHAPITRE VII.

De l'Arabie, de Mahomet et du Koran.

§ 1. — *État de l'Arabie avant Mahomet.*

La population primitive de l'Arabie peut être distinguée en trois races principales, savoir : les Sabéens dans l'Arabie Heureuse, les Ismaélites ou Agaréniens dans l'Hedjâz et une partie du Nedjed, et les Sarrasins au nord du désert. Outre ces trois grandes divisions, les habitans de la péninsule arabique se sont toujours distingués par tribus, dont tous les membres sont censés descendre d'un auteur commun et obéissent à un cheikh supérieur appelé *émir*. Ces tribus sont sédentaires ou nomades, selon qu'elles habitent les villes ou qu'elles errent dans le désert; les nomades ou scénites, livrés au commerce de caravane, au brigandage ou au soin des troupeaux, sont connus sous le nom de *Bédouins*. Les destinées toujours semblables de ces tribus toujours mobiles échappent à l'œil de l'histoire.

Plus connus que leurs voisins, les Arabes sédentaires prétendent à une civilisation très-ancienne. Mais les traditions de ces peuples ont été consignées dans les histoires avec toutes leurs fables. On peut admettre l'existence très-reculée de La Mecque et d'Yatreb (Médine), qui servaient d'entrepôt au commerce de l'Yémen, et dont les cheikhs ou chefs de famille formaient une espèce d'aristocratie républicaine sous la suprématie d'un *chérif.*

Au midi, l'Yémen était gouverné par des rois d'antique origine qui résidaient à Saana ou Saba. Ces souverains, ayant embrassé le judaïsme au commencement du quatrième siècle, furent dépossédés en 529 par le

Négusch d'Abyssinie, qui donna le trône au chrétien Abyat, père d'Abrahah-el-Aschram. Abrahah fit la guerre aux habitans idolâtres de l'Hedjâz, qui avaient osé souiller l'église de Saana. Mais il échoua au siége de La Mecque, qui fut défendue par le chérif Abdol-Motalleb, aïeul de Mahomet (570). Deux ans après, les enfans d'Abrahah furent chassés de l'Yémen par Chosroès Nouschirwan, qui rétablit l'ancienne dynastie devenue tributaire des rois Sassanides.

L'idolâtrie était la plus ancienne religion de l'Arabie; elle avait pour centre le fameux temple de la Caaba à La Mecque. Les mages y portèrent le sabéisme de Zoroastre. Plus tard, des colonies marchandes de Juifs, établies sur la mer Rouge, introduisirent dans cette contrée la religion mosaïque; et enfin l'Évangile se propagea dans l'Arabie Heureuse avant même que les Sarrasins Gassanides du Nord eussent été convertis par les anachorètes du désert. Ainsi quatre religions régnaient ensemble en Arabie, lorsque Mahomet entreprit de les réunir en une seule.

§ II. — *Mahomet.*

Mohammed-Ben-Abdallah était né à La Mecque, l'an 570 de l'ère chrétienne; il était de la tribu des Koreichites, qui prétendait descendre de Koreich, le plus illustre des douze fils d'Ismaël. Un de ses aïeux, nommé *Haschem* (qui rompt le pain), avait obtenu la dignité de grand-prêtre de la Caaba, et ces fonctions étaient restées dans la famille des Haschémites avec celle de chérif ou de prince.

Orphelin à cinq ans, et sans fortune, malgré son illustre origine, le fils d'Abdallah passa son enfance auprès de son oncle Abou-Taleb, chérif de La Mecque. Enrôlé à quatorze ans dans une caravane, il fit quelque temps la guerre sur la frontière de Syrie, et revint ensuite dans sa ville natale, où il épousa une riche veuve nommée Kadichah. Les loisirs de l'opulence lui permirent de se livrer à toutes les extravagances d'une imagination exaltée, et il osa concevoir la pensée de réunir tous les Arabes dans une même croyance et sous une seule domination. Il prêcha une religion nouvelle, fondée sur l'unité de Dieu et l'apostolat de Mahomet.

Hégire, 622. — Les progrès de l'*islamisme* alarmèrent les cheikhs des Koreichites, et surtout Abou-Sophian, nouveau chérif de La Mecque. Mahomet, condamné à mort, se réfugia à Yatreb, suivi de son cousin Ali et de quelques autres disciples. Cette *hégire* ou fuite est regardée par les Musulmans comme le commencement du règne de Mahomet, et sert encore de fondement à leur chronologie.

Les habitans de Yatreb embrassèrent avec chaleur la querelle des proscrits, et leur cité reçut le nom de Médine (Médinat-al-Nabi) ou Ville du Prophète. Mahomet se mit à la tête d'une petite armée, et entreprit de détruire le commerce de La Mecque, en interceptant les caravanes des Koreichites. Abou-Sophian, battu dans la vallée de Béder, prit sa revanche sur le mont Ohud. Mahomet fit de nouveaux préparatifs et obtint une victoire complète à la bataille du *Fossé* ou des *Nations*. Les Koreichites, menacés dans La Mecque, demandèrent une trêve et permirent aux Islamites de visiter la Caaba. Avant d'user de ce droit, le Prophète alla faire la guerre aux Juifs de Caïbar, qui avaient combattu contre lui à la journée du Fossé ; leur ville fut emportée d'assaut, et les habitans massacrés. Mahomet entreprit, après cette vengeance, le pélerinage de la Caaba, et gagna de nouveaux prosélytes dans La Mecque.

Aveuglé par la prospérité, Mahomet poussa, dit-on, l'imprudence jusqu'à sommer les plus puissans monarques d'embrasser l'islamisme. On ajoute que ses ambassadeurs ayant été mis à mort par un magistrat romain de la Syrie, il osa attaquer l'Empire avec un faible corps de troupes qui battit une armée de 30,000 hommes dans un lieu ignoré appelé Muta.

629. — Des succès plus certains ouvrirent à Mahomet les portes de La Mecque et lui assurèrent la soumission de l'Arabie. L'idolâtrie fut terrassée avec les idoles de la Caaba, et les tribus converties envoyèrent de toutes parts des ambassadeurs de paix au Prophète (630). Les princes de l'Yémen se soumirent comme les émirs du Nedjed.

Mort de Mahomet, 632. — L'ambition de Mahomet n'était pas renfermée dans les limites de l'Arabie. Il allait lui ouvrir une nouvelle carrière, lorsqu'une maladie de langueur le rappéla des frontières de la Syrie. Il mourut à Médine sans désigner son successeur. Les cheikhs réunis déférèrent le pouvoir à son beau-père Abou-Bèkre, au détriment d'Ali, cousin et gendre du Prophète. Abou-Bèkre prit le titre de *khalife* ou *vicaire*, et fit recueillir les divers écrits qui composent le *Koran*.

§ III. — *Le Koran*.

Pour accréditer sa prétendue mission, Mahomet avait assuré à ses disciples que le Koran était un livre divin apporté du Ciel par l'ange Gabriel. Tout ce qu'il y a de vrai dans cette œuvre de mensonge a été emprunté aux livres saints des Juifs et des Chrétiens, dont le rabbin Abdiah et le moine Bohaïra avaient donné connaissance au législateur des Musulmans. Le Koran est un amas de récits, de visions, de sermons, de préceptes, de conseils, où la vérité se rencontre souvent avec l'imposture, le sublime avec l'absurde, et où la plupart des maximes sont combattues par des maximes contraires. Dans cet ouvrage bizarre, qui est tout à la fois le code religieux et civil des Musulmans, il faut distinguer les dogmes et les préceptes.

Dogmes. — Mahomet rejetant la Trinité des Chrétiens, qu'il croyait incompatible avec l'unité divine, reconnaît l'existence d'un Dieu *sans compagnon*, qui a pour ministres les anges et les prophètes. Les principaux pro-

phètes sont Abraham, Moïse, Jésus, et Mahomet au-
dessus de tous les autres. Un fidèle Musulman doit croire
à l'immortalité de l'âme, à la résurrection, au jugement
dernier, au supplice des méchans et au bonheur des
justes. Ces grandes vérités, conséquences nécessaires de
la justice de Dieu, ne sauraient s'accorder avec la pré-
destination, que Mahomet adapta à sa doctrine pour en
faire un auxiliaire de l'esprit de conquête.

Préceptes. — Les préceptes dont l'observation est
indispensable pour le salut sont : la *circoncision*, prise
dans la loi judaïque; la *prière*, que chaque croyant doit
faire cinq fois par jour, indépendamment de la prière
publique du vendredi (1); l'*aumône*, dont le Koran
fixe la mesure la plus étroite au dixième du revenu ; les
ablutions, qui sont une préparation à la prière; le
jeûne du Ramadan, en mémoire de la retraite de Mahomet sur le mont Hérat; les *sacrifices* dans quelques
occasions solennelles; et enfin l'*abstinence* de certaines
viandes et de toutes les liqueurs fermentées.

La polygamie est autorisée par le Koran, qui assigne
des limites à cette coutume usitée en Asie dès les temps
les plus reculés. Outre la faculté d'épouser quatre femmes légitimes, la loi musulmane autorise le *Kabin* ou
mariage par louage.

Le législateur des Arabes s'attacha à inspirer aux sectateurs de sa loi l'esprit de prosélytisme et de conquête.
Toutefois il leur recommanda la tolérance envers les
peuples du *Livre*, c'est-à-dire les Chrétiens, les Juifs et
les Persans disciples de Zoroastre ; mais cette tolérance
a toujours été achetée par une espèce de capitation.

Le prosélytisme des Musulmans donna naissance à
l'esprit de controverse. De là les nombreuses hérésies
qui les ont long-temps divisés, et le grand schisme

(1) Le Muezzin y invite les fidèles du haut d'un minaret, en s'écriant :
Il n'y a point d'autre Dieu que Dieu ; Mahomet est son prophète. En Perse
il ajoute : Ali est le lieutenant du prophète, Omar. Osman et Abou-
Bèkre, que vos noms soient maudits ! (Jaubert, *Voy. en Perse*, p.234.)

qui divise encore les Persans ou *Chiites*, partisans d'Ali, et les Turcs ou *Sunnites*, partisans d'Abou-Bèkre et d'Omar.

CHAPITRE VIII.

Conquêtes des Arabes sous les premiers khalifes et pendant la domination des Ommiades.

§ I. — *Première période de conquêtes.*

Quatre khalifes furent élevés tour à tour sur la chaire de Mahomet par le suffrage des principaux chefs de l'islamisme. Abou-Bèkre, élu le premier en 632, donna le signal de la *guerre sainte* pour remplir le vœu du Prophète, qui avait invité les croyans à la conversion des infidèles. Omar, qui vint après lui (634), vit passer sous ses lois les trois grandes régions qui avoisinent l'Arabie. Sous le khalifat d'Othman (644-655), ces conquêtes furent achevées ou affermies, et la puissance des Arabes reçut un lustre nouveau par leurs premières victoires navales.

Le vertueux Ali semblait destiné à mettre la législation du Prophète en harmonie avec l'étendue de la domination musulmane. Mais les cinq années de son règne furent troublées par la guerre civile, et, comme ses deux prédécesseurs, il succomba sous les coups d'un fanatique qui assura, sans le vouloir, le triomphe du rebelle Moawiah et l'établissement d'une dynastie héréditaire (660).

Cette courte période des khalifes électifs fut illustrée par des conquêtes d'une rapidité sans exemple ; et l'empire musulman, propagé hors de l'Arabie aux dépens des empereurs romains et des rois sassanides, s'agrandit de la Syrie, de l'Égypte et de la Perse.

Conquête de la Syrie, 632-638. — Abou-Obéidah, lieutenant d'Abou-Bèkre, commence la conquête de la Syrie par le siége de Bostra, pendant que Khaled, surnommé le Glaive de Dieu, soumet à l'islamisme les princes Al-Mondars de Hira et d'Ambar. Ces deux généraux, ayant réuni leurs forces, s'emparent de la ville par la trahison du gouverneur, et marchent sur Damas. L'arrivée d'une armée impériale interrompt le siége de cette place. Mais les Arabes, vainqueurs à Aiznadin, reparaissent devant ses murailles, et emportent la ville après une longue résistance. Émesse et Baalbek (Héliopolis) suivent le sort de Damas, et toute la Célésyrie subit la domination du khalife Omar.

L'empereur Héraclius, effrayé de ces premiers revers, envoie le patrice Manuel, avec une armée formidable, au secours de la Syrie. Mais malgré leur nombre, malgré le secours de soixante mille Arabes-chrétiens, les Romains éprouvent une nouvelle défaite sur les bords de l'Yermouk, près du lac de Tibériade. Cette victoire, due à l'intrépidité des amazones musulmanes, décide du sort de la Syrie. Toutes les florissantes cités de cette province tombent successivement au pouvoir des vainqueurs. Héraclius n'ose défendre Antioche contre Khaled, et Jérusalem ouvre ses portes au khalife, qui accorde aux instances du patriarche Sophronius des conditions honorables pour les Chrétiens et la liberté de leur culte. La soumission des villes maritimes ouvre la mer aux entreprises des Arabes, pendant que la conquête de la Mésopotamie, dernier exploit de Khaled, les met en communication avec la Perse.

Conquête de l'Égypte, 638-640. — Cette importante province de l'empire d'Orient était en proie à des querelles religieuses qui devaient en faciliter la conquête. Amrou y pénètre à la tête de quatre mille cavaliers, sans attendre les ordres du khalife. Les Coptes jacobites, persécutés par la cour de Byzance, se joignent aux Musulmans, dont ils espèrent plus de tolérance, et leur chef Mokawkas conclut avec Amrou un traité de soumission. Memphis, déchue de son ancienne grandeur, ne peut opposer qu'une faible résistance. Mais Alexandrie, peuplée de Grecs, et siége des autorités impériales, se prépare à repousser les attaques des Infidèles. Bien qu'abandonnée à ses propres forces, elle trouve d'immenses ressources dans ses richesses, dans ses nombreux habitans et dans le zèle de Cyrus, patriarche et préfet de la province. Cependant, après un siége de quatorze mois, où périrent vingt-trois mille Musulmans, la ville est emportée d'assaut (640). Le vainqueur épargne la vie des habitans et livre aux flammes la bibliothèque des Ptolémées, déjà réduite à peu de volumes par un incendie et un pillage. C'est en vain que la cour de Byzance essaie de reprendre Alexandrie ; l'Égypte tout entière reste aux Arabes, et enrichit les khalifes par la fécondité de son sol et les avantages de son commerce.

647. — La possession de l'Égypte semblait inviter les Arabes à la conquête de l'Afrique septentrionale. Amrou ayant été rappelé après la mort d'Omar, son successeur Abdallah entreprend une expédition à travers la Cyrénaïque déserte. L'exarque de Tripoli perd la vie dans une bataille. Mais les Musulmans ne recueillent aucun fruit de cette victoire ; les maladies et la disette les forcent à la retraite.

Conquête de la Perse, 636-652. — Depuis que le parricide Siroès avait détrôné son père Chosroès II, l'Empire des Perses avait vu passer sur le trône sept usurpateurs dans l'espace de quatre années. La tiare royale des Sassanides venait enfin d'être rendue au légitime héritier, Iesdegerde III, enfant de douze ans, inhabile à gouverner, et impuissant à défendre un empire épuisé par l'anarchie.

636. — A l'approche des Musulmans, commandés par Saïd, cent cinquante mille Perses se réunissent sous les ordres du visir Rustan, pour défendre leur patrie

et leur religion ; mais cette armée, assemblée à la hâte, ne peut résister à la bravoure fanatique des Arabes. Vaincus à Kadésiah, les Persans fuient au-delà du Tigre, et laissent Ctésiphon sans défense. Les Musulmans détruisent cette capitale, et fondent les villes de Coufah et de Bassorah.

642. — Iesdegerde, réfugié à Holwan, rassemble une nouvelle armée. Mais la bataille de Néhavend, surnommée *la Victoire des Victoires*, épuise ses dernières ressources sans abattre son courage. Il va chercher de nouveaux défenseurs dans le Farsistan, pendant que les vainqueurs repassent le Tigre à Mossoul, pour faire leur jonction avec l'armée de Syrie, qui venait de soumettre le Diarbékir.

652. — Une fois maîtres de la Perse occidentale, les Arabes passent la chaîne montagneuse de l'Irak et chassent le malheureux Iesdegerde d'Istakhar (Persépolis). Ahnaf le poursuit jusqu'au-delà de l'Oxus, et prend possession du Khorasan. Le prince détrôné va solliciter la pitié de l'empereur chinois Taï-Tsong, qui permet aux hordes du Turkestan de s'armer pour sa querelle. Iesdegerde semble toucher au moment de reconquérir ses États, lorsqu'il est abandonné par ses auxiliaires, et égorgé sur le bord du Marg-Ab. La mort de ce prince met fin à la dynastie de Sassan et au second empire des Perses.

La conquête de la Perse eut une grande influence sur la civilisation des Arabes, qui y puisèrent le goût des sciences et des arts de l'Orient, pendant que le séjour de leurs khalifes en Syrie les mettait en contact avec la philosophie des Grecs.

§ II. — *Première révolution dans le khalifat. — Avénement des Ommiades.*

655-660. — Ali, proclamé khalife à Coufah, entreprend d'abaisser les Ommiades, dont l'ambition lui portait ombrage, et retire le gouvernement de la Syrie à Moavie, chef de cette famille. Ce fils d'Abou-Sophian refuse d'obéir, et prend lui-même le titre de prince des Croyans (*Emir-al-Moumenim*). Le khalife légitime livre à l'usurpateur la bataille de Seffein, qui laisse la querelle indécise. Mais Ali ayant succombé sous le poignard d'un assassin de la secte des Karégites, sa mort assure l'Empire à son ennemi.

Avénement des Ommiades, 660. — Moaviah resta possesseur de la dignité de Vicaire du Prophète, qui devait devenir, après bien des obstacles, héréditaire dans sa famille. Le génie de ce prince réussit à comprimer l'esprit de révolte qui se manifestait de toutes parts en faveur des Alides. Mais de justes appréhensions l'empêchèrent d'employer toutes les forces musulmanes au succès de ses entreprises. Son lieutenant Ben-Hadidje fit une incursion sur la côte d'Afrique, où l'appelèrent les Carthaginois révoltés contre l'empereur (665); après lui Akbah s'avança jusqu'au rivage de l'Océan Atlantique, fonda Kaïroan, et périt dans cette expédition inutile. Moaviah n'obtint pas sur mer des succès plus durables, et sa marine ne soutint pas la gloire qu'il s'était acquise, avant son avénement, par la conquête passagère des îles de l'Archipel, et par la défaite de l'empereur Constant II, en 655. Cependant son fils Yésid pénétra six fois dans la Propontide à la tête d'une flotte nombreuse, et Constantinople, six fois menacée, se sauva par le secours du feu grégeois (668-674). Ces armemens ayant épuisé les ressources du khalife, Moaviah demanda la paix et se soumit à payer un tribut aux empereurs byzantins.

A la mort de Moaviah, en 680, il s'éleva de toutes parts des prétendans au trône, et la guerre civile bouleversa l'Arabie, l'Égypte et la Perse pendant trois règnes. Sous le khalifat d'Abd-el-Malek, Hégiage pacifia les provinces dissidentes, en 691, et affermit la dynastie des Ommiades. Dès-lors les Musulmans, redevenus puissans par la concorde, se livrèrent à de nouvelles entreprises.

§ III. *Seconde période de conquêtes.*

Conquête de l'Afrique, 692-708. — Abd-el-Malek charge de cette expédition Hassan, gouverneur de l'Égypte, et lui permet d'y pourvoir avec les revenus de sa province. En peu d'années toute la côte septentrionale reconnaît la souveraineté du khalife. Malgré les efforts de l'empereur Léonce pour reprendre Carthage, cette ville reste au pouvoir des Musulmans, qui la détruisent une dernière fois en 698. La colonie arabe de Kaïroan devient la métropole de l'Afrique musulmane.

Cependant les tribus errantes de la Barbarie troublent, par leurs incursions, la domination nouvelle qui menaçait l'indépendance du désert. Leur reine Kahina force Hassan à se retirer; mais la mort de cette héroïne rend l'avantage aux armes musulmanes. Musa-ben-Noséir, lieutenant du khalife Walid, achève la soumission de l'Afrique, dont les habitans embrassent la religion et les mœurs des conquérans. Le christianisme est anéanti dans cette contrée où il avait été jadis si florissant.

Conquête de l'Espagne, 710-714. — Depuis que le roi Léovigilde avait réuni le royaume des Suèves à celui des Visigoths, toute la péninsule espagnole ne formait qu'une seule monarchie. Mais la nation gothique avait perdu sa liberté primitive et ses vertus guerrières. Tandis que sa position isolée mettait l'indépendance du royaume à l'abri des ambitions étrangères, des ambitions plus funestes s'y étaient disputé une couronne élective, et les factions, toujours renaissantes, avaient épuisé les forces de l'État. Outre l'Espagne, les rois visigoths possédaient la Septimanie et la Mauritanie Tingitane. Ces deux postes avancés de leur empire les protégeaient contre les deux seuls ennemis qu'ils eussent à craindre.

Les conquérans arabes encore, pleins de courage et d'enthousiasme, mis en contact avec les descendans dégénérés des conquérans germaniques, vont engager avec eux une lutte sanglante, qui ne s'arrêtera pas à la conquête de l'Espagne. Secondés par la trahison du comte Julien, gouverneur de Ceuta, ils se rendent maîtres du détroit de Cadix. Tarik, lieutenant de l'émir Musa, prend d'abord possession du château d'Algéziras et du rocher de Calpé (Gibraltar). Il marche ensuite à la rencontre du roi Roderic, qui s'avançait avec une armée de cent mille hommes. Les Goths sont vaincus sur les bords du Guadalète, et cette grande bataille de Xérès décide du sort de leur monarchie (711). Les vainqueurs marchent sur Tolède pour prévenir l'élection d'un nouveau roi. La prise de cette capitale isole les provinces et désorganise la résistance. Cependant Mérida se défend long-temps avec courage, et obtient de Musa une honorable capitulation. Dans la Bétique orientale, le Goth Théodemir conserve dans sa famille la province de Murcie, sous la condition d'un tribut. Plus heureux encore ou plus intrépides, les guerriers échappés au désastre de Xérès se réfugient dans les montagnes des Asturies, d'où devaient sortir un jour les libérateurs de l'Espagne.

712. — Musa passe les Pyrénées afin d'achever sa conquête par la soumission de la Septimanie ; mais les Goths l'arrêtent sur les bords de l'Aude, et la plus grande partie de la province conserve son indépendance sous la protection des ducs d'Aquitaine.

Après le rappel de Musa et la mort tragique de son fils Abdélazis, l'Espagne fut gouvernée par des walis placés sous la dépendance des vice-rois d'Afrique. De nombreuses colonies d'Asiatiques, disséminées dans les provinces de la Péninsule, y firent fleurir l'agriculture et le commerce, pendant que les Espagnols originaires, heureux de conserver leur religion, leurs lois et leurs magistrats, profitaient des avantages de la conquête sans en ressentir l'humiliation (Charte de Coïmbre).

Invasion de la France, 721-739. — Les prétentions des Sarrasins sur la Septimanie devaient mettre souvent aux prises les conquérans de l'Espagne avec les Francs, dominateurs de la Gaule. L'émir Zamah, s'étant emparé de Narbonne, avait fait de cette cité une colonie musulmane et une place d'armes; Eudes, duc d'Aquitaine, arrêta ses entreprises par la victoire de Toulouse, remportée en 721. Quelques années après, Ambiza prit Carcassonne, pilla Nîmes, et s'avança jusqu'à Autun; mais Eudes le força à repasser l'Aude (725). Bientôt un danger plus réel menaça la France.

732. — Sous prétexte que le duc d'Aquitaine avait favorisé la révolte de Munuza (Abou-Néza), le wali d'Espagne Abdérame envahit la Gaule avec une armée immense. Après avoir dévasté les bords du Rhône et de la Garonne, les Musulmans, divisés en deux corps, se dirigent vers les villes de Sens et de Tours. Le duc d'Aquitaine, dépouillé de ses États, trouve un auxiliaire puissant dans Charles Martel, qui, sous le titre de maire du palais, gouvernait l'Empire des Francs. A la tête des Ostrasiens, Charles marche à la rencontre des Sarrasins, et remporte, près de Tours, une mémorable victoire, qui sauve la France et toute la chrétienté menacée.

735-739. — La bataille de Tours avait arrêté en Occident les progrès de la puissance musulmane. Dès ce moment, les khalifes ne purent diriger contre la France aucune attaque redoutable. Cependant, sous le gouvernement du wali Abd-el-Melek, les Sarrasins-Espagnols reparurent deux fois sur les bords du Rhône, où les avait appelés la trahison de Mauronte, préfet de Marseille. Charles reprit les armes, et, pendant que le roi lombard Luitprand se mettait en mesure de défendre la Ligurie contre les Sarrasins, le vainqueur de Tours les chassa de la Provence et de la Haute Septimanie.

Conquêtes en Orient, 707-717. — Dans le même temps que les lieutenans du khalife Walid ajoutaient à son immense empire l'Afrique occidentale et l'Espagne, le règne de ce prince recevait un nouveau lustre par les conquêtes des Arabes en Asie.

707. — Dans la Transoxiane ou Mawaralnahr, l'émir Kotaïbah se rend d'abord maître de Samarcande. Après avoir subjugué le Khowaresm et la Bucharie, les Islamites passent le Sihon ou Iaxarte, pénètrent dans le Turkestan, et se montrent sur les confins de l'Empire chinois.

707. — Dans l'Indostan, Kasim, lieutenant de Kotaïbah, soumet sans combat la rive droite du Sind (Indus). Au-delà de ce fleuve, l'islamisme trouva plus tard de nombreux prosélytes, et se répandit particulièrement sur la côte de Malabar à la faveur du commerce.

707-717. — Dans l'Asie mineure, les progrès des Musulmans sont plus lents et plus difficiles que nulle autre part. Les incursions de Moslémah dans la Cilicie et la Cappadoce n'amènent aucun résultat important. Toutefois les Arabes restent maîtres des monts Taurus et de la partie de l'Arménie qui avoisine le Caucase. — Le khalife Soliman, espérant plus de succès sur mer, dirige un grand armement naval contre Constantinople; mais l'empereur Léon l'Isaurien défend glorieusement sa capitale, et détruit les armées musulmanes, secondé par le feu grégeois, par l'intempérie des saisons et par l'alliance des Bulgares (717).

§ IV. — *Seconde révolution dans le khalifat. Chute des Ommiades.*

L'immense Empire des khalifes de Damas, composé d'élémens si divers et si subitement réunis, n'avait pas acquis assez de consistance pour conserver long-temps son unité. D'ailleurs les Ommiades, considérés comme des usurpateurs, étaient odieux à tous les Musulmans d'Asie, si l'on en excepte les Syriens. L'esprit de révolte, un moment comprimé, se manifesta de nouveau à la mort d'Omar II, en 720. Le parti des Alides essaya de placer sur le trône les légitimes descendans du Prophète; mais les revers de Zéid, et la pusillanimité des autres émirs de la race d'Ali, déterminèrent les dissidens à se réunir en faveur des Abbassides, qui tiraient leur origine d'Abbas, oncle de Mahomet.

Chute des Ommiades, 746-750. —Sous le règne de Merwan II, l'iman Mohammed, chef de la famille des Abbassides, se mit à la tête de l'insurrection, qui éclata d'abord dans le Khorasan par la défection d'Abou-Moslem, gouverneur de cette province. Alors commença la sanglante querelle des *Noirs* et des *Blancs*, ou des Abbassides et des Ommiades. Deux fils de Mohammed, Aboul-Abbas et Al-Manzor, soulevèrent les Koufliens et les peuples de l'Irak, et marchèrent contre les Ommiades, qui furent battus sur les bords du Zab. Merwan II s'enfuit en Égypte, où il fut poursuivi et mis à mort. En lui finit la dynastie ommiade de Damas.

Khalifat d'Orient, 750. — Aboul-Abbas, surnommé *Saffah* ou *le Sanguinaire*, reconnu khalife par les Musulmans d'Asie, d'Afrique et même d'Espagne, commença la ligne des Abbassides, et mourut dans sa résidence d'Haschemiah après quatre ans de règne. Son frère Al-Manzor lui succéda, et fonda, près des ruines de Ctésiphon, la ville de Bagdad, qui devint la capitale du khalifat oriental.

Khalifat d'Occident, 756.—Le vainqueur de Merwan II avait voulu affermir sa puissance par la destruction de tous les Ommiades. Mais un descendant de Merwan Ier, l'émir Abdérame, échappé au massacre de sa famille, s'était réfugié en Afrique. Caché près de Tremecen, au sein de la tribu des Zénètes, à laquelle il appartenait par sa mère, il entretenait des intelligences avec les principaux cheiks d'Espagne, qui préparèrent un mouvement en sa faveur. Après quatre ans d'exil, Abdérame fut appelé dans la Péninsule par les principaux cheiks de Cordoue, se mit à la tête de ses partisans, battit le gouverneur abbasside Yousef, déjà affaibli par une révolte du wali Amér, et se fit proclamer Émir-al-Moumenim à Cordoue. Telle fut l'origine du khalifat d'Occident.

CHAPITRE IX.

De la France et de l'Italie, depuis les règnes de Clotaire II et de Rotharis jusqu'au milieu du huitième siècle.

§ I. — *Décadence des rois mérovingiens en France, jusqu'en 687.*

La monarchie mérovingienne, si long-temps agitée par les dissensions civiles, semblait devoir dominer dans l'Occident dès le moment que Clotaire II en avait réuni toutes les provinces sous un même sceptre et dans une paix universelle. Mais la victoire de ce prince avait été aussi le triomphe de l'aristocratie, et les leudes, riches des dépouilles du trône, venaient d'obtenir de la faiblesse des rois l'hérédité des biens dont les avait dotés leur munificence. Le traité d'Andelot garantissait aux seigneurs ostrasiens la transmission successive de leurs bénéfices ; Clotaire II souscrivit, en faveur des leudes neustriens, la *Constitution perpétuelle* de Paris (614) ; et l'édit de Bonneuil (616) assura aux seigneurs bourguignons les mêmes priviléges. Ces deux derniers traités furent consacrés par le suffrage des évêques, qui commencèrent alors à prendre part aux affaires publiques.

A côté de cette double aristocratie s'élevait une puissance nouvelle qui devait achever la ruine de la dynastie mérovingienne. Les maires du palais, d'abord simples *majordomes* de la maison royale, avaient usurpé tous les pouvoirs de l'État. Warnachaire en Bourgogne, et Radon en Ostrasie, s'étaient fait déclarer inamovibles par Clotaire II, du consentement des grands, qui, dès long-temps, concouraient au choix de ces ministres suprêmes, et qui finirent même par s'en attribuer exclusivement l'élection. Aussi, à partir du règne de Dagobert Ier, le gouvernement passa tout entier entre les mains des maires, et c'est alors que commença la période historique des *rois fainéans*.

628. — Dagobert Ier succède à son père Clotaire II, qui l'avait institué depuis plusieurs années roi d'Ostrasie. Son frère Charibert va se faire reconnaître par les Aquitains, sur lesquels il ne règne que trois ans. Les fils de ce prince défendirent leur héritage contre l'ambition de leur oncle, et l'Aquitaine resta dans cette branche royale avec le titre de duché.

Le règne de Dagobert n'offre d'autre événement remarquable que l'invasion de l'Ostrasie par une tribu de Slaves Vénèdes, qui s'étaient donné pour roi un marchand franc, nommé Samon. Quelque temps après, Judicael, duc des Bretons, dont les sujets ne cessaient de désoler la France occidentale, vient à Clichy solliciter l'amitié du roi des Francs.

638. — Dagobert meurt après un règne qui avait jeté quelque éclat, mais dont tout l'honneur doit être rapporté aux maires Arnulfe, Pépin de Landen, Ega, et à l'orfèvre saint Éloi, qui administra les finances du roi et présida aux magnificences de la cour.

638-656. — Les deux fils de Dagobert, Sigebert II et Clovis II, succèdent à leur père, le premier en Ostrasie, le second en Neustrie. L'enfance de ces deux princes marque le commencement de cette longue suite de rois mineurs qui fut si fatale à la race de Clovis, et si favorable aux empiétemens des maires. Grimoald, qui remplissait cette charge en Ostrasie, eut l'audace de faire disparaître l'héritier que Sigebert laissait en mourant, et de faire proclamer son propre fils (650). Mais l'indignation des Francs fit justice de cette usurpation. Par la mort de son frère, Clovis II réunit les trois royaumes de Neustrie, d'Ostrasie et de Bourgogne, et son ministre Erchinoald exerça en même temps les trois mairies. Afin de conserver cette cumulation de pouvoir après la mort de Clovis II (656), il laissa la royauté indivise entre les trois fils de ce prince, **Clotaire III**, **Childéric II** et **Thierri III**, et gouverna l'État de concert avec la reine-mère Bathilde, dont il seconda la sagesse.

666-670. — A ce maire, qui sut garder le pouvoir avec adresse et en user avec modération, succède l'ambitieux Ébroin (Éberwin), dont la violence a d'abord pour effets la retraite de Bathilde et la défection de l'Ostrasie. Ce royaume se sépare de la Neustrie et prend pour roi Childéric II, qui se déclare pour les ennemis d'Ébroin. Une révolution ministérielle, préparée par saint Léger, condamne au cloître Thierri III et son ministre, et la mort de Clotaire III réunit les trois couronnes sur la tête de Childéric II (670), qui ne sait ni se laisser aimer ni se faire craindre.

670-681. — Childéric II ayant été assassiné avec ses enfans, Thierri III est tiré de son monastère, et Ébroin, rétabli dans sa mairie, se venge de sa disgrâce par des supplices. Les leudes ostrasiens, en haine de ce ministre, rappellent le fils de Sigebert II, exilé en Irlande; mais ce malheureux prince n'est placé sur le trône que pour être assassiné (679). Les Francs orientaux abolissent la royauté, et se donnent pour ducs Pépin d'Héristal et Martin, petit-fils de saint Arnulfe. Ces nouveaux champions de l'aristocratie ostrasienne marchent contre Ébroin, qui les bat à Leucofao. Mais le vainqueur est assassiné l'année suivante (681). Trois maires qui succèdent coup sur coup à Ébroin restent fidèles à sa politique, et s'attachent à réprimer la puissance des grands. Le dernier, nommé Bertaire, *méprisant l'amitié et les conseils des Francs*, les leudes neustriens persécutés ou humiliés se retirent auprès de Pépin, qui se déclare leur protecteur.

§ II. — *Domination des maires de la famille d'Héristal, 687-752.*

Mairie de Pépin d'Héristal, 687-714. — Pépin d'Héristal somme Thierri III, roi de Neustrie, et son maire Bertaire, de réhabiliter dans leurs biens les églises et les seigneurs dépouillés. Sur leur refus, les Ostrasiens attaquent la Neustrie, et remportent la victoire de Testry, qui leur assure la conquête de la France occidentale (687). Pépin se fait donner par Thierri la dignité de Bertaire, dont il délègue les pouvoirs à Norbert ; la révolution aristocratique s'accomplit alors en Neustrie comme en Ostrasie. La victoire de Testry transporte la domination des descendans des Saliens aux descendans des Ripuaires, et prépare un changement de dynastie.

687-714. — Pépin d'Héristal, maître absolu dans les deux royaumes, affermit son pouvoir par la défaite des peuples tributaires que les divisions des Francs avaient invités à l'indépendance. Il dispose trois fois de la couronne de Neustrie en faveur de Clovis III, de Childebert III, de Dagobert III, et lègue en mourant la mairie à son petit-fils Théodoald et à sa veuve Plectrude, sans avoir égard à son fils Charles, né d'un mariage illégitime. Plectrude croit assurer son pouvoir en faisant enfermer le fils de sa rivale Alpaïde ; mais Charles, sorti de sa prison, se met à la tête des Ostrasiens, tandis que les Neustriens dépossèdent la veuve et le petit-fils de Pépin, et donnent la mairie à Rainfroy.

Mairie de Charles Martel, 715-741. — Charles commence par la défaite des Frisons cette série d'exploits qui lui acquirent le nom de *Martel*. Après avoir assuré l'Ostrasie contre les attaques des peuples voisins, il déclare la guerre aux Neustriens, et remporte, à deux ans d'intervalle, les victoires de Vincy et de Soissons (719). Chilpéric II, vaincu, reconnaît pour maire le duc d'Ostrasie, et sa mort laisse bientôt vacante une couronne avilie que Charles fait tomber sur la tête de Thierri IV (720). Rainfroy se réfugie vers la frontière des Bretons, et le duc d'Aquitaine, Eudes, subit l'alliance de l'ennemi de sa famille. Les peuples tributaires, profitant des divisions de la France, affectent de nouveau l'indépendance; mais Charles les réduit l'un après l'autre. La défaite des Sarrasins, à la bataille de Tours, met le comble à sa gloire et à sa puissance (732).

737-741. — A la mort de Thierri IV, Charles Martel laisse vaquer le trône, pour accoutumer les Neustriens à se passer d'un roi comme les Ostrasiens : sa puissance n'en reçoit aucun accroissement; mais c'est un moyen de faire oublier la source d'où elle découle. Parmi les actes de souveraineté qu'exerça ce grand homme, le plus remarquable fut sans doute la distribution des bénéfices dont il dépouilla les églises pour les assigner, à titre de *précaires* ou d'emphytéoses, aux guerriers qui avaient partagé sa fortune. Cette atteinte portée aux droits du clergé n'empêcha pas Grégoire III de voir un protecteur de l'Église dans le sauveur de la chrétienté. Ce pontife, menacé par Luitprand, roi des Lombards, implora l'appui du duc d'Ostrasie; mais la mort simultanée de Grégoire et de Charles Martel prévint une intervention qui aurait peut-être avancé la ruine de la monarchie lombarde.

Mairie de Pépin le Bref, 741-752. — Charles, en mourant, avait disposé de la France en faveur de ses enfans. La mairie d'Ostrasie échoit à Carloman, celle de Neustrie à Pépin. Un troisième héritier, nommé Grippon, répudie une portion inégale et s'en va cherchant partout des ennemis à ses frères, jusqu'à ce que sa mort mette un terme à ses intrigues. Pépin et Carloman font cesser l'interrègne en proclamant Childéric III, qui, comme les autres rois fainéans, ne prend aucune part au gouvernement. Ils assemblent, en 743, les conciles de Leptines et de Soissons pour réformer les églises d'Ostrasie et de Neustrie. Les ducs tributaires sont con-- traints de reconnaître leur autorité, et les Allemans perdent leur existence politique à la suite d'une défaite où leur duc Leutfried expie la protection qu'il avait ac- cordée à Grippon (748). La retraite de Carloman au Mont-Cassin livre l'Ostrasie à son frère (747). Dès-lors Pépin aspire ouvertement à la dignité royale, et après avoir mis dans ses intérêts les grands, le clergé et le pape Zacharie, il fait déposer Childéric par l'assemblée du champ-de-mars. Le dernier des Mérovingiens va finir ses jours dans un cloître; et le nouveau roi, légitimé aux yeux des peuples par l'élection nationale et par la cérémonie du sacre, commence une dynastie nouvelle pleine de grandeur, de confusion et de misère (752).

DAGOBERT Ier, fils de Clotaire II,
Seul roi, 628-638.

Ostrasie, 638-656.
SIGEBERT II.

Neustrie et Bourgogne, 638-656.
CLOVIS II.

DAGOBERT II.
672-679.
L'Ostrasie sans roi.

CLOTAIRE III.
Neustrie et Bourgogne,
656-670.

CHILDÉRIC II.
Ostrasie, 656.
Seul roi, 670-673.

THIERRI III.

En Neustrie, 673-691.

CHILPÉRIC II,
seul roi, 716-720.

CLOVIS III,
seul roi.
691-695.

CHILDEBERT III,
seul, 695-711.

CLOTAIRE IV,
717-719.

Maires du palais.

Saint Arnulfe, † 640.

Ansegise,
† 674.

E. Begga,
fille de Pépin le Vieux.

CHILDÉRIC III,
seul, 742-752.
Dernier roi.

DAGOBERT III,
seul, 711-716.

Pépin d'Héristal, † 714.

Thierri,
mort dans le cloître.

THIERRI IV,
seul, 720-737.
Interrègne, 737-742.

Charles Martel, † 741, etc.

Pépin le Bref et Carloman.

§ III. — *De l'Italie sous les derniers rois lombards et sous les premiers papes souverains.*

Rois lombards. — La querelle entre les conquérans lombards et les dominateurs grecs de l'Italie ne cessait que par intervalles. Suspendue par la politique d'Agilulfe et les victoires de Rotharis, elle devait se ranimer à la faveur de l'anarchie qui bouleversa la dynastie bavaroise, fondée en 653 par Aribert, neveu de Théodelinde. Cette famille, livrée d'abord à la merci des grands vassaux, fut, dès la seconde génération, dépouillée par un duc de Bénévent (662). Grimoald, usurpateur du trône de Pertharite, releva un moment la monarchie, qu'il sut défendre contre les Francs et contre les Grecs. Tous les efforts de l'empereur Constant II échouèrent contre Bénévent, et la bataille de Formies obligea ce prince de porter à Syracuse le siége de l'Empire, qu'il avait voulu rétablir dans Rome (663). Le fils de Grimoald ne put soutenir sa fortune, et le retour de Pertharite, en 672, rendit à la maison de Bavière une couronne qu'elle devait perdre et recouvrer encore. Ansprand ne la reconquit que pour la transmettre à son fils Luitprand, dont le règne surpassa tous les autres en durée et en prospérité (712-744). La réforme de l'État et la répression des grands vassaux en remplit la première moitié ; l'autre, plus intéressante, retint Luitprand engagé dans la querelle religieuse qui donna naissance au pouvoir temporel des papes et ruina la puissance impériale en Italie.

Origine de la souveraineté pontificale, 726, etc. — Rome, comme les autres cités de l'Italie grecque, était gouvernée par des ducs subordonnés à l'exarque de Ravenne. Mais les papes, pasteurs spirituels de cette ancienne métropole de l'Empire, y tempéraient, par l'autorité de leur caractère, le despotisme des officiers impériaux. Un édit de Léon *l'Iconoclaste* vint changer cet état de choses et mettre l'Italie en feu après avoir troublé tout l'Orient.

En vertu des ordres de la cour, la guerre est déclarée aux saintes images dans les provinces de l'Exarchat. Le pape Grégoire II s'indigne de ces profanations, et le peuple se soulève contre les lieutenans de l'empereur, qui sont chassés de Rome et de Naples. A Ravenne, les habitans massacrent l'exarque Paul et ouvrent leurs portes à Luitprand, qui s'empare de la Pentapole. C'est en vain que le pape veut empêcher les sujets italiens de Byzance de se soustraire à la souveraineté impériale; il est forcé de se mettre lui-même à la tête du mouvement insurrectionnel, afin de prévenir les plus grands désordres et de sauver la suprématie honorifique de l'empereur. Il se forme ainsi à Rome, sous l'autorité du pape, une espèce de république dont le territoire s'étendait de Viterbe à Terracine, et de Narni à Ostie.

Venise, 697, etc. — Une autre république venait de se former en Italie aux dépens de l'Empire grec. Douze bourgades, peuplées par les habitans de la Vénétie, que l'approche des Barbares avait fait fuir dans les Lagunes, s'étaient réunies, en 697, sous l'autorité d'un duc ou *doge*, en vertu d'une délibération publique. Cette dignité avait été conférée à Paoluccio Anafeste par une assemblée générale tenue dans l'île d'Héraclée. Comme Rome, Venise respecta la souveraineté des empereurs byzantins sans se soumettre à leurs volontés, et les deux républiques naissantes se réunirent aux Grecs pour chasser les Lombards de Ravenne.

729-744. — Le nouvel exarque Eutychius, après avoir repris la Pentapole sur Luitprand, s'allia avec ce prince pour aller réduire les Romains. Mais Grégoire II para le coup qui le menaçait, en détachant le lieutenant de l'empereur du roi des Lombards (731). — Grégoire III ayant irrité Léon par l'excommunication des Iconoclastes, cet empereur prépara un dernier armement ; mais sa flotte fut détruite par une tempête dans le golfe Adriatique. Depuis ce temps Rome n'eut plus rien à craindre de Constantinople, et les élémens de discorde qui semblaient préparer de nouveaux déchiremens à la malheureuse Italie disparurent par la mort du pape et de l'empereur, descendus la même année dans la tombe, où Luitprand allait bientôt les suivre (741 et 744).

Fin de l'Exarchat, 752. — Grâce à l'habileté du pape Zacharie ou à la modération du roi Ratchis, second successeur de Luitprand, l'Italie jouit de quelques années de repos. Mais lorsque ce prince eut quitté le trône pour le cloître, et résigné la couronne à son frère Astolphe, le nouveau roi des Lombards suivit une politique différente et se déclara tout à la fois l'ennemi des Grecs et des Romains. Après avoir enlevé l'Istrie à l'empire d'Orient (751), il s'empara de la Pentapole, et mit fin à l'exarchat de Ravenne par la prise de cette ville, l'année même où les Francs élisaient un roi qui allait bientôt lui ravir sa conquête, et dont le fils devait détruire la domination des Lombards.

L'exarque Eutychius, réfugié à Naples, cessa de gouverner l'Italie grecque. Dès-lors les ducs impériaux, sous la suprématie du patrice de Sicile, exercèrent une autorité presque indépendante à Naples, à Gaëte, à Bari et dans les autres possessions italiennes de la cour de Byzance, que l'empereur Constantin Copronyme venait de diviser en *thèmes* de Sicile et de Calabre.

CHAPITRE X.

État de l'Église depuis la mort de Théodose jusqu'à Charlemagne.

§ I. — *Propagation du christianisme.*

Avant l'invasion des Barbares, qui devait amener de nouvelles nations dans le sein de l'Église, et ouvrir le Nord à sa lumière, le christianisme se soutenait péniblement en Perse, florissait en Éthiopie et en Arménie, et dominait dans toutes les provinces de l'Empire romain. Toutefois les vérités de l'Évangile y trouvaient encore des adversaires parmi les disciples de l'école platonicienne et les *païens* ou habitans des campagnes. Mais depuis que la prédication chrétienne avait cessé d'être périlleuse dans les pays de la domination romaine, les apôtres de la foi commençaient à la répandre au-delà des frontières septentrionales. On eût dit que la religion de paix et de miséricorde allait à la rencontre des Barbares pour adoucir leurs mœurs féroces, et leur inspirer quelques sentimens d'humanité en faveur des nations qu'ils venaient subjuguer.

Parmi les peuples qui détruisirent l'Empire romain, les uns étaient chrétiens avant l'invasion du sixième siècle, les autres le devinrent plus tard. Dans la première classe on peut compter les Goths, convertis dès le quatrième siècle par leurs évêques Théophile et Ulphilas; les Hérules, les Suèves, les Vandales, et même les Lombards, dont la conversion partielle ne nous a pas été racontée par les historiens. Ces diverses tribus, appelées au christianisme par des missionnaires ariens, n'adoptèrent la foi catholique de Nicée qu'après leur établissement dans l'Empire : les Suèves sous Cariaric, après l'an 551 ; les Visigoths sous Récarède , en 587 ; les Lombards sous Agilulfe , vers 602. Les Hérules, les Vandales et les Ostrogoths restèrent constans dans l'arianisme pendant toute la durée de leur domination.

Dans la classe des Barbares qui reçurent le christianisme après l'invasion, il faut comprendre les Bourguignons, les Francs, les Scots de l'Irlande et de la Calédonie , les Anglo-Saxons , et divers peuples de la Germanie. Les Bourguignons, convertis en 433 par un évêque arien de la Gaule, se firent catholiques sous Gondebaud et Sigismond, de 499 à 517. Les Francs, à l'exemple de Clovis , reçurent le baptême comme une condition de la victoire de Tolbiac, et devinrent tout à la fois chrétiens et orthodoxes (497).

Vers le temps où les Saxons commençaient à proscrire la foi dans la Grande-Bretagne, un Écossais, saint Patrick, la propagea, dit-on, en Irlande, dans cette *Ile des Saints* d'où devaient sortir tant de zélés apôtres, entre autres saint Colomban, qui répandit le christianisme dans la Calédonie et ensuite sur les bords du Rhin. La conversion des Anglo-Saxons fut un des bienfaits de saint Grégoire. Ce grand homme, qui signala son pontificat par tant de réformes et d'améliorations ecclésiastiques, confia cette grande mission au moine saint Augustin, qui baptisa , en 596, le roi de Kent, Éthelbert, et jeta à Cantorbéry les fondemens de l'ancienne église d'Angleterre. C'est des îles Britanniques que sortirent, dans les septième et huitième siècles, les courageux missionnaires qui allèrent achever, dans la Germanie, l'ouvrage commencé par saint Rupert, premier évêque de Salzbourg. Colomban, Kilian, Wilfrid, Willebrord, y furent les précurseurs de saint Boniface, ce grand apôtre des Germains qui termina par le martyre une vie toute vouée à la religion (755).

En Orient, le christianisme fit de nouveaux progrès dans les provinces romaines et hors des limites de l'Empire. Justinien porta le dernier coup au polythéisme philosophique des villes et à l'idolâtrie des campagnes. Au-delà du Caucase, les Lazes et les Abasges venaient de demander des pasteurs spirituels à Justin Ier, et la protection des empereurs fut le prix de leur conversion. Pendant le siècle suivant les chrétiens de la communion nestorienne propagèrent l'Évangile dans l'intérieur de l'Asie, et Olopen alla fonder une église hétérodoxe dans la Chine, en 636.

§ II. — *Revers du christianisme.*

Les conquêtes du christianisme en Asie furent pour la plupart imparfaites et de courte durée ; et c'est dans cette contrée que l'Église de Jésus-Christ rencontra ses deux plus grands fléaux, l'hérésie et le mahométisme.

1° *Hérésies.* — Les premiers chrétiens donnèrent le nom grec d'*hérésie* à des opinions religieuses contraires soit au texte des évangiles, soit à la tradition de l'Église. On peut en réduire les nombreuses variétés à cinq divisions bien distinctes.

Les *hérésies philosophiques*, qui embrassent les Gnostiques, les Cérinthiens, les Manichéens, les Priscillianistes, etc.

Les *hérésies de mœurs* des Nicolaïtes, des Carpocratiens, des Montanistes, des Valésiens, des Origénistes, etc.

Les *hérésies relatives à la nature de J.-C.*, qui attaquaient le christianisme dans sa base. Ces erreurs furent professées sous différentes formes par les Monarchiques, les Ariens, les Nestoriens, les Monophysites, les Eutychiens et Jacobites, les Monothélites, etc.

Les *hérésies de controverse*, parmi lesquelles nous ne citerons que celles des Pélagiens, ennemis du péché originel et de la grâce, et des Prédestinatiens, qui donnèrent dans l'excès contraire.

Enfin les *hérésies de formes*, dont les sectateurs, fidèles aux dogmes de la foi, s'écartèrent de l'unité ecclésiastique en attaquant l'ordre établi dans l'Église. Tels furent les Donatistes en Afrique, et les Iconoclastes dans l'Empire grec.

2° *Mahométisme.* — Avant que Mahomet prêchât sa funeste doctrine, les mages de la Perse, secondés par le zèle des rois Sassanides, avaient opprimé et presque étouffé la religion chrétienne dans les pays où dominait le culte des astres. L'Alcoran y triompha à la fois du Zend-Avesta et de l'Évangile, et ses disciples armés, après avoir répandu l'erreur et la servitude dans toutes les provinces asiatiques et africaines de l'Empire romain, devaient assaillir, dans des temps et avec des succès différens, les trois péninsules méridionales de l'Europe. L'Église n'a jamais pu guérir la plaie immense que les armes musulmanes lui avaient faite. Elle fut plus heureuse contre l'hérésie, qu'elle pouvait combattre avec ses armes naturelles, l'autorité et la persuasion.

§ III. — *Conciles et Juridiction.*

Les *Conciles* ou *Synodes* sont des réunions légitimes d'évêques et de docteurs assemblés dans le dessein de défendre l'unité de l'Église et la pureté de la foi, de régler ou réformer la discipline et la juridiction spirituelle, et de juger les évêques. On distingue trois espèces de conciles, suivant le nombre, la qualité et les pouvoirs des membres qui les composent, savoir : les *conciles généraux* ou *œcuméniques,* les *nationaux* et les *provinciaux.* Nous n'indiquons ici que ceux de la première classe qui se sont tenus depuis la mort du grand Théodose jusqu'à la fin du huitième siècle.

Le *concile d'Éphèse,* troisième concile général, tenu en 431, sous le pontificat de Célestin Ier et le règne de Théodose II, condamna l'hérésie de Pélage et celle des Nestoriens, qui refusaient à la sainte Vierge le titre de *Mère de Dieu.*

Le *concile de Chalcédoine*, convoqué en 451 par Marcien, à la sollicitation du pape saint Léon, excommunia les Eutychiens, qui ne voyaient dans Jésus-Christ qu'une seule personne et une seule nature. Cette assemblée prépara le schisme de l'Église grecque, en décernant au siége de Constantinople le même rang qu'à celui de Rome.

Le IIe *concile de Constantinople*, en 553, déclara contraire à la foi la doctrine enseignée dans les Trois Chapitres. C'est ainsi qu'on désigna les ouvrages de trois évêques suspects de nestorianisme.

Le IIIe *de Constantinople*, en 680, sévit contre les *Monothélites* ou partisans d'une seule volonté en Jésus-Christ, et condamna la mémoire d'un pape et de six patriarches.

Le IIe *concile de Nicée*, assemblé par l'impératrice Irène en 787, rétablit le culte honoraire des images que Léon l'Isaurien avait proscrites, et excommunia les Iconoclastes.

Les conciles étaient en même temps des assemblées législatives et des tribunaux ecclésiastiques. C'est principalement sur leurs décisions que s'est formée la juridiction spirituelle de l'Église. Cette juridiction suivit l'ordre de la hiérarchie sacrée, et ses variations tournèrent presque toujours à l'avantage des souverains pontifes. Au temporel, la juridiction ecclésiastique émana du trône. A l'exemple de Constantin, les empereurs, et après eux les rois barbares, se départirent du droit de juger les ministres de la religion, et l'Église eut ses tribunaux particuliers. Dans la suite, les empiétemens de la juridiction épiscopale, et la difficulté de lui assigner des limites précises, firent naître entre les deux pouvoirs d'interminables querelles.

§ IV. — *Ordres religieux.*

C'est dans l'Orient et avant le christianisme qu'il faut chercher les causes et l'origine de la vie monastique. Elle naquit de l'abus du mysticisme, et commença dans le désert. On regarde saint Paul l'Ermite comme le premier anachorète chrétien. Saint Antoine donna une règle uniforme aux solitaires de la Thébaïde, qui se rapprochèrent ainsi de la vie commune ou cénobitique. La discipline monastique fut transportée en Syrie par les disciples de ce saint anachorète, et plus tard saint Basile l'introduisit dans les solitudes du Pont, pendant que saint Martin instituait dans la Gaule la plus ancienne communauté de cénobites.

La règle des moines égyptiens fut apportée en Provence, au commencement du cinquième siècle, par saint Honorat et saint Cassien, qui fondèrent, l'un à Lérins, l'autre à Marseille, deux monastères d'où sortirent de savans apôtres de la foi chrétienne et de la vie cénobitique, entre autres saint Patrick, premier fondateur des colonies monastiques de l'Irlande. Les associations religieuses suivirent en Occident des règles différentes jusqu'au moment où l'ordre des Bénédictins soumit tous les monastères latins à sa discipline.

Cet ordre fameux doit son origine à saint Benoît de Nursia, qui, en 529, établit sur le mont Cassin une société de cénobites, destinée à devenir le chef-lieu d'une immense congrégation. La règle donnée par ce saint à ses compagnons prescrivait le travail des mains et l'étude, et les soumettait aux trois vœux de pauvreté, de chasteté et d'obéissance. Approuvée par saint Grégoire en 595, elle se répandit rapidement dans toutes les provinces de l'Église latine. D'importans services rendus par les Bénédictins à la religion, à l'humanité et aux lettres, recommandèrent ces religieux à la vénération des fidèles. Les monastères devinrent des séminaires de prédicateurs qui allaient porter la foi aux Barbares, et reculer, avec elle et par elle, les limites de la civilisation. Les forêts et les landes les plus stériles furent défrichées par les moines et converties en riches campagnes. Enfin c'est par leurs soins que furent transcrits et conservés les chefs-d'œuvre de l'antiquité grecque et romaine. Tant de bienfaits durent exciter parmi les contemporains une reconnaissance qui se manifesta par des libéralités souvent excessives, et la dotation des monastères surpassa bientôt le patrimoine des Églises. Ces biens devaient porter des fruits salutaires. Lorsque, plus tard, les ordres religieux s'emparèrent de l'enseignement public, leurs richesses contribuèrent à attirer les hommes de génie dans le sein de la science, et les communications fréquentes entre les divers monastères donnèrent du mouvement et de l'unité au monde intellectuel.

CHAPITRE XI.

État des lettres et des arts, depuis Théodose jusqu'à Charlemagne.

L'INVASION des peuples du Nord, qui sépare l'antiquité des temps modernes, interrompit le cours déjà rétrograde de la civilisation grecque et romaine. Mais le débordement de la barbarie ne pouvait pas être aussi rapide que la marche des phalanges germaniques. En Orient, la protection des Césars byzantins soutint la culture des lettres déchues; en Occident, l'Église en recueillit dans son sein quelques déplorables débris. C'est de cette décadence et de ces ruines que se compose toute l'histoire littéraire des cinquième, sixième, septième et huitième siècles.

§ I. — *Chute de la philosophie Néo-Platonicienne.*

Dès le premier siècle de l'ère chrétienne, plusieurs philosophes grecs avaient entrepris de propager la morale et la théorie religieuse de Platon, et imaginé un système d'interprétation allégorique dans lequel ils rattachaient tous les dogmes de cette philosophie et de celle de Pythagore et d'Aristote aux anciens mystères religieux. Ils fondirent tous les systèmes dans un éclectisme universel, et l'école d'Alexandrie, où ils établirent leur empire, opéra l'alliance intime de l'esprit grec et du mysticisme oriental.

Cette secte des nouveaux Platoniciens s'étant déclarée l'ennemie du christianisme, fut proscrite par Constantin, qui fit fermer, en 324, ses écoles d'Alexandrie et de Rome. Tirée de l'obscurité et rétablie dans ses premiers honneurs par la protection de l'empereur Julien, elle professa de nouveau, dans le musée d'Alexandrie et à Athènes, l'éclectisme philosophique d'Ammonius-Saccas et de Plotin. La tolérance des empereurs chrétiens souffrit long-temps qu'on enseignât dans ces deux villes des doctrines contraires à l'Évangile. Mais le pillage du Sérapion, sous le premier Théodose (390), et le massacre d'Hypatie, sous Théodose II (415), ayant frappé de mort l'école alexandrine, le néo-platonisme se concentra dans Athènes, où le génie de Syrianus et de Proclus lui rendit son ancien éclat. Les disciples de ces deux philosophes soutinrent l'honneur de leur secte jusqu'à l'édit de 529, par lequel l'empereur Justinien ordonna la clôture de la dernière école d'Athènes, et acheva la ruine du polythéisme, que les Platoniciens avaient entrepris de rétablir.

PLATONICIENS DE L'ÉCOLE D'ATHÈNES.

Plutarchus, fils de Nestor, mort.	vers 400	Hermias.	VIᵉ S.
Syrianus.	450	Olympiodore.	vers 550
Proclus.	485	Sallustius.	VIᵉ S.
Marinus, de Néapolis.	VIᵉ S.	Hiéroclès.	id.
Isidore, de Gaza.	id.	Simplicius.	id.
		Damascius.	id.

§ II. — *Littérature sacrée.*

Le besoin de défendre la religion chrétienne contre ses nombreux ennemis, et le désir de lui donner des prosélytes parmi les esprits éclairés, avaient forcé les docteurs de l'Église à étudier la religion, qu'ils voulaient propager, l'idolâtrie, qu'ils entreprenaient de détruire, et la philosophie païenne, qu'il fallait convaincre d'impuissance et d'erreur ou asservir aux doctrines de l'Évangile. De là naquit la *littérature ecclésiastique*, qui embrasse dans son ensemble l'apologétique, l'exégèse ou interprétation critique, la dogmatique, la polémique, la morale religieuse, l'éloquence de la chaire, et l'histoire sacrée.

On a donné le nom de Pères de l'Église aux auteurs qui, dès les premiers temps du christianisme, consacrèrent leurs travaux à la défense et à l'exposition de la foi. L'Orient et l'Occident, la langue grecque et la langue latine, produisirent également des hommes de génie qui, joignant un vaste savoir à une piété courageuse, ajoutèrent un nouveau lustre à la gloire littéraire de la Grèce et de Rome, lorsqu'ils croyaient seulement remplir les devoirs de chrétiens et de ministres de la parole divine.

La période historique des empereurs théodosiens vit briller encore, au milieu de ses désastres, quelques rayons de la gloire du quatrième siècle, de ce siècle illustré par les Athanase, les Eusèbe, les Basile, les Grégoire, les Chrysostôme, les Lactance, les Hilaire, les Ambroise, les Augustin, qui l'ont fait regarder comme l'âge d'or de la littérature ecclésiastique. Après cette époque, les lettres sacrées, et surtout l'éloquence de la chaire, furent entraînées dans la décadence universelle, et les seuls docteurs de la foi qui méritent le titre de Pères de l'Église furent, en Occident, le pape saint Grégoire; en Orient, saint Jean Damascène. Dans ces temps d'ignorance et de barbarie, la plupart des écrivains ecclésiastiques s'appliquèrent à raconter les événemens relatifs à la religion, ou la vie des saints que l'Église honore. De là l'histoire mixte et la biographie sacrée.

PÈRES ET DOCTEURS DE L'ÉGLISE GRECQUE.

S. Épiphane, de Salamine.	403	Théodoret, de Cyrus. . .	458
S. Jean Chrysostôme. . .	407	Jean le Jeûneur.	595
Théodoret, de Mopsueste.	428	Procope, de Gaza. . . . vers	6{o
Synésius, de Ptolémaïs. vers	430	Jean Philoponus. . . . . apr.	641
S. Nil. . . . . vers	435	S. Jean Damascène.. . .	756
S. Cyrille, d'Alexandrie.	444		

HISTORIENS ECCLÉSIASTIQUES GRECS.

Philostorge. . . . . vers	430	Sozomène, de Salamine. vers	460
Socrate, d'Alexandrie. . vers	450	Gélase, de Cyzique. . . . vers	480
Théodoret, de Cyrus. .	458	Évagrius, d'Épiphanie. . vers	600

PÈRES ET DOCTEURS DE L'ÉGLISE LATINE.

S. Ambroise, Gaulois. .	397	Faustus, év. de Riez. . . vers	480
Ruffin, d'Aquilée.	408	S. Patrice, d'Écosse. . . .	493
S. Jérôme, de Strigonie.	420	Ennodius, de Pavie. . . .	521
S. Augustin, de Tagaste.	430	Avitus, de Vienne.	525
S. Cassien.	434	S. Fulgence, de Talepte.	533
S. Pierre Chrysologue. .	450	S. Césaire, év. d'Arles. .	542
S. Léon le Grand.. . . .	461	S. Benoît, de Nursia. . .	543
Maxime, de Turin. . . .	465	Denys le Petit, Scythe. .	550
Claudianus Mamertus, de		S. Martin de Braga, Pann.	580
Vienne.	474	S. Grégoire le Grand, de	
Salvien, de Trèves. . . . vers	480	Rome.	604

HISTORIENS ECCLÉSIASTIQUES LATINS.

Ruffin d'Aquilée.	408	Épiphane le Scolast. . . . apr.	510
Sulpice Sévère, Gaulois. vers	420	Grégoire de Tours, de	
S. Jérôme.	420	Clermont.	595
Orose, de Tarragone. . . vers	435	Béda le Vénérable, Anglais.	735

POÈTES CHRÉTIENS LATINS.

S. Ambroise.	397	Claudianus - Mamertus. .	474
Prudence. . . . . après	405	Paulin, de Périgueux. . vers	485
S. Paulin de Nole, Gaulois.	431	Avitus.	520
Sedulius.	440	Ennodius	521
Prosper d'Aquitaine. . .	464	Fortunat, de Trévise. . .	606

§ III. — *Littérature latine.*

Le dépérissement des lettres latines fut plus rapide
et plus général que la décadence de la littérature grecque, parce que l'invasion fut universelle dans l'Occi-

dent, et que la chute de cet Empire laissa la langue latine et ses écrivains à la merci de la barbarie.

La poésie, plus étroitement liée au polythéisme que tous les autres genres, changea d'objet et de nature après Claudien, qu'on peut regarder comme le dernier poète du paganisme. La corruption du goût fut moins sensible dans la poésie que dans la prose.

POÈTES LATINS PROFANES.

Ausone, de Bordeaux. .	394	Boèce, de Rome.	525
Prudence, de Saragosse. apr.	405	Maximianus. . . . . vers	530
Claudien d'Alexandrie. . vers	410	Priscien, de C. P.	560
Rutilius Numatianus. . . apr.	420	Corippus, d'Afrique. . . vers	580
Martianus Capella. . . . apr.	460	Fortunat, de Trévise. . .	606
Sidonius Apollinaris, de		Sisebut, roi de Tolède. .	620
Clermont.	488		

L'histoire civile avait eu, dans Ammien Marcellin, le dernier interprète digne d'elle. On ne vit plus après lui que d'arides chroniqueurs, avec lesquels il ne faut pas confondre quelques auteurs qui, s'attachant plus spécialement au récit des choses saintes, nous ont transmis néanmoins de précieux détails sur les événemens politiques de leur temps.

HISTORIENS ET CHRONIQUEURS LATINS.

Prosper, d'Aquitaine. . .	464	Jean, de Biclaro. . . . . vers	590
Idace, de Lemica.	469	Grégoire, év. de Tours. .	595
Victor l'Africain.	490	Isidore de Séville, de	
Marius d'Avenche. . . . vers	495	Carthagène.	636
Jornandès, Goth.	552	Frédégaire, Franc.. . . .	658
Cassiodore, Sicilien. . .	575	Beda, de Weihmouth. .	735
Gildas, de Dumbritton.	580		

Les plus précieux et les plus authentiques monumens de l'histoire des cinquième et sixième siècles sont les lettres des personnages qui jouèrent un rôle important dans l'État ou dans l'Église. Nous en possédons plusieurs recueils d'un grand intérêt.

ÉPISTOLOGRAPHES LATINS.

Symmaque, de Rome. .	401	Sidonius Apollinaire. . .	488
S. Jérôme.	420	Cassiodore.	575
S. Augustin.	430	S. Grégoire le Grand. . .	604

La philosophie péripatéticienne fut suivie de préférence par les Pères de l'Église, qui l'opposèrent au nouveau platonisme. Boèce dut à cette étude une partie de son illustration. Il fut le plus grand philosophe et le seul mathématicien de cette époque en Occident.

Tandis que les lettres étaient de plus en plus délaissées, quelques hommes se dévouèrent à la conservation des débris de l'antiquité, à l'explication de ses chefs-d'œuvre et à l'enseignement d'une langue qui dégénérait en un idiome barbare.

ÉRUDITS ET GRAMMAIRIENS LATINS.

Macrobe.	420	Priscien.	vers 560
Servius.	av. 440	Cassiodore.	575
Martianus Capella.	vers 460	Isidore de Séville.	635

§ IV. — *Littérature et sciences grecques.*

La littérature grecque, liée aux destinées de l'Empire byzantin, revêtit la couleur de la société dont elle était l'expression, et la dégradation des esprits y suivit celle des caractères. Les lettres profanes et sacrées déclinèrent de concert, jusqu'au moment où elles devaient périr ensemble. Toutefois deux branches essentielles des connaissances humaines, l'histoire et la jurisprudence, furent quelque temps encore cultivées avec succès; mais l'éloquence devint muette, même pour la louange, et la poésie s'éteignit, pour ne plus renaître, avec tous les autres arts d'imitation.

Les derniers poètes de Byzance s'efforcèrent de ranimer au milieu de la Grèce chrétienne les fictions du polythéisme; mais cette tentative inopportune ne produisit que de serviles imitations des anciens. Condamnée à chercher des formes nouvelles et des ornemens inconnus, la poésie sembla se condamner au silence plutôt que de parler une autre langue que celle d'Homère. L'époque de Justinien fut remplie par les épigrammatistes.

POÈTES GRECS.

Synésius.	vers 430	Coluthus, de Lycopolis.	vers 550
Nonnus, de Panopolis.	Ve S.	Tryphiodore.	VIe S.
Quintus, de Smyrne.	id.	George de Pisidie.	apr. 630
Musée le Grammairien.	vers 500		

ÉPIGRAMMATISTES.

Pallas, de Chalcis.	Ve S.	Macédonius.	vers 550
Paul le Silentiaire.	vers 550	Agathias.	vers 594

La décadence des lettres donna naissance au roman, genre d'ouvrage inconnu aux siècles classiques, et destiné à devenir, dans le moyen âge et dans les temps modernes, l'expression vivante des mœurs sociales.

ROMANCIERS GRECS.

Héliodore, d'Émèse.	après 400	Chariton, d'Aphrodisias.	incert.
Achille Tatius.	vers le Ve S.	Eustathius, d'Égypte.	id.
Longus.	incertain.	Aristénète, de Nicée.	id.

De la servitude et de la corruption du Bas-Empire sortirent quelques compositions historiques supérieures à tous les ouvrages littéraires de cette époque. Au premier rang des historiens byzantins il faut placer Zozime et Procope de Césarée.

HISTORIENS BYZANTINS.

Eunapius, de Sardes.	Ve S.	Procope, de Césarée.	vers 560
Olympiodore, Égyptien.	id.	Agathias.	594
Zozime.	id.	Ménandre.	VIe S.
Priscus, de Panium.	id.	Théophylacte Simocatta.	VIIe S.

Les travaux des géographes byzantins de cette époque peuvent servir à l'intelligence de leurs devanciers. L'un d'entre eux, Cosmas Indicopleustès, étendit le domaine de la science.

GÉOGRAPHES.

Marcien, d'Héraclée	Ve S.	Cosmas Indicopleustès.	apr. 550
Étienne de Byzance.	vers 500		

La philologie, née dans l'école d'Alexandrie, produisit plus de lexicographes que de véritables grammairiens.

PHILOLOGUES.

Hésychius, d'Alexandrie. vers 400	Philémon. . . . . . vers le VIe S.
Helladius, d'Antinoé. . . vers 400	Stobée. . . . . vers le VII^eS.
Philoxenus. . . . . vers 525	

Nous avons parlé ailleurs de la jurisprudence romaine qui fut si florissante sous Justinien, et dont la plupart des monumens furent écrits en latin. Il nous reste cependant quelques commentaires grecs des lois latines de Byzance.

JURISCONSULTES.

Antiochus.	Ve S.	Dorothée.	VIe S.
Tribonien.	545	Anatolius.	id.
Théophile.	VIe S.	Jean d'Antioche. . . .	id.
Théodore.	id.	Rufus.	VIIIe S.

Quelques grands médecins écrivirent sur leur art ; mais la science ne fit aucun progrès remarquable depuis l'époque des Antonins jusqu'à celle des Abbassides.

MÉDECINS.

Théodore Priscien. . . . vers 425	Alexandre de Tralles. . . vers 560
Aétius, d'Amida. 550	Paul d'Égine. . . . . . . vers 650

Presque tout ce que nous savons des connaissances mathématiques de l'antiquité, nous le devons à l'école d'Alexandrie. S'il est vrai que Diophante ait vécu dans le cinquième siècle, cette époque est celle de l'invention de l'algèbre.

MATHÉMATICIENS, PHYSICIENS, etc.

Hypatie, d'Alexandrie. .	415	Anthémius de Tralles. .	VIe S.
Diophante, *idem*.	Ve S.	Isidore de Milet.	id.
Proclus.	485	Étienne d'Alexandrie. .	VIIe S.

§ V. — *Beaux-arts.*

Les arts du dessin étaient déjà en pleine décadence, lorsque l'invasion des Barbares vint achever leur anéantissement. Cette époque vit tomber plus de temples qu'elle ne fonda d'églises. Mais aussi, pendant qu'un zèle aveugle livrait à la destruction des monumens païens, chefs-d'œuvre de l'architecture classique, la religion chrétienne se parait des magnificences du culte aboli, et conservait ainsi les plus beaux restes de l'antiquité. Elle avait déjà élevé, sous Constantin, quelques églises d'une médiocre beauté; il s'en éleva d'autres sous les empereurs théodosiens. Mais les seuls monumens sacrés de cette époque qui méritent d'être cités pour leur hardiesse ou leurs dimensions colossales, sont la Rotonde de Ravenne et Sainte-Sophie de Constantinople. Un roi barbare et un empereur, Théodoric et Justinien, attachèrent leurs noms à ces derniers ouvrages de l'art. Après eux le bouleversement de l'Occident et l'instabilité du pouvoir impérial en Orient ne permirent pas aux princes d'entreprendre de longues constructions. Les invasions des Musulmans, ennemis des images, et les fureurs des Iconoclastes, portèrent une atteinte irréparable aux beaux-arts, et particulièrement à la peinture et à la sculpture, dont la dégradation avait précédé depuis long-temps celle de l'architecture.

Un genre nouveau, injustement flétri du nom de *gothique*, prit naissance durant cette période. On en rencontre quelques indices avant l'invasion des Barbares.

CHAPITRE XII.

Formation de l'Empire carlovingien ou franco-romain par les conquêtes de Pépin et de Charlemagne.

§ I. *Règne de Pépin le Bref*, 752-768.

LE génie de Pépin d'Héristal et de Charles Martel avait assuré le succès de la révolution ostrasienne, et ouvert à Pépin le Bref le chemin du trône. Avec le règne de cet usurpateur commença une seconde révolution qui devait réunir dans un même système tous les débris des peuples germaniques, et en former un nouvel empire aussi formidable que celui qu'ils avaient démembré. Pépin n'eut que le temps de faire reconnaître sa souveraineté aux peuples tributaires, d'achever la conquête des Gaules, et d'affermir sa couronne en lui donnant pour appui la confiance de la nation, l'intérêt du clergé et l'autorité des papes. Son fils devait faire le reste.

Affaires d'Italie, 754-757. — Astolphe, roi des Lombards, s'étant emparé de Ravenne en 752, réclamait des Romains et du pape la soumission qu'ils devaient à l'exarque. Leur refus allait perdre Rome, dont les troupes d'Astolphe avaient déjà brûlé les faubourgs. Étienne II, ne pouvant obtenir aucun secours de l'empereur d'Orient, vint solliciter en France la protection de Pépin, qui reçut de ce pontife, ainsi que ses deux fils, l'onction royale et le titre de patrice des Romains. Ce prince, après avoir inutilement employé sa médiation, fit proclamer la guerre au champ-de-mars, et une armée passa les Alpes sous ses ordres. Astolphe, assiégé dans Pavie, promit de renoncer à ses prétentions, et d'abandonner à l'Église de Rome l'Exarchat et la Pentapole. Pépin rentra dans ses États, mais la mauvaise foi du roi lombard le rappela bientôt en Italie. Une lettre d'Étienne II, écrite au nom de saint Pierre, lui avait appris qu'Astolphe, loin de livrer au pape les villes de l'Exarchat, venait de mettre le siége devant Rome. Cette fois le vainqueur veilla avec plus de soin à l'exécution du premier traité, et laissa des commissaires en Italie pour prendre possession des villes que sa libéralité avait cédées au saint Siége par un acte de donation, authentique, quoique souvent controversé. Toutefois Pépin conserva une grande part dans les affaires temporelles de l'Église et de la république romaine, et l'intervention constante de ses commissaires prépara les voies à la domination des Francs en Italie. ,

Réunion de la Septimanie, 752-759. — Les divisions des Sarrasins espagnols ayant laissé dans l'abandon leur colonie de Narbonne, les seigneurs goths s'étaient rendus indépendans en-deçà de l'Aude ; et dès l'an 752 le comte Ansémond livra à Pépin Nîmes, Maguelonne, Agde et Béziers. Ce prince envoya quelques troupes dans le pays ; mais Narbonne résista aux efforts des Francs et des Goths réunis, et ce ne fut qu'en 759 que les portes leur en furent ouvertes par la population chrétienne qui venait de massacrer les Musulmans. La Gothie se donna aussi au roi des Francs, à condition qu'elle conserverait ses lois et ses priviléges.

Conquête de l'Aquitaine, 760-769. — Les descendans de Caribert II possédaient encore le duché d'Aquitaine et reconnaissaient, à certains égards, la suprématie des rois francs. Waïfre régnait alors sur ce pays, par suite de l'abdication de son père Hunald, et affectait de ne rendre à l'usurpateur du trône aucun devoir de vasselage. Pépin aspirait à une pleine souveraineté sur les provinces d'outre-Loire, et, comme Clovis, il trouva dans la religion un prétexte pour les envahir. Il somma Waïfre de rendre aux églises les biens dont il s'était emparé, et, sur son refus, il entra dans le Berry et l'Auvergne, qui furent livrés au pillage et à l'incendie. Cette expédition fut suivie de sept autres, et pendant huit ans l'Aquitaine fut le théâtre d'une guerre d'extermination dans laquelle le malheureux Waïfre opposa à l'ambitieux vainqueur une constance et une activité infatigables. A la fin, trahi par les siens, il succomba en 768 sous le fer d'un assassin, et Pépin n'eut pas le temps de recueillir les fruits de ses victoires et peut-être de son crime. Il était réservé à son fils Charles d'achever la soumission de l'Aquitaine par la défaite et la captivité de Hunald, qui était sorti de son monastère pour affranchir du joug des Francs les provinces méridionales. L'hommage du duc des Gascons fut une conséquence de cette conquête (769).

768. Pépin mourut au moment de sa plus grande puissance, et transmit à ses deux fils un empire plus étendu

et plus redoutable qu'il n'avait jamais été dans les plus
beaux jours des Mérovingiens.

§ II. — *Charlemagne roi*, 768-800.

Dans une assemblée générale des grands de la nation,
l'héritage de Pépin fut partagé entre ses deux fils. Charles (Charlemagne) eut la Neustrie et l'Aquitaine; Carloman, l'Ostrasie et la Bourgogne. Les deux frères vécu-
rent en mauvaise intelligence, comme le prouva la
retraite de Carloman, qui laissa à Charles tout le poids
de la guerre d'Aquitaine. Mais la mort de ce prince, en
771, livra tout l'Empire franc au roi de Neustrie, qui se
fit déférer la couronne d'Ostrasie dans la diète de Car-
bonac, au préjudice des fils de Carloman, réfugiés avec
leur mère à la cour du roi des Lombards. Plusieurs seigneurs mécontens suivirent la reine Gerberge, et furent
accueillis par le roi Didier, dont Charlemagne venait de
répudier la fille sans motif légitime.

Dans l'espoir de mettre la division parmi les Francs,
et d'en profiter pour reconquérir l'Exarchat, Didier
voulut forcer le pape Adrien Ier à donner l'onction royale
aux fils de Carloman. Mais le pontife s'y refusa, et invita
Charlemagne à venir défendre en Italie leurs intérêts
communs.

Guerre d'Italie, 774. — Un champ-de-mars est in-
diqué à Genève, où se réunissent les guerriers de la
Germanie et de la Gaule franque et romaine. L'armée,
divisée en deux corps, passe les Alpes, force les *Cluses*
vaillamment défendues, et va assiéger le roi des Lombards dans Pavie et son fils Adalgise dans Vérone. Pendant le blocus de Pavie, Charlemagne se rend à Rome,
où il est reçu avec tous les honneurs réservés aux patrices et aux exarques. De son côté, il accroît et confirme
la donation de Pépin, source de contestations et de prétentions exagérées. Charles retourne à son camp de Pavie, et reçoit la soumission de cette capitale, qui cu-

traîne celle de tous les ducs lombards, à l'exception de celui de Bénévent. Moins heureux que son fils, Didier tombe au pouvoir de son ennemi avec les princes ostrasiens, et le cloître reçoit toutes ces grandeurs déchues. Le vainqueur se fait couronner roi des Lombards, et laisse à son nouveau royaume ses lois et sa constitution.

775. A peine Charles avait-il quitté l'Italie pour aller combattre les Saxons, qu'une insurrection excitée par Adalgise éclata dans les duchés de Frioul et de Trévise. Mais la prompte défaite et le supplice de Rodgaud affermirent l'obéissance des autres chefs de la nation lombarde.

Guerre de Saxe; première période, 772-777.—Les Saxons, souvent vaincus par les Francs et toujours indociles au joug, avaient promis à Pépin de recevoir dans leur pays les apôtres de l'Évangile; mais les imprudentes menaces de saint Libwin les ayant irrités contre le christianisme, ils brûlèrent l'église de Deventer. Cette violence servit de prétexte à une guerre qui devait durer trente-trois ans et se terminer par l'assujettissement et la conversion des quatre grandes tribus saxonnes.

Dans une première expédition qui précéda la guerre d'Italie, Charles livra aux flammes la bourgade d'Eresbourg, et brisa la statue d'Hermansaül, monument religieux et national des Saxons (772). Mais pendant qu'il faisait la guerre en Italie, les vaincus reprirent les armes, et ravagèrent une partie de l'Ostrasie. Il ne fut pas difficile au vainqueur des Lombards de repousser des barbares mal armés et sans discipline; les Saxons furent rejetés au-delà du Weser, et une partie de la nation reçut le baptême (774). Deux ans après, ils surprirent les garnisons d'Eresbourg et de Sigebourg. Mais Charles, accouru du fond de la Lombardie, les battit à Lipspring, et obligea leurs principaux chefs, à l'exception de Wittikind, à lui jurer fidélité dans la diète de Paderborn, et à se soumettre à l'Évangile (777).

Guerre d'Espagne, 778.—Charlemagne avait reçu à Paderborn et s'était engagé à rétablir quelques émirs celtibériens que le khalife Abdérame Ier venait de dépouiller de leurs gouvernemens. L'armée, s'étant réunie au champ-de-mai de Chasseneuil, passe les Pyrénées par Saint-Jean-Pied-de-Port, reçoit la soumission trompeuse des chrétiens de la Biscaye et de la Navarre, détruit Pampelune et échoue devant Saragosse. Charles revient ensuite sur ses pas et repasse les Pyrénées plus heureusement que son arrière-garde, qui fut taillée en pièces par les Basques dans la vallée de Roncevaux. Il y perdit son neveu, le paladin Roland, dont la mort fut vengée par le supplice du perfide Lope.

Il paraît que les émirs rétablis restèrent sujets du roi, et qu'ils furent ensuite remplacés par des comtes dans les *marches* espagnoles, dont la plus considérable fut celle de Barcelone.

Guerre de Saxe; deuxième période, 778-785. — Pendant que Charlemagne était retenu au-delà des Pyrénées, les Saxons s'étaient soulevés de nouveau à la voix de Wittikind, qui les conduisit jusqu'aux bords du Rhin. Vaincu à Badenfeld et à Buckholz, ce héros se dérobe encore une fois au joug étranger, que subissent tous les Saxons cisalbins. La pacification de Horheim, en 780, dépouille les Saxons de leurs franchises et de leurs terres, qui sont distribuées au clergé. De là l'origine de la puissance et de la souveraineté des évêques et des abbés allemands. C'est aussi à dater de ce moment que la foi fut prêchée avec fruit aux Saxons, et que furent fondés les premiers siéges épiscopaux.

782-785. Les Saxons, ayant reçu des armes pour aider les Francs à repousser les Slaves Sorabes, font défection sur le mont Saunthal, et battent les généraux de Charles. Ce prince tire une horrible vengeance de cette trahison, en faisant massacrer 4,500 prisonniers. Deux victoires achèvent de nouveau la conquête de la Saxe en-deçà de l'Elbe, et Wittikind lui-même apporte ses sermens au vainqueur, et reçoit le baptême comme le reste de la nation (785). Les Saxons Nordalbingiens devaient se défendre long-temps encore ; mais leur résistance, jusqu'à la pacification de Salz, en 803, se confond avec les agressions des Slaves Wénèdes et des Northmans Danois.

Ligue contre Charlemagne, 786, etc. — Dans un voyage que ce prince avait fait à Rome, en 780, pour faire sacrer ses fils Pépin et Louis rois d'Italie et d'Aquitaine, il avait encore resserré les liens qui attachaient sa cause aux intérêts du saint Siége. Adrien Ier, placé à portée de surveiller les mouvemens d'Adalgise, dénonça bientôt à Charles une ligue formidable qui venait de se former contre lui. L'empire des Francs devait être attaqué en même temps par les Grecs, les Lombards Bénéventins, les Bavarois, les Avares, et peut-être les Sarrasins.

787. Le duc de Bénévent, Arégise, poursuivi jusqu'à Salerne, se rend tributaire des Francs, et donne en ôtage son fils Grimoald, qui lui succède la même année.

787. Les Grecs, commandés par Adalgise, font une descente en Calabre. Mais Grimoald marche contre eux et les force à se rembarquer après avoir perdu leur général.

787. La Bavière est occupée par trois armées ; Tassillon donne son fils en ôtage, fait hommage et obtient la paix. Mais l'année suivante il est cité à la diète d'Ingelheim et condamné à mort. Charles lui fait grâce du supplice, et l'enferme dans un monastère avec toute sa famille. La race des Agilolfinges cesse ainsi de régner, et la Bavière est réunie aux États de Charlemagne.

791-799. Les Avares donnent plus d'embarras à ce prince. Dès l'an 787, ils avaient fait des incursions dans le Frioul et sur la frontière ostrasienne. Charles les attaqua en 791 avec trois armées, et les battit sur la Raab. Une seconde expédition, retardée par les mouvemens des Saxons, des Slaves, des Bretons et des Sarrasins, fut conduite par Héric, duc de Frioul, et par le roi Pépin (796). Elle eut pour résultat le pillage du *ring* ou camp principal des Avares, ainsi que la soumission de ces Barbares aux lois des Francs et au christianisme.

§ III. — *Charlemagne empereur*, 800-814.

Le successeur d'Adrien Ier, Léon III, exilé de Rome à la suite d'une conspiration et d'un assassinat commis sur sa personne, alla implorer à Paderborn la protection de Charlemagne. Des commissaires royaux ramenèrent le pape en Italie, le rétablirent sur son siége, et instruisirent un procès criminel contre Campulus et Paschalis, qui avaient attenté aux jours du pontife. Charles, s'étant rendu lui-même à Rome, y tint une assemblée de grands et de prélats, où le pape se justifia par le serment des crimes qu'on lui imputait. Ses assassins furent condamnés à mort, et durent à l'intercession de Léon III la commutation de cette peine en un exil perpétuel.

Couronnement, 800. — Le jour de Noël, pendant la célébration de la messe, le pape vint placer la couronne impériale sur la tête de Charlemagne, aux acclamations unanimes du clergé et du peuple. Cette cérémonie décora le roi des Francs d'un titre placé dans l'opinion bien au-dessus de l'autorité royale, et l'investit d'une puissance plus absolue. Elle rompit les derniers et faibles liens qui attachaient encore la ville de Rome aux souverains de Byzance, et introduisit de nouveaux rapports entre les deux cours impériales. On a supposé que Léon III avait conçu le projet séduisant, mais chimérique, de réunir les deux Empires et les deux Églises par le mariage de Charles avec l'impératrice Irène, qui venait de succéder à son fils sur le trône d'Orient. A peine pourrait-on affirmer que cette alliance ait été en effet un sujet de négociations diplomatiques. La déposition d'Irène et l'élévation de Nicéphore à l'Empire, n'auraient pas permis de donner suite à ces desseins.

Relations étrangères. — Charlemagne eut des rapports fréquens avec tous les princes de son siècle. Les rois des Asturies lui faisaient hommage des trophées conquis sur les Musulmans ; les derniers heptarques d'Angleterre sollicitaient sa protection ; les empereurs d'Orient et les deux khalifes recherchaient son amitié.

Les ambassades de Nicéphore (803 et 810) eurent surtout pour objet la fixation des frontières communes, et la paix de 804, arrêtée pendant la diète de Salz, donna aux Francs l'Illyrie maritime ; mais les villes illyriennes furent restituées en 812, et Venise refusa d'obéir au roi d'Italie.

801-806. Une ambassade envoyée par Charlemagne au khalife de Bagdad Aroun-al-Raschid, en faveur des Chrétiens orientaux, mit en rapport ces deux grands princes. Le Commandant des Fidèles chercha à s'attacher, par des attentions et des présens, l'empereur des Chrétiens occidentaux, et le principal but de ses ambassades fut sans doute d'entretenir Charlemagne dans des sentimens hostiles contre le khalife de Cordoue. Cependant une paix de courte durée fut conclue en 810 avec Aboul-Assi-al-Hakkam, qui garda Saragosse et Huesca.

Dernières hostilités sur l'Elbe, 806-812. —La diète de Salz, tenue en 803, avait reçu les derniers sermens des Saxons Nordalbingiens, et ordonné la dispersion de dix mille familles. Ceux qui voulurent échapper au joug se retirèrent chez les Danois ou chez les Slaves.

806-812. Le prince Charles, fils aîné de l'empereur, combat les Slaves Tchèques et les Wilses, tue leurs ducs Lecho et Milidoch, et prépare leur soumission.

808-811. Godefried, roi des Danois, fait des incursions dans la Saxe et des descentes dans la Frise. Il aspire à la conquête de la Germanie, et est assassiné par son neveu Hemming, qui demande la paix.

Expéditions maritimes. — Les Northmans commençaient à inquiéter les côtes de l'Océan, et les Sarrasins menaçaient celles de la Méditerranée. Charlemagne se tint sur la défensive avec les premiers, et ses flottes allèrent chercher les Musulmans.

806-813. Le comte de Gênes, Adhémar, ayant entrepris de chasser les Sarrasins de la Corse et de la Sardaigne, est tué dans un combat. L'année suivante, Burchard leur prend treize vaisseaux; mais, en 810, ils reviennent avec de nouvelles forces, et s'établissent dans ces deux îles.

Les habitans des îles Baléares avaient réclamé la protection des Francs contre les Infidèles, qui furent chassés dès l'an 799. En 813, Irmingar, comte d'Ampurias, défendit Majorque contre une flotte musulmane.

Mort de Charlemagne, 814. — Ce grand prince, voyant approcher sa fin, avait, par le capitulaire de Thionville en 806, partagé son empire entre ses trois fils légitimes, Charles, Pépin et Louis; mais les deux premiers ayant précédé leur père au tombeau, Charlemagne donna l'Italie et la Bavière à Bernard, fils de Pépin, et fit élire Louis empereur par la diète d'Aix-la-Chapelle, en 813. Peu de mois après il mourut dans cette ville, qu'il avait choisie pour capitale et décorée de plusieurs monumens. Malgré quelques taches qui déparent sa glorieuse vie, le nom de Grand (*magnus*), inséparablement uni à son nom, reste comme un signe impérissable de son génie et de ses hauts faits.

CHAPITRE XIII.

Établissemens civils, ecclésiastiques et littéraires de Charlemagne.

§ I. — *Gouvernement.*

L'héritage des Mérovingiens, agrandi par les victoires de Pépin et de Charlemagne, formait un État aussi vaste que l'ancien empire d'Occident. Il avait pour limites : au midi, l'Aufide, le Vulturne, la mer et l'Ebre ; à l'ouest, l'océan Atlantique ; l'Eyder, la mer Baltique et l'Oder, au nord ; la Theiss, la Save et le golfe Adriatique, à l'orient.

La division politique et cadastrale de l'Empire en légations, comtés, vigueries, cantons et manses, facilitait l'administration, et permettait au souverain de connaître l'étendue et le détail de ses ressources.

Quoique l'autorité royale parût absolue entre les mains de Charlemagne, elle était cependant assujettie à des limites et à des règles. Depuis que Pépin le Bref avait remis en usage les champs-de-mars ou de mai, le pouvoir de faire les lois appartenait à ces diètes, qui partageaient l'initiative avec le souverain. Sous Pépin, on n'y voyait que les grands et les prélats. Charlemagne voulut les rapprocher de leur institution primitive, en y appelant les représentans des hommes libres (*Hérimans*). Ces députés n'étaient pas élus par des assemblées électorales, mais choisis par chaque comte, au nombre de sept ou de douze, dans la classe des notables appelés *rachimbourgs* ou *scabins*. On ne peut supposer que les nombreux parlemens tenus par Charlemagne aient été composés des députés de toutes les provinces. L'absence si fréquente des évêques et des comtes aurait fait naître mille désordres dans l'État et dans l'Église. Chacun des royaumes francs avait son champ-de-mai particulier; mais les lois générales émanaient seulement des assemblées présidées par le roi, et où se trouvait toujours un certain nombre de leudes et de prélats des différens royaumes. Ces lois étaient préparées d'avance dans des assemblées particulières, réunies en automne, où le roi n'admettait que les grands et les évêques investis de sa confiance. Le champ-de-mai avait le droit de les rejeter ou de les adopter; une foi acceptées par la nation et sanctionnées par le roi, elles étaient rendues publiques par la voie des assemblées provinciales que présidaient les *missi dominici,* et prenaient ordinairement le nom de *capitulaires.* Ces actes publics ont tout à la fois les caractères de lois, de canons, d'ordonnances, de réglemens de police, d'instructions ministérielles, etc. Nous possédons un nombreux recueil de capitulaires de Charlemagne et de ses premiers successeurs, parmi lesquels se trouve une édition de la loi Salique, amendée par ce prince en 800.

Pour assurer à ses peuples les bienfaits d'une administration équitable et d'une justice prompte et égale, Charlemagne donna plus d'extension à la magistrature des lieutenans impériaux (*legati*), instituée par les derniers empereurs romains, conservée par quelques rois mérovingiens, et qui fut alors substituée à la dignité ducale. Ces commissaires royaux ou *missi dominici,* pris dans l'ordre civil et dans le clergé, étaient particulièrement chargés de protéger la liberté et les propriétés des citoyens. Ils parcouraient leurs légations quatre fois par an, recevaient les plaintes des sujets, et tenaient des plaids où la haute justice était rendue, et les décisions administratives souvent réformées. Les agens de l'autorité, soumis à la surveillance des commissaires royaux, étaient les comtes ou *grafen,* les vicomtes ou viguiers, et les centeniers.

Les comtes rendaient la justice dans des assises trimestrielles, assistés par un certain nombre de scabins ou jurés. On ne pouvait appeler de leurs sentences à l'assemblée nationale ou provinciale que pour déni de justice ou violation manifeste de la loi. Comme sous les premiers rois, chacun était jugé suivant la loi de sa famille ou de son choix. L'*ordéal* ou *jugement de Dieu* était la forme de procédure la plus usitée au civil et au criminel. On admettait encore les compositions (*weregild*) et l'amende (*fredum*).

Ces amendes judiciaires faisaient partie des revenus publics et étaient perçues par le comte. Les redevances des abbayes et bénéfices ecclésiastiques, celles des colons censitaires, et le produit des *villæ* royales, faisaient la principale richesse du souverain.

Le service militaire, d'abord imposé à tous les hommes libres, fut restreint aux possesseurs de trois manses et de douze serfs. Celui qui, ne possédant qu'un manse, ne pouvait suffire à son équipement et à sa nourriture, contribuait pour un tiers à l'entretien d'un soldat. Une amende de 60 sous d'or (environ 800 fr. d'aujourd'hui) ou un esclavage temporaire était la peine de l'homme libre qui n'obéissait pas à l'*hériban* ou convocation de l'armée. La durée du service n'était pas fixée d'une manière invariable, et n'était pas la même pour les vassaux et les citoyens indépendans. Un capitulaire de l'an 803 en dispensait les ecclésiastiques; mais cette dispense ou défense ne fut pas toujours observée.

§ II. *Affaires de l'Église de France.*

Toutes les lois de Charlemagne furent favorables au clergé, alors seul dépositaire et dispensateur des lumières. Un grand nombre de diètes tenues par ce prince furent des parlemens mixtes où les évêques, de concert avec le souverain, travaillaient à la prospérité spirituelle et temporelle de l'Église. Plus de trente conciles nationaux ou provinciaux furent assemblés pour arriver à ce but. Les deux principaux furent ceux de Francfort et d'Aix-la-Chapelle.

Concile de Francfort, 794. — Le septième concile général tenu à Nicée, en 787, avait décidé que les images des saints devaient recevoir une adoration *honoraire*, opposée à l'adoration de *latrie*, qui n'appartient qu'à Dieu seul. Ce décret, mal compris par le clergé gallican, fut condamné par les trois cents prélats réunis à Francfort, qui cependant n'adoptèrent pas l'erreur des Iconoclastes. — Ce concile anathématisa aussi la doctrine hérétique de Félix, évêque d'Urgel, qui, distinguant deux natures dans Jésus-Christ, soutenait que comme homme il n'était fils de Dieu que par adoption.

Concile d'Aix-la-Chapelle, 809. — Le deuxième concile œcuménique tenu à Constantinople, en 381, avait fait insérer dans le symbole de Nicée que le *Saint-Esprit procède du Père.* En 653, le huitième concile de Tolède y ajouta le mot *filioque,* qui ne tarda pas à être introduit dans le rituel gallican. Le pape Adrien Ier, alarmé de cette innovation, la soumit à l'examen du synode d'Aix-la-Chapelle. Cette assemblée reconnut l'addition du *filioque,* adoptée bien plus tard en Italie, et toujours rejetée par l'Église grecque.

§ III. — *État des lettres.*

Charlemagne entreprit de policer par la religion les peuples idolâtres qu'il avait subjugués, et ce bienfait arrêta la barbarie du Nord dans ses limites. Mais une autre barbarie, celle des mœurs, régnait dans son Empire, et ce grand homme essaya de la dissiper. Rien ne fut négligé pour achever ce grand dessein. La protection du prince, sa libéralité et surtout son exemple, encouragèrent l'étude des lettres parmi ses sujets romains, et les ennoblirent aux yeux des conquérans barbares. Il ne restait presque plus en France aucuns vestiges des sciences et des arts, lorsque Charlemagne conçut la pensée de les y faire refleurir.

Ce prince fut initié, à l'âge de trente-deux ans, aux premiers élémens des lettres par Pierre de Pise, qui lui donna des leçons de grammaire et de langue latine, et le prépara ainsi aux leçons du célèbre Alcuin. Ce moine anglo-saxon, que Charles attacha à sa personne en 782, lui enseigna la rhétorique, la dialectique, et surtout l'astronomie, que le disciple royal préférait aux autres sciences après la théologie.

Les bienfaits et l'amitié de Charlemagne attirèrent de différens pays un grand nombre de savans, tels que Alcuin d'Yorck, Clément d'Irlande, et les Italiens Pierre Pisan, Paul Warnefrid, Théodulfe, Leidrade et Paulin d'Aquilée. Le commerce de ces illustres étrangers familiarisa les courtisans guerriers d'Ostrasie avec la langue latine. Riculfe, Angilbert et Éginhard durent à leur savoir l'intimité du prince. Éginhard, écrivain plus élégant que ses maîtres, écrivit la vie du grand homme, dont il fut le chancelier et peut-être le gendre.

Tous ces personnages faisaient partie d'une académie palatine que le roi présidait sous le nom de David, et dont chaque membre empruntait un surnom allégorique. Auprès de cette académie fut établie une école royale qui devint le centre des études et servit de modèle à d'autres écoles. On y enseignait les sept arts libéraux, savoir : la grammaire, la rhétorique, la dialectique, l'arithmétique, la géométrie, l'astronomie et la musique. Une circulaire, adressée en 787 à tous les évêques et abbés, les invitait à ouvrir des écoles auprès des églises cathédrales et des monastères. Alcuin enseigna lui-même la théologie et les sciences à ses moines de Tours. Théodulfe, évêque d'Orléans, fonda quatre écoles supérieures, et distribua dans les campagnes des écoles élémentaires gratuites. C'est à lui que l'abbaye de Fleury - sur-

Loire fut redevable de sa célébrité littéraire. D'autres monastères, Corbie, Fontenelle, Saint-Ricquier, Aniane, Reichnau, Utrecht, Osnabruck, etc., rivalisèrent de savoir et de piété. Charlemagne appela l'attention des cénobites sur l'orthographe et la calligraphie, et fit substituer les caractères romains à l'alphabet teutonique mérovingien qui avait prévalu.

Comme la théologie était de toutes les sciences d'alors la plus importante et la plus profitable, l'étude approfondie du latin et même celle du grec devenaient indispensables à ceux qui voulaient parvenir aux hautes dignités de l'Église. Aussi les enseignait-on l'un et l'autre dans quelques monastères. Le latin n'était plus la langue vulgaire ; à peine pouvait-il être entendu du peuple, qui parlait un langage grossier connu sous le nom de *roman,* source des idiomes et des patois méridionaux. Au nord de la Gaule et dans l'Ostrasie, la langue dominante était celle des anciens Germains : c'est celle que parlaient Charlemagne et tous les Francs ; il paraît même que ce prince voulait la faire adopter dans tout son empire. Éginhard rapporte qu'il composa une grammaire tudesque, et qu'il fit recueillir les anciens chants guerriers des peuples germains.

Malgré les encouragemens de Charlemagne et la pieuse munificence des grands, les arts restèrent dans le néant où ils étaient tombés. L'architecture ne produisit aucun monument qui soit arrivé jusqu'à nous ; et telle était la rareté ou l'impéritie des artistes, que, pour élever la basilique et le palais d'Aix-la-Chapelle, on fut obligé d'apporter de Ravenne les colonnes et les mosaïques qui décoraient la résidence des derniers empereurs. On cite encore, parmi les travaux de Charlemagne, un canal qui devait établir une communication entre le Rhin et le Danube, ainsi que plusieurs ponts construits sur les grandes rivières.

Tant d'efforts pour rendre son ancien lustre à une civilisation déchue furent presque sans efficacité. Quelques hommes de savoir, Hincmar et Agobard, Nithard et Thégan. Loup, abbé de Ferrières, et d'autres élèves de l'école palatine, marchèrent, il est vrai, sur les traces de leurs maîtres. Mais, après eux, les guerres civiles, l'anarchie féodale et les invasions des Barbares replongèrent l'Europe dans les ténèbres que n'avait pu dissiper un grand homme investi de tant de puissance.

CHAPITRE XIV.

Démembrement de l'empire carlovingien en états indépendans. — Origine des royaumes de France, d'Allemagne et d'Italie, de Lorraine, de Bourgogne, de Navarre, d'Aragon et de Castille.

§ 1. — *Depuis l'avénement de Louis le Débonnaire jusqu'à la paix de Verdun*, 814-843.

Des symptômes de faiblesse et de division s'étaient manifestés dans l'Empire carlovingien du vivant même de son fondateur. Les élémens contraires qui avaient formé ce grand corps tendaient à se séparer ; la force seule pouvait maintenir leur union. Mais cette force doit manquer, et des causes extérieures contribueront à développer le principe de dissolution qui, après avoir divisé les grandes masses, s'exercera en détail sur chacune des parties détachées de l'ensemble.

Louis Ier, le Débonnaire, 814-840. — Ce prince entreprend de réformer à la fois la cour, l'administration, l'Église et les ordres monastiques. Mais trop faible pour soutenir ses bonnes intentions, il ne réussit qu'à exciter des haines dont il doit être victime.

817. Louis tient une diète à Aix-la-Chapelle, où il associe ses trois fils à l'administration de l'Empire. Il donne à Lothaire le titre d'empereur et l'expectative de l'Italie ; Pépin obtient l'Aquitaine, et Louis la Bavière.

Les dispositions de cet acte présagent la guerre civile. Lésé dans ses droits ou dans ses prétentions, Bernard, roi d'Italie, prend les armes contre son oncle; mais la défection de son armée le livre à Louis, qui, commuant en vain la sentence capitale portée contre lui par l'assemblée nationale, le condamne à perdre la vue et l'abandonne à des bourreaux qui l'égorgent (818). Cet acte de cruauté ayant donné des remords à ce prince, il en fit une pénitence publique à Attigny.

Révoltes des fils de Louis , 829-835. — L'empereur excite le mécontentement des fils qu'il avait eus d'Hermengarde, en donnant, à la diète de Worms, le royaume d'Alemannie au jeune Charles, né de sa seconde femme. Dans cette même assemblée, il indispose les grands en confiant la première dignité du palais au duc de Septimanie, Bernard, que la reine Judith honorait d'une faveur trop bienveillante. Une ligue formidable dirigée par un petit-fils de Charles-Martel, Wala, abbé de Corbie, et dont quatre conciles ne peuvent déjouer les desseins, entraîne dans la révolte les trois princes du premier lit. L'empereur, abandonné de l'armée, est détrôné à Verberie, puis rétabli à Nimègue par l'adresse du moine Gondebaud et la fidélité des vassaux germaniques (830); mais la clémence de Louis ne désarme pas ses ennemis.

Une seconde révolte éclate l'année suivante, et l'archevêque Agobard prend le soin de la justifier par un insolent manifeste. Le pape Grégoire IV prête aux rebelles l'autorité de son nom et de sa présence. Louis marche contre ses fils réunis près de Colmar; mais l'armée l'abandonne encore une fois au Champ-du-Mensonge. Le monarque prisonnier subit une solennelle dégradation à Saint-Médard de Soissons, après s'être confessé coupable de crimes imaginaires et avoir supplié les évêques de le soumettre à une pénitence publique (833).

Tant d'iniquités commises au nom du bien public tirent enfin le peuple de son indifférence. Louis et Pépin, jaloux de la supériorité qu'affectait Lothaire, profitent de cette disposition des esprits pour faire réhabiliter leur père, et une diète générale, tenue en 835, décrète une nouvelle division de l'Empire entre les fils de l'empereur, à l'exclusion de Lothaire.

838-840. La mort de Pépin fait naître de nouvelles combinaisons et de nouveaux troubles. Louis assigne l'Aquitaine à son fils bien-aimé au détriment de Pépin II, son petit-fils; Lothaire rentre en grâce, et Louis le Germanique encourt la colère de son père. Le capitulaire de Worms donne tout l'Empire à ses deux frères, et ne lui laisse que la Bavière (839). Pendant que l'empereur réduit les Aquitains soulevés, le Germanique proteste, les armes à la main, contre le partage de Worms, et Louis le Débonnaire termine son triste règne entre deux révoltes. La discorde qui avait troublé sa vie lui survit, et devient sanglante après avoir été criminelle.

Lothaire, empereur, 840. — L'empire se trouve en proie à la guerre civile des princes, aux révoltes des Saxons, des Bretons, des Gascons, des Aquitains, des Provençaux, des Bénéventins, et aux ravages des Northmans, des Sarrasins et des Slaves (*Voyez* le chapitre suivant).

841. Louis le Germanique et Charles le Chauve ligués contre Lothaire, qui affectait la suzeraineté sur les couronnes royales, lui livrent la sanglante bataille de Fontenay, qui déconcerte ses projets de monarchie universelle, et qui, avec l'alliance de Strasbourg, amène bientôt après le célèbre traité de Verdun (843). L'Empire est divisé en trois grands royaumes, d'Italie, de France et de Germanie. Au premier se trouvent annexés l'ancien royaume de Bourgogne et l'Ostrasie Cisrhénane.

§ II. *Depuis la paix de Verdun jusqu'à la déposition de Charles le Gros, 843-888.*

Les trois princes, mal réconciliés, font une guerre défensive contre les Barbares et contre leurs propres sujets. Louis, fils de Lothaire, et son lieutenant en Italie, maintient les Romains dans l'obéissance, fait respecter aux ducs de Bénévent la suprématie de l'empereur, et chasse les Sarrasins de la Pouille ; Louis le Germanique et ses fils combattent les Slaves sur l'Elbe et sur le Danube ; Charles, les Northmans et les Bretons sur la Seine et la Loire. Les Aquitains s'arment successivement en faveur de Pépin II et de Louis de Germanie pour former un royaume indépendant ; ils finissent par être incorporés à la France neustrienne, qui ne conservera bientôt sur eux qu'une vaine suprématie.

Lothaire, avant de mourir, partage ses états entre ses trois fils. Louis est empereur et roi d'Italie ; Charles, roi de Bourgogne et de Provence ; Lothaire le Jeune, roi de Lorraine.

Louis II, empereur, 855. — Les trois fils de l'empereur Lothaire étant morts successivement sans enfans mâles légitimes, leurs successions doivent être de nouvelles causes de division entre leurs oncles et leurs neveux. Après la mort de Charles, en 863, ses deux frères héritent de ses états. La succession de Lothaire II, dévolue à Louis II en 869, est usurpée par le roi de France et le roi de Germanie, qui se la partagent par le traité de Mersen *in procapide*. Mais Charles le Chauve usurpe bientôt la part du roi de Germanie, ainsi que le royaume de Provence, qui appartenait alors à l'empereur. Enfin, la mort de Louis II laisse le trône impérial vacant en 875 ; et l'Italie, restée sans maître entre deux prétendans, tombe un moment au pouvoir du plus prompt.

Charles le Chauve, empereur, 875. — Le roi de France va se faire couronner empereur à Rome par le pape Jean VIII, et reçoit à son retour la couronne de Lombardie, à Milan. Il force à la retraite deux fils de Louis le Germanique, et laisse la régence du royaume d'Italie à son beau-frère Boson, duc de Pavie, qui ne sut ni le défendre contre les Allemands ni le protéger contre les Sarrasins.

876-877. Louis le Germanique meurt et laisse ses États à ses trois fils, Louis de Saxe, Carloman de Bavière et Charles de Souabe. Le roi de Saxe réclame une partie de la Lorraine et bat son oncle Charles le Chauve près d'Andernach, sur le Rhin, pendant que Carloman envahit l'Italie. L'empereur règle les affaires de France à l'assemblée de Kiersy-sur-Oise, et repasse en Italie, où l'appelait de nouveau le pape Jean VIII. Mais il n'ose attendre l'armée bavaroise, et meurt au pied du mont Cenis.

Vacance de l'Empire, 877-881.—Pendant ce temps, le trône de France est occupé deux ans par Louis le Bègue, qui, par ses prodigalités, achève de dissiper les ressources de la couronne. Ses deux fils, Louis III et Carloman, lui succèdent en 879, et abandonnent au roi de Saxe la Lorraine française, dans le même temps que Boson détache de la France les provinces bourguignonnes. Par le traité d'Amiens, conclu en 880, les deux frères se partagent les États de leur père. Louis est déclaré roi de Neustrie ; Carloman obtient l'Aquitaine et les droits sur la Bourgogne.

La même année, les deux princes français se réunissent en congrès à Gondreville avec les deux rois de Germanie, Louis le Saxon et Charles de Souabe, intéressés comme eux à défendre la patrie commune contre les Northmans, et la légitimité carlovingienne contre une aristocratie usurpatrice. Mais cette ligue de rois ne devait pas avoir plus de succès que toutes celles qui l'avaient précédée. L'épouse de Boson se défendit dans Vienne contre les efforts réunis de trois rois, et si sa résistance céda plus tard au courage fidèle d'un lieutenant de Carloman, la couronne de Provence n'en resta pas moins acquise à l'usurpateur. Une brillante victoire remportée sur les Northmans à Saucourt en Vimeu, couvrit le roi de Neustrie d'une gloire qui fut célébrée dans des chants populaires. Mais Louis III ne vécut pas assez long-temps pour réaliser les espérances que la nation mettait en lui. Sa mort, arrivée en 882, réunit les deux couronnes de France sur la tête de Carloman qui descendit au tombeau en 884. Ce prince laissait pour héritier un frère posthume, nommé Charles, que sa jeunesse fit exclure de la royauté. Les Français se donnèrent pour roi l'empereur Charles le Gros.

Charles III, dit le Gros, empereur, 881.—Charles de Souabe, ayant hérité de l'Italie par la mort de son frère Carloman, en 880, va se faire couronner empereur à Rome. L'année suivante, Louis le Saxon lui transmet ses États, et, en 884, il est appelé au trône de France. Cinq couronnes ajoutées à la sienne lui forment un Empire presque aussi vaste que celui de Charlemagne. Mais sa faiblesse sera impuissante à porter un si pesant fardeau, et l'esprit national, qui s'était développé dans chacune des grandes parties de l'Empire, va profiter de ses fautes pour rompre à jamais le lien qui les unissait.

Sa déposition, 887. — Sous prétexte que Charles le Gros n'était pas capable de défendre l'Empire contre les Northmans, les vassaux de Germanie, assemblés en diète à Tribur sur le Rhin, le dépouillent de la dignité suprême et se donnent un nouveau roi ; les Français et les Italiens suivent cet exemple en mettant à leur tête des souverains nationaux. La dépouille d'un empereur suffit à l'ambition de huit rois.

Ainsi fut consommée cette grande dissolution politique proclamée par la paix de Verdun, mais dont l'infécondité de huit reines et la mort prématurée de six rois avaient empêché l'accomplissement en ramenant sous un même sceptre les diverses nations émancipées par ce traité. Ainsi s'opéra sans retour le démembrement de l'empire carlovingien et la séparation des Francs tudesques et des Francs latins, des Allemands et des Français.

§ III. — *Tableau des différens États formés des débris de l'Empire.*

ROYAUMES PRINCIPAUX.

GERMANIE.	ITALIE.	FRANCE.
888. — Arnoul de Carinthie, bâtard de Carloman, élu roi à la diète de Tribur, reçoit l'hommage des rois de France, d'Italie et de Bourgogne, et dispose du royaume de Lorraine en faveur de son fils naturel, Zuentibold ou Swantipolk.	888. — Guy et Bérenger, ducs de Spolète et de Frioul, se disputent la couronne. L'Adige forme la limite de leurs possessions. 891. — Guy, déjà proclamé roi à la diète de Pavie, va se faire couronner, à Rome, empereur et roi des Français, et associe son fils Lambert à la dignité impériale.	888. — Eudes, fils de Robert le Fort, duc de France et comte de Paris, se fait donner la couronne par les grands, au préjudice de Charles le Simple, seul descendant légitime de Charlemagne. Il déjoue les desseins de Guy de Spolète et de Louis de Provence sur le royaume de France, se reconnaît vassal d'Arnoul, et réduit le comte Rainulfe, qui s'était fait roi d'Aquitaine.
894. — Arnoul est appelé en Italie par le pape Formose, qui voulait fortifier le pouvoir temporel du saint Siège en donnant à Rome un souverain étranger.	894. — Première expédition d'Arnoul, qui ne passe pas Plaisance, et revient par les Alpes bourguignonnes.	893. — Charles le Simple est sacré à Reims, et se met à la tête d'un parti puissant pour recouvrer son héritage.
896. — Arnoul passe en Italie après la mort de Guy, et se fait couronner empereur à Rome. Mais les incursions des Moraves le rappellent en Germanie. Il s'allie contre eux avec les Hongrois récemment arrivés dans la Pannonie. 899-911. — Règne de Louis IV *l'Enfant*, fils d'Arnoul, et dernier Carlovingien en Germanie.	896.—Lambert ne peut empêcher le couronnement d'Arnoul. Après la retraite du roi de Germanie, il se réconcilie avec Bérenger, qui conserve le titre de roi, et qui devait porter le dernier la couronne impériale des Carlovingiens. L'anarchie doit régner en Italie jusqu'au rétablissement de l'empire par Othon le Grand, en 963.	896. — Après trois ans de guerre civile, l'usurpateur et le prétendant signent un traité de partage qui donne à Charles les provinces au nord de la Seine. 898. — Charles reste seul roi par la mort de son rival. Mais les grands feudataires lui raviront encore la couronne dont ils l'avaient déjà frustré.

ROYAUMES DU SECOND ORDRE.

BOURGOGNE CISJU-RANE.	BOURGOGNE TRANSJU-RANE.	NAVARRE.

879. — Boson, beau-frère de Charles le Chau-ve, après avoir perdu son duché de Pavie, avait ob-tenu le gouvernement de la Bourgogne Cisjurane, dont il se fit couronner roi et patrice à Mantaille, après la mort de Louis le Bègue. Ce royaume com-prenait le pays situé en-tre la Saône et le Jura, la Haute-Loire et les Alpes.

930. — Les deux Bourgognes sont réunies, et for-ment le royaume d'Arles. Cette réunion a lieu au profit de Rodolphe II, roi de la Transjurane, par la cession de Hugues de Provence, son compéti-teur à la couronne d'Italie.

1033. — Le royaume d'Arles est réuni à celui de Germanie par testament de Rodolphe III, qui le lègue à l'empereur Conrad II.

888.—Rodolphe Welf, comte de la Bourgogne Transjurane, se rend in-dépendant après la dépo-sition de Charles le Gros. Il se fait élire roi dans une diète tenue à Saint-Maurice en Valais. Ses états étaient compris en-tre le Jura, le Rhône et la Reuss.

Vers l'an 831, Aznar, comte de la marche de Navarre, s'était rendu indépendant de Louis le Débonnaire. Depuis ce temps, les Basques ulté-rieurs ne firent plus par-tie de l'empire franc.

857. — Garcie Ximé-nès, descendant d'Aznar, prend le titre de roi à Pampelune.

1000. — Le royaume de Navarre, agrandi des comtés d'Aragon et de Castille, atteint son plus haut degré de puissance sous le règne de Sanche le Grand.

1035.—Sanche III, en mourant, partage ses états entre ses enfans.

DÉMEMBREMENT DE LA NAVARRE.

CASTILLE.	ARAGON.	NAVARRE.

1033. — Ferdinand Ier obtient de son père le comté de Castille, qui est érigé en royaume à l'occasion de son mariage avec la sœur du roi de Léon. Ce mariage pré-para aussi la réunion des deux royaumes, qui eut lieu en 1037, après une bataille où Bermude III fut vaincu et tué par son beau-frère.

En Bermude finit la ligne des anciens rois d'O-viédo, dont les États, agrandis aux dépens des Sarrasins, avaient, de-puis 914, la ville de Léon pour capitale.

Sous le règne de Fer-dinand commencent l'il-lustration chevaleresque du Cid et la puissance des rois de Castille.

1035.—Ramire Ier don-ne quelque importance à son petit royaume par la réunion de Soprarbe et Ribargoce, qui avaient été le partage d'un qua-trième fils de Sanche le Grand.

Ramire mourut en combattant à Graos les Maures de l'Èbre. On lui attribue l'établisse-ment des anciennes cor-tés d'Aragon.

1035.—Garcie IV suc-cède à la couronne de Navarre, en qualité de fils aîné de Sanche. Ce royaume, resserré entre la France et les États chrétiens de Castille et d'Aragon, ne put s'éten-dre, comme ces derniers, aux dépens des peuples voisins.

Synchronisme. — Ce démembrement de la Na-varre, qui donna naissance aux deux principaux royaumes chrétiens d'Espagne, coïncide exacte-ment avec la dissolution du khalifat de Cordoue, consommée en 1031.

EMPEREURS ET ROIS D'ITALIE, CARLOVINGIENS.

1. Charlemagne, ou Charles I, fils de *Pépin le Bref*, R. des Francs, 768; des Lombards, 774; couronné empereur à Rome, 800. † 814.

2. Pépin, roi d'Italie, 781. † 810.

4. Louis I, dit *le Débonnaire*, empereur, 814. † 840.

3. Bernard, R. d'Italie, 810. † 818.

Adélaïde, selon quelques-uns, E. *Lambert*.

5. Lothaire I, associé à l'Empire, 817. † 855.

7. Charles II, dit *le Chauve*, R. de France, 840; emp. et R. d'Italie, 875 et 876. † 877.

Louis, dit le *Germanique*, R. d'Allemagne, 840. † 876.

Gisèle, E. *Éverhad*, C. 867.

Pépin, tige des comtes de Vermandois.

10. Guy, duc de Spolète, roi d'Italie, 888; emp. 891. † 894.

6. Louis II, associé à l'Empire, 850. † 875.

Lothaire II, R. de Lorraine. 855. † 869.

Charles, R. de Provence, † 863.

8. Carloman, R. de Bavière, 876; d'Italie, 877. † 880.

Louis II, dit *le Jeune*, R. de Saxe. † 882.

9. Charles III, dit *le Gros*, emp. et R. d'Italie, 880. † 888.

14. Bérenger I, D. de Frioul, R. d'Italie, 888; emp., 906. † 924.

11. Lambert, emp. et R. d'Italie, 894. † 898.

Irmengarde, E. *Boson*, R. de la Bourg. Cisjurane, † 887.

Berthe, E. *Thibaud*, C. d'Arles.

12. Arnoul, R. d'Allemagne, 887; emp. et R. d'Italie, 896. † 899.

Gisèle, E. *Adelbert*, Marq. d'Ivrée.

Louis IV, *l'Enfant*, R. d'Allemagne. † 911, sans postérité.

Zuentibold, f. nat., R. de Lorraine, 895. † 900.

13. Louis, R. de la Bourg Cisjurane, 887; d'Italie, 899; emp., 901; chassé, 902. † vers 928.

16. Hugues, C. de Provence, R. d'Italie, 926. † 947.

15. Rodolphe, R. de Bourg., élu R. d'Italie, contre Bérenger I, 921; chassé, 926. † 937.

* * *

18. Bérenger II, R. d'Italie, 950; détrôné par Othon le Grand. † 966.

17. Lothaire II, associé au royaume d'Italie, 931. † 950. E. *Adélaïde*, fille du roi Rodolphe.

Adélaïde, E. 1. *Lothaire*, R. d'Italie, 2. *Othon le Grand*, R. d'Allemagne.

19. Adelbert, R. d'Italie, conjointement avec son père.

CHAPITRE XV.

Démembrement partiel de l'Empire carlovingien par les Barbares. — Incursions des Sarrasins, des Northmans, des Slaves et des Hongrois.

CHARLEMAGNE avait réuni sous ses lois tous les peuples d'origine teutonique, à l'exception des Anglo-Saxons et des Scandinaves. Mais derrière les Germains, subjugués et convertis par lui, il avait trouvé une seconde ligne de Barbares prêts à se déborder à leur tour sur l'Europe civilisée. Ses armes victorieuses avaient un moment arrêté cette nouvelle invasion, qui n'attendait qu'un temps propice. Les divisions qui suivirent la mort de ce grand homme firent tomber de toutes parts les barrières de l'empire, qui fut assailli en même temps par les Northmans à l'ouest, par les Slaves au nord, par les Hongrois à l'orient, et au midi par les Sarrasins. Cependant l'Europe fut encore une fois sauvée de la barbarie par l'expulsion des Musulmans, et par la conversion au christianisme des autres peuples envahisseurs.

§ I. — *Les Sarrasins.*

Pendant le neuvième et le dixième siècle, la France et l'Italie furent assaillies sur tout le littoral de la Méditerranée par les Musulmans d'Espagne et d'Afrique.

Les Sarrasins espagnols, arrêtés au pied des Pyrénées par les comtes de Barcelone et par les Gascons de la Navarre, renoncèrent au pillage de l'Aquitaine et tournèrent leurs efforts du côté de la mer. Lorsqu'ils eurent repris les îles Baléares, la Sardaigne et la Corse, ils reparurent sur les côtes de Provence en 837, 838, 842, 845, 848, 851, 869, etc., pillèrent Marseille et Arles, s'établirent dans la Camargue, et détruisirent plusieurs villes romaines dont il ne reste plus que les ruines. La colonie qu'ils établirent, en 888, à Fraxinet (La Garde-Fraisnet) devint leur place d'armes et le centre de leurs opérations militaires. Pendant près d'un siècle qu'ils l'occupèrent, ils ne cessèrent de faire des courses dans le royaume d'Arles et en Italie. Le comte Hugues de Provence, devenu roi d'Italie, les chassa pour quelque temps de Fraxinet, avec le secours des galères grecques (942). Mais, en voulant les faire servir à ses projets, il leur confia la défense des Alpes contre son compétiteur Bérenger. Dès-lors, cette barrière naturelle ne protégea plus ni la France ni l'Italie. Les postes sarrasins qui formaient une chaîne depuis Fréjus jusqu'à Saint-Maurice en Valais, interrompirent les communications entre les deux pays, et le pélerinage de Rome devint un acte de courage plus encore que de piété.

La reine Berthe de Provence arrêta ces barbares dans la Transjurane, et son fils Conrad le Pacifique les affaiblit par un heureux stratagême, sans pouvoir en délivrer son royaume. Cette gloire était réservée à un de ses feudataires. Les Sarrasins furent chassés de nos rivages par le comte Guillaume Ier, qui mérita par ce service glorieux le titre de *Père de la patrie* (972). La Provence, presque déserte, fut alors partagée entre les guerriers qui l'avaient affranchie, les monastères qui lui rendirent ses prêtres, et les colons qui la défrichèrent.

L'Italie eut à subir en même temps les déprédations des deux nations musulmanes, mais surtout celle des Africains, sujets des rois Aglabites de Caïroan. Ces infidèles, appelés en Sicile par le rebelle Euphémius en 827, se rendirent maîtres de cette île, dont la conquête ne devait leur être assurée que par la prise et la destruction de Syracuse, en 878.

Du port de Palerme, résidence des émirs africains, sortaient chaque année des flottes qui portaient des troupes de brigands sur divers points de la côte d'Italie où ils formèrent plusieurs établissemens militaires, dont les principaux furent ceux de Bari, de Tarente et du Garigliano. L'empereur Louis II leur enleva Bari en 871, après un long siège, et le pape Jean X, marchant sur les traces de son prédécesseur, Léon IV, qui, en 846, avait défendu Rome contre les Musulmans, se mit à la tête des Lombards et des Grecs, et chassa les pirates africains des bords du Garigliano en 915. Cependant les querelles qui divisaient les Grecs et les Lombards, les Lombards et les Francs, donnèrent souvent aux Sarrasins des alliés utiles, aux ducs italiens des protecteurs dangereux. Bénévent et Salerne tombèrent un moment au pouvoir des Musulmans, et sur les deux mers qui baignent l'Italie, les naissantes républiques de Raguse, de Gênes et de Pise ne purent défendre, contre les pirates de la Méditerranée, les richesses que le commerce maritime commençait à apporter dans leurs murs.

§ II. — *Les Northmans.*

Les Northmans, ou *hommes du nord*, étaient originaires de la Cimbrie et de la Scandinavie, qui forment aujourd'hui les trois royaumes de Danemarck, de Suède et de Norwège. Ces peuples suivaient la religion guerrière d'Odin, qui avait été, dans des temps reculés, le conquérant, le législateur, et ensuite la divinité suprême des contrées que baigne la Baltique. Adonnés à la piraterie, les Northmans ne cessèrent d'infester les mers du Nord que vers le commencement du onzième siècle, lorsque le christianisme eut adouci leurs mœurs féroces et attaché au sol natal ces vagabonds aventuriers. C'est alors que commence à se débrouiller l'histoire des états scandinaves, dont les traditions acquièrent plus de certitude, sans inspirer encore plus d'intérêt. Pour connaître les anciens peuples du Nord, il faut les suivre hors de leur patrie.

Toutes les côtes de la Baltique, de l'océan Atlantique, et les îles de la mer du Nord, furent infestées par ces pirates durant les neuvième et dixième siècles, et ils y fondèrent des états plus ou moins puissans et durables. Sous le nom de Warègues, ils jetèrent, à Novogorod et à Kief, les fondemens de l'empire russe, dont Rurik, leur chef, fut le premier *grand-prince* (862). L'Islande tomba en leur pouvoir vers 874, et un siècle plus tard le Groënland reçut leurs éphémères colonies (982). Les îles Britanniques virent se renouveler par eux les calamités de l'invasion saxonne. Repoussés de l'Écosse, les *rois de la mer* se rendirent maîtres, en Irlande, de Waterford et de Limerick, et l'Angleterre, deux fois conquise, ne secoua leur joug que pour tomber sous celui d'une autre race de Normands (*Voyez* chap. XVIII.). L'Espagne ne fut pas à couvert de leurs déprédations; mais les chrétiens de la Galice chassèrent ces pirates de leurs rivages; les Musulmans à leur tour surent défendre la conquête de Musa, et leur éloignement fit peut-être leur sûreté.

Les États carlovingiens présentaient aux insultes des Hommes du Nord une étendue de côtes de trois cents lieues depuis l'Eyder jusqu'à l'Adour; aussi leurs descentes y furent-elles fréquentes, ou plutôt continuelles, depuis la mort de Louis le Débonnaire jusqu'à l'établissement de ces pirates dans la Neustrie. Les cantons maritimes ne furent pas seuls exposés à leurs ravages; les fleuves de l'Allemagne, et surtout de la France, portèrent leurs frêles navires dans le cœur des provinces, et le ravage s'étendit partout. Mais les plus terribles et les plus fréquentes incursions eurent lieu dans les contrées riveraines de l'Escaut, de la Seine et de la Loire. C'est sur ces rivières, ou dans les villes voisines de leur embouchure, que nous trouvons les trois principales colonies ou stations des Northmans.

1° *Station de l'Escaut et du Rhin.* — Des îles de Bétau et de Walcheren, où ils s'étaient établis dès l'an 837, ils remontaient l'Escaut, la Meuse et le Wahal, et dévastaient la Flandre, la basse Lorraine et la Hollande.

Ils restèrent quelque temps maîtres de la Frise, que Louis le Débonnaire donna en fief à Harold, et Charles le Gros à Godefried. Sigefried, leur dernier chef, fut tué en 891, et c'est alors que la Frise fut démembrée en comtés.

2° *Station de la Loire.* — L'île de Biere sur Loire et celle de Her ou de Noirmoutier servirent de retraites aux Northmans (830). Le plus célèbre aventurier de cette colonie fut Hastings, qui, après avoir tué Robert le Fort à Brisserte, en 866, poussa ses courses aventureuses jusqu'en Italie. Les Bretons eurent surtout à souffrir du voisinage des pirates de la Loire.

3° *Station de la Seine.* — Pendant que toutes les forces de l'Empire carlovingien étaient employées à décider la querelle des fils du Débonnaire, les Northmans, commandés par Oscheri (Oger le Danois), pillèrent pour la première fois la ville de Rouen (841). Dans les années suivantes, Régnard Lodbrog les conduisit trois fois devant Paris, dont une partie fut livrée aux flammes. Cette capitale essuya un siège plus fameux sous Charles le Gros, en 886, et dut son salut au courage de son évêque Gozlin et du comte Eudes. Rollon entreprit de fixer la vie vagabonde des Hommes du Nord, et s'étant fortifié dans Rouen, il établit ses compagnons dans cette partie de la Neustrie qui a pris son nom. Le roi Charles le Simple lui en conféra l'investiture par le traité de Saint-Clair-sur-Epte, et lui donna sa fille Gisèle en mariage (912).

Rollon fit embrasser aux Normands la religion chrétienne, établit dans ses états une police sévère, repeupla les campagnes en y rappelant les laboureurs fugitifs, ouvrit un asile aux aventuriers du Nord, et mit ainsi fin à l'invasion normande en France.

§ III. — *Les Slaves.*

Charlemagne avait rendu tributaires de son empire les peuples slaves qui en bordaient la limite orientale et septentrionale. Mais les armes des Francs ne purent ravir entièrement l'indépendance à ces Barbares, et le courage des missionnaires chrétiens ne put les soumettre au joug salutaire de l'Évangile. Lorsque l'homme puissant qui les avait vaincus eut laissé le pouvoir entre des mains débiles, ils commencèrent de nouveau à s'agiter au-delà de l'Elbe et du Raab ; ceux de la Moravie et de la Savarie se répandirent dans les terres naguère occupées par les Avares ; mais ces mouvemens hostiles tendirent plutôt à l'affranchissement des tribus slaves qu'à l'envahissement des provinces carlovingiennes. Toutefois elles pesèrent sur l'empire de Charlemagne, pendant que, derrière elles, les Polonais, hors des atteintes des Francs et des Russes Warègues, affermissaient leur domination sous les premiers ducs de la race de Piast (842-1025), dont le plus illustre, Boleslas Chrobry, fut le premier décoré de la dignité royale par l'empereur Othon III (1000).

Les Slaves Moraves, Bohémiens, Wilses, Sorabes, Lutiziens et Obotrites, provoquèrent plus d'une fois par leurs incursions les armes de Louis le Germanique et de son fils Carloman, qui les rendirent tributaires et presque chrétiens. Mais après la mort de Louis, ils secouèrent de nouveau le joug, chassèrent les missionnaires de Corwey qui leur avaient prêché l'Évangile, et conservèrent, à leur insu peut-être, le culte de Saint-Wit qu'ils confondirent avec Swantewit, leur principale divinité.

L'empereur Arnoul, suzerain des ducs de Bohême, eut besoin de l'appui des Hongrois pour faire respecter ses états au duc des Moraves, Zuentibald (Sviatopolk). Henri l'Oiseleur, peu confiant dans ses propres victoires et dans les sermens des Slaves, plaça les Obotrites du Mecklembourg et les Lutizes de la Lusace sous la surveillance armée des margraves de Brandebourg et de Misnie, et bientôt ces tribus s'incorporèrent à la nation teutonique. Enfin Othon le Grand imposa pour toujours la suzeraineté impériale aux ducs de Bohême, après la défaite de Boleslas Ier, en 950.

L'adoption de la foi chrétienne fut la condition et le garant de la fidélité des Bohémiens ; et ce bienfait, que Méthodius leur avait porté, en 894, sous le règne de Borziwof, fut bientôt après transmis aux Polonais par saint Adalbert, évêque de Prague (995). Telle fut dès-lors l'influence du voisinage de ces deux grandes tribus slaves, qu'à la fin du dixième siècle, les débats du Bohémien Boleslas avec Micislas, duc de Pologne, divisèrent et troublèrent toute l'Allemagne.

§ IV. — *Les Hongrois.*

Les Ougres Madgiares, originaires des sources de l'Oural, ayant été chassés des bords du Volga par les Petchénègues, et repoussés de l'Ukraine par les Russes Warègues, arrivèrent dans la Dacie sous le nom de Hongrois (889). Arpad, leur chef, les établit sur les bords de la Theiss, dans une contrée presque déserte où les restes de la nation Avare se mêlèrent avec ces étrangers, qui avaient avec eux une origine commune. Après avoir combattu les Moraves comme alliés de l'empereur Arnoul, ils profitèrent de la jeunesse de son fils pour s'emparer de la Pannonie. Sous le règne de Zoltan, fils d'Arpad, en 907, ils se jetèrent sur l'Allemagne, gagnèrent la sanglante bataille d'Augsbourg où périt le duc Léopold de Bavière, et dévastèrent le royaume jusqu'aux bords du Rhin et de la Saale. Conrad Ier les éloigna par la promesse d'un tribut annuel ; mais la victoire de Mersebourg, remportée par Henri Ier en 933, affranchit la Germanie de cette honte, et Othon le Grand, vainqueur à Augsbourg, fit reconnaître aux wayvodes hongrois la suprématie de sa couronne (955).

L'Italie avait aussi attiré les Hongrois par ses richesses et son beau ciel, et Bérenger Ier ne put triompher de leur courage sur les bords de la Brenta (899). Vaincu par ces Barbares, il les prit ensuite à sa solde pour combattre ses sujets rebelles, et tenir en respect les Sarrasins de Fraxinet, qui harcelaient sa frontière occidentale. Mais ces Barbares, une fois habitués en Italie, y commirent des brigandages dignes des Huns, dont ils prétendaient descendre, et lorsque la mort de Bérenger les eut relevés de leurs engagemens envers lui, ils allèrent brûler sa capitale (924). Le roi Hugues leur prodigua, comme son prédécesseur, les trésors de l'Italie, non pour se servir d'eux, mais pour les éloigner, et il livra à leurs ravages ses anciens sujets du royaume de Provence. Cependant Raymond Pons, comte de Toulouse, les repoussa de ses États, et sauva l'Espagne de leur invasion. Vers ce même temps une autre armée de Hongrois passa le Rhin pour piller la Lorraine et la France neustrienne ; mais le roi Raoul lui fit rebrousser chemin, moins par ses victoires que par ses démonstrations défensives.

Royaume de Hongrie, 1000. — Les excursions des Hongrois cessèrent sous le règne pacifique de leur wayvode Toxun, et depuis ce moment la nation devint sédentaire. Le christianisme commençait à adoucir ses mœurs ; toutefois ce ne fut pas sans obstacles et sans dangers que Geisa Ier et son fils Waïc parvinrent à le faire adopter par leurs sujets. Ce dernier, en recevant le baptême avec son père, de la main de saint Adalbert, avait pris le nom chrétien d'Étienne (996). Ses peuples lui ayant déféré la dignité royale, le pape Sylvestre II lui envoya la couronne *apostolique* en l'an 1000, et huit ans après l'empereur Henri II confirma le titre de roi à un prince qu'il jugea digne de la main de sa sœur Gisèle. Étienne, apôtre et législateur de la Hongrie, doit être regardé comme le véritable fondateur de cette monarchie, qui eut jusqu'en 1302 des rois de la race d'Arpad. Depuis ce grand règne, l'ardeur belliqueuse des Madgiares n'alarma plus la chrétienté romaine ; mais elle ne cessa pas d'être redoutable aux nations voisines, surtout aux Grecs et aux Slaves de l'Illyrie.

CHAPITRE XVI.

Démembrement intérieur des États carlovingiens en principautés féodales. — Translation de la dignité impériale aux Allemands. — Avénement des Capétiens en France.

L'invasion des Barbares dans l'empire de Charlemagne, en rendant l'action du pouvoir nécessaire sur tous les points, favorisa puissamment le principe de dissolution qui avait déjà donné naissance à tant de royaumes indépendans. Il en résulta un démembrement universel de tous les États carlovingiens, et par suite un système nouveau de gouvernement qui, sous le nom de *féodalité*, embrassa dans une même chaîne de devoirs réciproques, et dans une vaste hiérarchie de suzerains, de vassaux et d'arrière-vassaux, toutes les classes et tous les individus de l'État, depuis le monarque, suprême seigneur, jusqu'au serf attaché à la glèbe.

§ I. — *Empire, Italie et Bourgogne. Othon le Grand, et les empereurs saxons, 911-1024.*

911-936. A la mort de Louis l'Enfant, la descendance de Charlemagne étant venue à manquer en Germanie, la couronne y devint élective, et parmi les quatre grands vassaux, ducs de Franconie, de Souabe, de Bavière et de Saxe, la nation assemblée fit choix de Conrad de Franconie, qui, en mourant, désigna aux suffrages de la diète le duc de Saxe, Henri l'Oiseleur (919). Henri fut le chef de la maison royale de Saxe, qui, sans autre droit que le vœu de la nation, donna cinq rois à la Germanie et renouvela l'empire de Charlemagne. Il sut défendre son royaume contre les Danois, les Slaves transalbins et les Hongrois. Pour le protéger à l'avenir contre ces Barbares, il fonda les margraviats de Sleswik, de Brandebourg, de Misnie, d'Autriche et de Styrie, qui relevèrent d'abord des grands-duchés de Saxe et de Bavière, mais qui devaient un jour prendre rang parmi les fiefs immédiats. L'Allemagne doit aussi à Henri I*er* l'établissement de ses premières villes municipales, qui furent, avec les monastères, un des grands élémens de la civilisation germanique.

Règne d'Othon le Grand, 936-973. — Ce fils de Henri I*er*, désigné par son père de préférence à son frère aîné, élu par la nation et couronné à Aix-la-Chapelle par l'archevêque de Mayence, archi-chancelier, réunissait tous les titres de légitimité ; mais il ne put empêcher les grands vassaux de se révolter, comme ils l'avaient fait sous ses deux prédécesseurs. Le sort des armes le délivra des plus intraitables, et rendit ainsi vacans les duchés de Souabe, de Franconie, de Lorraine et de Bavière, dont il investit des seigneurs de sa famille, sans leur accorder toutefois le privilége de l'hérédité.

Guerre de Bohême, 938-950. — Depuis Charlemagne, les ducs de Bohême avaient été plusieurs fois rendus tributaires, et récemment encore Wenceslas I*er* s'était avoué vassal de Henri l'Oiseleur. Ce prince ayant été assassiné par son frère Boleslas I*er*, qui prit sa place, Othon crut devoir venger son vassal et punir un usurpateur qui méconnaissait les droits de sa couronne et persécutait le christianisme nouvellement prêché aux Bohémiens par Méthodius (894). Il entra deux fois en Bohême, et reçut la soumission de Boleslas, qui s'engagea à payer un tribut annuel et à favoriser la propagation de la Foi.

Affaires d'Italie, 952-963.—La féodalité, presque aussi ancienne en Italie que la conquête lombarde, avait déjà fait d'immenses progrès, et si les grands fiefs n'y étaient pas encore héréditaires de droit, on ne peut nier que la plupart ne le fussent de fait. Trois principautés démembrées du duché de Bénévent s'étaient rendues indépendantes. Les ducs de Spolète et de Frioul se disputaient le trône, et l'anarchie générale favorisait les usurpations des marquis de Camerino, de Toscane, de Lucques, d'Ivrée, de Tusculum, la souveraineté progressive des papes, les empiétemens des évêques de Ravenne, de Milan, de Turin, et l'affranchissement des républiques marchandes de Venise, de Gênes et de Pise.

Les rois de Bourgogne s'étaient jetés au milieu de tant d'intérêts et de prétentions pour enlever aux feudataires italiens la couronne de fer et la couronne impériale, regardées comme inséparables. Cependant depuis la mort du roi Bérenger Ier, dernier duc de Frioul, arrivée en 924, ses successeurs n'avaient porté que le titre de rois d'Italie. Au jeune Lothaire II, mort sans enfant, venait de succéder, en 950, son tuteur Bérenger II, marquis d'Ivrée. Ce prince demanda pour son fils la main de la veuve de Lothaire; mais Adélaïde refusa d'unir son sort à un époux difforme, et, pour se soustraire aux importunités d'Adalbert, et aux persécutions de Bérenger, elle appela à son secours le roi de Germanie. Une aventure romanesque préparait une grande révolution politique.

952. Othon se rendit en Italie, épousa Adélaïde, et prit le titre de roi des Lombards. Cependant Bérenger, s'étant reconnu vassal du roi de Germanie, obtint la restitution de ses États, à l'exception du Frioul et des marches de l'Adige. Mais bientôt, profitant des embarras que donnait à Othon la révolte de son fils Ludolph, il persécuta les partisans d'Adélaïde, et méconnut ses devoirs envers son suzerain. Othon envoya Ludolph pour le réduire; mais, après quelques avantages, ce jeune prince mourut sans avoir eu le temps de faire oublier sa rebellion.

Rétablissement de l'Empire, 963. — Appelé par

le pape Jean XII, Othon alla se faire couronner roi d'Italie à Milan; de là il se rendit à Rome, où le pontife lui conféra la dignité impériale, qui se trouva ainsi rétablie, et pour toujours attachée à la couronne de Germanie. Le nouvel empereur reçut les sermens du pape, des Romains, des princes et des seigneurs lombards. La versatilité et les désordres de Jean XII compromirent la conquête de l'Italie, et excitèrent de grands scandales dans Rome. Othon rétablit la paix, et fit donner la tiare à Léon VIII, puis à Jean XIII.

Relations avec l'Empire grec, 966-972.—L'historien Luitprand alla demander à l'empereur Nicéphore Phocas la main de la princesse Théophanie pour le fils aîné d'Othon Ier. Un refus injurieux alluma entre les deux empires une guerre qui eut pour théâtre l'Italie méridionale. La paix se rétablit après la déposition de Nicéphore, et Théophanie, accordée en mariage au *roi des Romains* par Jean Zimiscès, apporta en dot à son époux des prétentions sur la Pouille et la Calabre. Othon II succéda à son père l'année suivante (973).

Othon Ier avait eu l'adresse de réunir tous les grands gouvernemens dans sa famille; mais la nécessité où il fut de résigner son duché de Saxe, l'empêcha de constituer une véritable monarchie en Allemagne. Toutefois, rendant à ses vassaux défiance pour défiance, il les plaça sous la surveillance des comtes palatins, de même qu'il mit le temporel des évêques sous la tutelle des *avoués impériaux.* La féodalité, arrêtée dans ses progrès par l'habileté et l'énergie d'Othon Ier, reprit son cours après la mort de ce grand homme.

Derniers empereurs saxons, 973-1024.—La maison de Saxe avait été élevée si haut au-dessus des autres, qu'il était difficile de chercher ailleurs le successeur du grand Othon. Sa famille occupa la dignité impériale avec les trônes de Germanie et d'Italie aussi long-temps qu'elle exista; mais, dans sa courte durée, elle ne donna que trois successeurs au héros qui l'avait illustrée,

Othon II (973), Othon III (983) et Henri II (1002-1024).
Tous les trois eurent à combattre les prétentions des
grands vassaux allemands et italiens, qui se débattaient
contre le pouvoir royal pour s'affranchir de sa dépendance. Sous ces trois règnes, toute la politique extérieure eut pour objet d'assurer les frontières de la Germanie par l'assujettissement ou la conversion des Slaves
et des Hongrois, d'affermir la puissance impériale dans
Rome, et de conquérir les provinces grecques d'Italie.
Othon III conféra la dignité royale à Boleslas-Chrobry,
second duc chrétien des Polonais (1000). Huit ans après,
Henri II accorda le même honneur au second wayvode
chrétien des Hongrois, qui, sous le nom d'Étienne,
s'acquit une gloire immortelle par ses lois et son apostolat. En Italie, les entreprises des empereurs saxons
sur la Pouille ne servirent qu'à distraire leurs forces
sans utilité, lorsqu'ils auraient dû les appliquer à consolider leur puissance dans la Lombardie, et surtout à
Rome, où elle avait pour ennemis l'ambition temporelle des papes et l'esprit républicain de la noblesse.

Constitution germanique.—La période de la maison
royale de Saxe est d'une grande importance dans l'histoire de l'Allemagne. C'est alors véritablement que s'é-
tablit la constitution germanique. La couronne impériale
resta élective, et les fiefs cessèrent de l'être. Mais cette
hérédité serait devenue une nouvelle cause d'anarchie,
si le droit de représentation et de primogéniture n'en
avait régularisé les effets. Un combat judiciaire prononça
en faveur de ce double principe, et la diète de Stella
accepta le *jugement de Dieu* (943). La plupart des
droits régaliens furent usurpés par les grands feudataires, qui participèrent dans la diète à ceux qu'ils
n'exerçaient pas encore dans leurs États respectifs. Les
archevêques de Mayence, de Cologne et de Trèves s'assimilèrent aux ducs de Saxe, de Bavière, de Franconie
et de Souabe, et le comte palatin s'attribua les mêmes
droits. Tous ajoutèrent à leurs prérogatives féodales la

possession héréditaire d'une des grandes dignités de la
couronne. Les grands prélats s'affranchirent de la tutelle des avoués, les ducs de la surveillance des palatins
provinciaux. Ainsi le haut clergé, que les Othons avaient
voulu opposer à la noblesse, profita, comme elle, des
dépouilles de la royauté.

Sous les princes de la maison de Franconie, qui succéda à celle de Saxe dans la personne de Conrad le Salique, en 1024, les vassaux de Germanie suivirent
le même plan d'agrandissement ; les seigneurs italiens
obtinrent la sanction de leurs droits héréditaires par un
édit que ce prince publia en 1037, et la querelle qui
vint à éclater entre l'Empire et le sacerdoce ne permit
pas aux successeurs de Conrad II de maîtriser le pouvoir féodal.

Réunion et démembrement du royaume d'Arles,
1033. — Les deux Bourgognes, réunies à la couronne
de Germanie, loin de lui donner un appui, ajoutèrent
à sa faiblesse. Cet héritage, légué par Rodolphe III à
Conrad II, son neveu et son suzerain, arriva déjà tout
dissipé entre les mains des empereurs. Plusieurs causes
locales, la présence des Sarrasins en Provence et dans
les Alpes, les prétentions des rois bourguignons à la
couronne impériale d'Italie, la cécité de Louis III, la
faible cohésion de deux États réunis par des convenances
de dynastie, et par-dessus tout l'absence d'une nationalité quelconque, avaient encouragé dans le royaume
d'Arles, plus que partout ailleurs, l'insubordination des
vassaux. Le principe de dissolution, ayant agi dans toute
sa force, donna naissance aux comtés souverains de Provence, de Viennois, de Savoie, de Lyon, de Bourgogne, et autres, que leur passage sous la suzeraineté
de princes étrangers, et la querelle des prétendans à
la couronne d'Arles, affermirent encore dans leur indépendance.

MAISON IMPÉRIALE DE SAXE.

Nota. Nous compterons les rois d'Allemagne à partir de Louis le Germanique.

Othon, duc de Saxe, descendant présumé de Wittikind, E. Hedwige, fille de l'emp. Arnoul.

* * * *

7. Conrad I, de Franconie, emp. 911. † 919.

8. Henri I, l'Oiseleur, roi de Germanie, 919.

9. Othon I, le Grand, R. de Germ., 936; emp., 963. E. 2. Adélaïde, reine d'Italie.

Tancmar.

Brunon, arch. de Cologne, et archiduc de Lorraine.

Trois filles.

Henri, D. de Bavière, E. *Judith,* de Bavière, 955.

10. Othon II, emp., 973. E. *Théophanie,* de C. P.

Ludolph, aîné, D. de Franconie. † 957.

Trois filles.

Guillaume, f. nat. arch. de Mayence.

Henri, † 995.

11. Othon III, emp. 983. † 1002.

Quatre filles.

12. Henri II, emp., 1002, † 1024.

Nota. Une branche collatérale se continue en Saxe jusqu'en 1111.

§ II. — *France.*

C'est en France que la féodalité reçut d'abord tous ses développemens et sa plus complète organisation. On regarde Charles le Chauve comme le fondateur involontaire de ce système de gouvernement. Il est vrai qu'on vit s'introduire sous son règne de grandes innovations qui changèrent l'essence de la constitution primitive du royaume. L'édit de Mersen, en 847, sanctionna l'inamovibilité des fonctions publiques, et obligea tous les hommes libres à se mettre sous le patronage d'un seigneur. Par le capitulaire de Kiersy, en 877, Charles autorisa, sous certaines conditions, la transmission héréditaire des comtés, consacrant ainsi légalement une aliénation du pouvoir royal qu'il avait déjà consentie en faveur de plusieurs gouverneurs de provinces. Les offices de ducs et de comtes devinrent par là de véritables fiefs, qui eurent sous leur mouvance les anciens bénéfices territoriaux compris dans le ressort de leur juridiction. Parmi les gouvernemens rendus héréditaires par Charles le Chauve, et qui restèrent toujours au premier rang, on trouve les comtés de Vermandois, de Toulouse, de Flandre, et les duchés de France et de Bourgogne. Le duché d'Aquitaine jouit plus tard de ce privilége, et celui de Normandie n'existait pas encore. L'ordre féodal acheva de s'établir pendant les troubles intérieurs qui amenèrent la déposition de Charles le Simple, et précipitèrent la ruine de la race carlovingienne.

Décadence des Carlovingiens, 888-987. — Un siècle sépare la première et la dernière usurpation des descendans de Robert le Fort. Durant cette période, la guerre civile, commencée entre Eudes et Charles le Simple, pour la possession de la couronne, se renouvelle souvent entre les rois et les vassaux. Le fils posthume de Louis le Bègue eut une destinée déplorable pour un roi, et éprouva tous les genres d'usurpation. Exclus du trône à sa naissance par ses frères, on prétexte ensuite sa jeunesse pour lui préférer Charles le Gros; puis on se prévaut des dangers publics pour donner sa place à un seigneur capable de défendre l'État. Eudes meurt en 898, et le roi légitime règne; mais c'est pour perdre sa plus belle province, et ajouter au nombre de ses vassaux un vassal plus redoutable que tous les autres (912). Il croit se donner un appui dans le Northman Rollon; mais cet appui lui manque lorsque la faveur d'un favori excite les grands à la révolte, et que leurs suffrages défèrent la couronne à Robert de France. Ce prétendant triomphe, et meurt à la bataille de Soissons; mais Charles tombe captif entre les mains de ses vassaux, et voit s'asseoir sur le trône un troisième prince qui n'était pas du sang royal (923).

Ce nouvel usurpateur était Raoul, duc de Bourgogne, qui fut élu par le crédit de son beau-frère, Hugues le Grand, duc de France. Les grands vassaux du midi, et les ducs de Normandie, lui refusèrent leur hommage jusqu'en 932, et le comte Herbert de Vermandois fut sur le point de replacer la couronne sur la tête de Charles le Simple. Mais l'appui du duc de France maintint l'usurpateur, et le besoin de s'unir pour repousser les Hongrois réconcilia les vassaux avec le souverain, et fit conclure une ligue entre les rois de France, d'Allemagne et de Bourgogne (935). Raoul mourut l'année suivante sans postérité.

936-954. — Un fils de Charles le Simple fut rappelé par Hugues le Grand au trône de ses pères, sous le nom de Louis IV (d'Outremer). La Bourgogne devint le prix de ce service. Louis s'efforça de rattacher à sa couronne la Lorraine et la Normandie; mais la première de ces provinces tomba au pouvoir d'Othon le Grand, et les Normands défendirent avec succès l'héritage de leur jeune duc. Le pape et le clergé, par leur médiation, rendirent deux fois la paix à la France.

954-987. — Louis d'Outremer laissait deux fils, dont l'aîné, Lothaire, lui succéda, à l'exclusion de Charles. Pour la première fois, en un cas pareil, la royauté ne fut pas divisée, et suivit la règle des fiefs. Hugues le Grand, s'étant fait donner l'investiture de l'Aquitaine, voulut la réunir aux deux duchés qu'il possédait déjà. Mais sa mort (956) laissa Guillaume maître paisible de ce grand fief, qu'il transmit à ses descendans. Les duchés de France et de Bourgogne furent de nouveau divisés, et Hugues Capet hérita du premier. Les rois de France, n'ayant presque plus rien en propre dans la Neustrie, ne pouvaient renoncer à leurs prétentions sur les deux Lorraines. Mais les efforts tentés par Lothaire pour s'approprier ces provinces, n'aboutirent qu'à amener Othon II sous les murs de Paris; et le traité de Reims, en 980, stipula la renonciation de la couronne de France à la suzeraineté des deux duchés, et la cession de la Basse-Lorraine au frère de Lothaire. Ce fut là le dernier acte important de la dynastie carlovingienne. Louis V, qui succéda à son père en 986, ne porta qu'un an le vain titre de roi, et la race royale de Charlemagne finit en lui, sans s'éteindre encore (987). La couronne semblait revenir à Charles de Lorraine ; mais Hugues Capet prit le titre de roi à l'assemblée de Noyon, et se fit sacrer à Reims avant que l'héritier naturel eût le temps de se reconnaître. Lorsque Charles voulut faire valoir ses droits, il échoua dans son entreprise, et mourut prisonnier de son rival.

L'hérédité des bénéfices avait ruiné la première dynastie ; l'hérédité des gouvernemens perdit la seconde. Les Héristals, maires du palais, préparèrent la chute et recueillirent l'héritage des Mérovingiens ; les ducs de France, comtes du palais, suivirent leurs traces et obtinrent le même succès. Les commencemens des Carlovingiens avaient été plus brillans ; ceux des Capétiens jetèrent moins d'éclat ; mais leur famille présente l'exemple unique d'une dynastie qui règne encore après plus de trente-deux générations de rois.

Grands fiefs de la couronne. — Avant l'élection de Hugues Capet il existait sept grands fiefs ou pairies relevant directement du roi. La réunion du duché de France à la couronne les réduisit à six, savoir :

1° Le *comté de Vermandois,* donné, vers l'an 820, à Pépin, fils du roi Bernard, et qui cessa d'être une pairie vers le temps où le *comté de Champagne* commença à le devenir (1019).

2° Le *comté de Toulouse,* détaché, en 850, de l'ancien duché de ce nom, en faveur de Frédelon, à qui succéda son frère Raymond Ier. — Peu d'années après, en 864, le *comté de Barcelone* fut aussi distrait du duché de Gothie par Wifred, et resta sous la mouvance de la France jusqu'en 1258.

3° Le *comté de Flandre,* dont Baudouin *Bras-de-Fer* fut le premier comte-propriétaire, en 862.

4° Le *duché de Bourgogne,* que Charles le Chauve

donna à son beau-frère Richard le Justicier, en 877 ; Hugues le Grand le réunit au duché de France, créé, l'an 861, en faveur de son aïeul Robert le Fort ; et après lui ses deux fils puînés le possédèrent successivement.

5° Le *duché d'Aquitaine* ou de *Guienne*, rétabli, au profit de Rainulfe Ier, en 845, mais bénéficiaire jusqu'en 951, où Guillaume *Tête d'étoupe* le rendit héréditaire dans sa famille ; Guillaume VI y réunit le *duché de Gascogne* en 1052.

6° Le *duché de Normandie,* érigé en faveur de Rollon, qui épousa une fille de Charles III, et se fit chrétien (912). Rollon obtint aussi la suzeraineté de la Bretagne, alors divisée en quatre comtés depuis la mort d'Alain II, en 907.

Le nombre des pairies fut porté à douze par la création des six pairies ecclésiastiques, qui étaient les archevêchés de Reims et de Sens, et les évêchés de Noyon, de Beauvais, de Châlons et de Langres.

ROIS DE FRANCE CARLOVINGIENS.

* * *	1. CHARLES LE CHAUVE,	* * *
6. EUDES, R. 888.	R. 840. † 877.	5. CHARLES LE GROS,
† 898.		R. 884. † 888.
	2. LOUIS II, *le Bègue,*	
* * *	R. 877. † 879.	* * *
8. ROBERT I, R. 922. † 923.		9. RAOUL, R. 923 † 936.
3. LOUIS III.	4. CARLOMAN,	7. CHARLES LE SIMPLE,
R. 879. † 882.	R. 879. † 884.	R. 893. détr. 923.
		10. LOUIS IV D'OUTREMER,
		R. 936. † 954.
11. LOTHAIRE, R. 954. † 986.		*Charles,* duc de la Basse-Lorraine,
		exclus du trône.
12. LOUIS V, *le Fainéant,*		
R. 986. † 987.		

CHAPITRE XVII.

Etablissement de la monarchie capétienne, sous les règnes de Hugues, Robert, Henri Ier et Philippe Ier.

Hugues Capet, 987. — Une heureuse usurpation devait réparer en France les suites funestes de toutes les autres ; elle avait enlevé le trône à une dynastie dégradée, pour l'asseoir sur une base nouvelle et impérissable. Dans cette mémorable révolution, tout se réduisit à deux événemens, dit Montesquieu : la famille régnante changea, et la couronne fut unie à un grand fief. Mais cette union, en rompant l'équilibre féodal et en mettant hors de tutelle la royauté désormais héréditaire, prépara un nouvel ordre de choses. Hugues Capet avait commencé à reconstituer la monarchie ; il laissa à ses descendans le soin d'achever ce grand ouvrage, en livrant à la féodalité un long combat suivi de la victoire, et en recomposant la classe des hommes libres, qui avait été engloutie dans le naufrage de la royauté : par là le gouvernement politique fut peu à peu substitué au gouvernement féodal.

988. — Hugues Capet, voulant assurer la couronne à son fils Robert, se hâta de le faire sacrer à Orléans, et donna ainsi un exemple de prévoyance que ses premiers successeurs devaient imiter. Le clergé se prêtait aux intérêts d'un prince dont le premier acte connu fut une charte qui assurait ou rendait aux églises et aux monastères leurs biens et leurs immunités.

988-991. — Après un an d'hésitation, Charles de Lorraine entreprit de faire valoir les droits que lui donnait sa naissance, et que sa qualité de vassal de l'Empire n'avait pu lui faire perdre. Il mit dans ses intérêts son beau-père Herbert, comte de Troyes, Arnoul, comte de Flandre, Eudes, comte de Blois, et Guillaume Fier-à-Bras, duc d'Aquitaine. Un prêtre, nommé Arnoul, fils naturel du roi Lothaire, lui livra la ville de Laon, devenue importante par la résidence des derniers Carlovingiens. Ce même Arnoul, promu, en 989, à l'archevêché de Reims, par la protection de Hugues Capet, trahit son bienfaiteur, et ouvrit à son oncle les portes de cette ville. Là se bornèrent les succès du prétendant. Ce que la trahison lui avait donné, la trahison le lui fit perdre. Les troupes de Hugues, introduites dans Laon par l'évêque Ascelin Adalbéron, s'emparèrent de la personne de Charles, pendant que Reims rentrait sous la puissance du roi, que la Flandre était envahie, et le duc d'Aquitaine tenu en échec au-delà de la Loire. Charles fut enfermé au château d'Orléans, où il mourut, laissant trois fils qui n'eurent pas de postérité mâle. Ceux des grands vassaux qui s'étaient déclarés pour le prétendant firent hommage au nouveau roi, que plusieurs seigneurs d'outre Loire s'obstinèrent toutefois à ne point reconnaître.

996. — Hugues mourut à Paris, qui depuis ce temps a toujours été la capitale du royaume. Le règne de ce prince n'avait offert de remarquable que le fait même de son usurpation. Il ne faut pas chercher plus d'intérêt dans les actes de ses deux premiers successeurs. Comme l'exercice de la royauté était concentré dans les limites du duché de France, son histoire ressemble à celle de toutes les provinces.

Robert, 996. — Robert succéda à son père sans opposition. Sa vie ne fut troublée que dans ses affections domestiques. Il avait épousé, contre les canons de l'Église, Berthe de Bourgogne, veuve du comte de Blois. Le pape Grégoire V l'obligea à répudier cette princesse, sous peine d'excommunication. Robert obéit à regret; mais il ne tarda pas à demander la main de Constance de Toulouse, princesse frivole et méchante qui corrompit la cour, domina son faible époux, et fit allumer les premiers bûchers contre les hérétiques.

1002-1015. — Henri de France, frère de Hugues Capet, ayant succédé à son second frère Othon dans le duché de Bourgogne, avait réuni à ce fief le comté de Bourgogne, par son mariage avec Gerberge. Ce grand feudataire étant mort sans enfans, le droit de proximité et la loi féodale attribuaient son héritage au roi Robert, son neveu et son suzerain. Toutefois Otte-Guillaume, fils de Gerberge, éleva des prétentions sur le duché ; mais Robert en resta maître après six ans d'hostilités, et il le donna, en 1015, à son fils Henri, qui devait y renoncer après son avénement à la couronne.

1020. — Les querelles des vassaux pouvaient encore alors compromettre la monarchie. Dans une guerre qui éclata entre Eudes, comte de Blois, et Richard II, duc de Normandie, ce dernier, pressé par ses ennemis, appela à son secours les Northmans de la Scandinavie ; mais la médiation de Robert rétablit la paix, et les étrangers se retirèrent.

Henri Ier, 1031. — Henri Ier, à peine sur le trône, trouva un concurrent dans son frère Robert, que leur mère Constance poussait à la révolte ; mais la victoire de Villeneuve-Saint-Georges rétablit Henri dans ses droits, et Robert obtint le duché de Bourgogne, que ses descendans possédèrent jusqu'en 1361. Un second frère du roi, Eudes, ayant imité l'exemple de Robert, fut vaincu, malgré ses puissans appuis, et renfermé dans la tour d'Orléans, en 1041.

1047-1054. — Le roi de France, reconnaissant des secours que lui avait donnés Robert le Diable, duc de Normandie, aida Guillaume, son fils naturel, à se mettre en possession du duché. Les vassaux qui refusaient de reconnaître le *Bâtard* furent réduits par le courage et l'énergie du jeune prince. La guerre s'étant rallumée, Henri épousa la cause des rebelles et se fit battre à Mortemer.

Henri Ier avait épousé, en 1051, Anne de Russie, fille du grand-duc Iaroslaf; alliance étrange, qui n'avait été précédée d'aucune relation avec cette cour lointaine, et qui établit une amitié passagère entre deux nations destinées à s'oublier encore pendant six siècles. De ce mariage naquirent deux fils, Philippe, qui succéda à son père, et Hugues, qui fut comte de Vermandois.

PHILIPPE Ier, 1060-1108.—Dans le long règne de Philippe Ier il faut bien distinguer les actions personnelles du roi, qui furent presque toutes honteuses ou criminelles, et les entreprises de la chevalerie française, qui rendirent à la nation le lustre de gloire qu'elle avait perdu. Philippe resta étranger et même indifférent à tous les grands événemens de son règne : à la conquête de l'Angleterre, que sa jeunesse ne lui permit ni d'empêcher ni de rendre profitable à sa puissance; à la conquête de l'Italie méridionale, qui fut l'ouvrage de quelques aventuriers normands; à l'établissement du royaume de Portugal, qu'un prince de son sang fondait à son insu; enfin à la Croisade qui mit toute l'Europe en mouvement, et fit éclater tant de beaux faits d'armes.

Dans l'intérieur du royaume, Philippe prit part à quelques guerres sans utilité comme sans gloire. Dans sa vie privée, il se laissa entraîner à deux passions honteuses, l'incontinence et la cupidité, qui appelèrent sur lui les anathêmes de l'Église et le mépris de ses sujets.

Guerre de Flandre, 1071.—Philippe avait eu pour tuteur, et le royaume pour régent, Baudouin V, comte de Flandre, qui trahit ses devoirs envers son pupille, en favorisant l'entreprise de Guillaume le Conquérant, son gendre, sur la couronne d'Angleterre. Après la mort de Baudouin V et de son fils aîné Baudouin VI, son second fils, Robert le Frison, dépouilla le jeune Arnoul III du comté, secondé par les Flamands, que révoltaient les tyrannies de la régente Richilde. Le roi de France crut devoir son appui à son vassal dépossédé, et alla combattre l'usurpateur. Une grande bataille s'engagea près de Cassel (1071). Le comte Arnoul y périt; Philippe regagna ses États; et Robert, vainqueur de Richilde dans une seconde bataille, resta maître de la Flandre. L'année suivante, le roi reçut l'hommage du vassal qui l'avait battu, et épousa Berthe de Hollande, belle-fille du Frison, née du premier mariage de sa femme Gertrude avec Florent Ier, comte de Hollande.

Affaires de Normandie, 1075-1087. — Avant d'entreprendre la conquête de l'Angleterre, Guillaume le Bâtard, voulant se rendre la cour de France favorable, s'était engagé à céder la Normandie à son fils Robert. Mais cette promesse n'ayant pas eu son effet, Philippe Ier en conçut de justes inquiétudes, et sa politique fut dès-lors de susciter des ennemis à Guillaume. En 1075, il marcha au secours du duc de Bretagne Hoël V, dont le roi d'Angleterre menaçait les États, et il força les Normands à lever le siége de Dol. Dans les différentes tentatives que fit le jeune Robert pour se mettre en possession de la Normandie, Philippe se déclara, suivant les circonstances, pour le père ou pour le fils. Guillaume, irrité contre le roi de France, réclama le Vexin français, promis, disait-il, à son père, et se mit en devoir de s'en emparer. Mais la mort de ce redoutable ennemi arrêta la guerre à sa naissance (1087).

Démélés avec le saint Siége, 1074-1105. — Deux raisons des plus graves brouillèrent Philippe Ier avec l'Église, sa simonie et son divorce. Prodigue et débauché comme l'empereur Henri IV, son contemporain, Philippe faisait trafic des choses saintes, vendant au plus offrant les évêchés et les bénéfices. Grégoire VII lui en fit, en 1074, de sévères réprimandes, et menaça de jeter l'interdit sur la France; mais la querelle de ce pontife avec l'empereur détourna sa sévérité vers l'Allemagne. Sous le pontificat d'Urbain II, Philippe appela sur lui les anathêmes de l'Église par la répudiation de la reine Berthe et le rapt de Bertrade de Montfort, comtesse d'Anjou, qu'un mariage adultère plaça sur le trône de France. Le pape excommunia le roi aux conciles d'Autun et de Clermont. Le successeur d'Urbain, Paschal II, renouvela cet anathême. Mais après la mort de Berthe, il se montra plus indulgent, et Philippe Ier fut rétabli dans la communion de l'Église, d'abord par une décision conditionnelle du pape, et enfin par un concile tenu à Paris en 1105.

1099-1108. — Les dernières années de ce règne furent remplies de désordres intérieurs. Plusieurs vassaux de la couronne, que la Croisade n'avait pas entraînés dans ses glorieuses aventures, ne cessèrent de troubler l'Ile-de-France. Mais le prince Louis, que son père venait d'associer à la royauté, triompha de la turbulence des seigneurs rebelles et des intrigues de sa marâtre.

GÉNÉALOGIE DE LA DYNASTIE CAPÉTIENNE

JUSQU'A LOUIS LE GROS.

Conrad Welf.

Robert le Fort, ou *l'Angevin*, duc de France, 861-866.	*Hugues l'Abbé*, duc de France, 866-886.
EUDES, comte de Paris, duc de France, 886; roi 888-898.	ROBERT I, duc, 889; roi, 922-923.
Emma, femme de RAOUL de Bourgogne, reine de France, 923-936. Sans postérité.	*Hugues le Grand*, duc de France, etc., 923-956. E. *Hedwige*, sœur d'*Othon le Grand*.
HUGUES CAPET, duc, 956; roi, 987-996.	*Othon*, duc de Bourg. 656-965. *Henri*, duc de Bourg. 965-1002.
ROBERT II, roi, 996-1031. E. 1. *Berthe de Bourgogne*. 2. *Constance de Provence*.	(Tous les deux sans postérité.)
HENRI I, duc de Bourg., 1015; roi, 1031-1060. E. *Anne de Russie*.	*Robert*, duc de Bourg. 1032. Tige des premiers ducs héréditaires.
PHILIPPE I, roi, 1060-1108. E. 1. *Berthe de Hollande*. 2. *Bertrade de Montfort*.	*Hugues le Grand*, comte de Vermandois et de Valois, du chef de sa femme Adélaïde.
LOUIS VI le Gros, roi, 1108.	(Branche éteinte à la 6ᵉ génération.)

CHAPITRE XVIII.

Conquête de l'Angleterre par les Northmans Danois et les Normands
Français. — Alfred le Grand et Guillaume le Conquérant.

§ Ier. — *Première période de l'invasion danoise, et règne d'Alfred le Grand.*

A la suite des guerres qui divisèrent l'heptarchie saxonne, l'inégalité primitive des sept royaumes avait amené entre eux des rapports de supériorité et de subordination. Wessex, Mercie et Northumberland dominaient sur les autres États rendus tributaires, lorsque Egbert le Grand, élu roi de Wessex en 800, modifia cet ordre de choses. Il fit passer à l'état de sujets les peuples tributaires de Kent, d'Essex, de Sussex et d'Est-Anglie, et soumit au tribut les royaumes indépendans de Mercie (812) et de Northumberland (827). Depuis ce moment, l'Angleterre peut être considérée comme ne formant plus qu'une seule monarchie. Cette révolution promettait un heureux avenir à une nation que sa position géographique semblait mettre à l'abri de toute invasion étrangère. Mais ce qui devait la protéger fut la première cause de sa ruine, et la monarchie anglo-saxonne se trouva destinée à subir tour à tour le joug des Northmans du Danemark, qui la démembrèrent, et celui des Normands Neustriens, qui surent la conquérir et la conserver.

Les descentes des Danois, commencées en 793, reprises sous Egbert en 832, et ralenties par ses victoires, devinrent plus fréquentes et plus terribles lorsque, après la mort d'Ethelwolf en 857, le partage du royaume et les divisions des princes ouvrirent l'Angleterre, comme la France, aux pirates du Nord. Dans cette île, plus tôt encore que sur le continent, les Northmans formèrent des établissemens durables, et, secondés par l'alliance des Gallois et des Écossais, ils subjuguèrent d'abord le Northumberland et l'Est-Anglie, et enfin tout le royaume.

Règne d'Alfred, 871-900. Un grand homme retarda pour un siècle ce résultat futur de l'invasion danoise. Alfred, le plus jeune des fils d'Ethelwolf, élevé à Rome sous les yeux du pape Léon IV, apporta sur le trône de Wessex les vertus d'un sage et les qualités d'un héros. Sept ans de revers et d'infortunes lui apprirent à vaincre et à régner. Tout semblait perdu pour lui, lorsque la victoire d'Edington, en Devonshire, lui rendit les États qu'il avait hérités de ses frères, et ceux que leurs défaites avaient livrés aux étrangers (878). Les Danois de l'Est-Anglie et du Northumberland reconnurent Alfred pour souverain, et embrassèrent le christianisme à l'exemple de leur roi Gudrun. Dès-lors les Northmans d'outre-mer tournèrent pour un temps leurs courses vers d'autres contrées.

Devenu paisible possesseur de ses États, Alfred s'appliqua à les mettre à l'abri des attaques étrangères et à civiliser la nation anglo-saxonne. Londres, agrandie et fortifiée, devint la capitale et l'arsenal maritime du royaume. Les navires construits dans son port servirent à la défense des côtes ou furent employés aux besoins du commerce. La prospérité commença à renaître sous ce prince, qui savait protéger la paix publique par son épée et par ses lois. Pour faciliter la marche de l'administration et la distribution de la justice, Alfred renouvela la division du royaume en comtés (*county, shire*), centuries (*hundred*) et décuries (*decennary*); les lois d'Ina, d'Offa, d'Éthelbert, furent recueillies et améliorées; le clergé, honteux de son ignorance, se livra à l'étude pour plaire à un monarque qui fondait des écoles et appelait dans ses États les savans étrangers; enfin Alfred put espérer que la civilisation de l'Angleterre serait le fruit de ses efforts. Mais ses grandes pensées périrent avec lui, et l'émule de Charlemagne ne fut pas plus heureux que son modèle.

Paix intérieure après Alfred, 900-978.—Édouard l'Ancien, fils d'Alfred, prit le titre de *roi d'Angleterre*, qu'ont porté tous ses successeurs. Sous son règne, et durant six autres règnes consécutifs (1), l'Angleterre n'eut rien à redouter des Northmans Scandinaves; mais les Danois naturalisés sur le sol anglais inquiétèrent souvent le royaume en s'armant pour la cause des prétendans que faisait naître l'irrégularité de la succession royale. L'ordre public fut aussi troublé par l'ambition des moines, qui s'ingérèrent dans des affaires publiques, et furent sur le point de faire abolir le clergé séculier.

§ II. — *Seconde période de l'invasion danoise, et fin de la dynastie saxonne*, 978-1066.

Pendant la minorité d'Éthelred II, les Danois d'outremer recommencèrent leurs attaques. Le succès d'une première descente engagea les rois de Danemark et de Norwège, Suénon et Olaf, à tenter la conquête de l'Angleterre; mais l'or des vaincus les désarma, et les Anglo-Saxons subirent l'impôt du *Danegeld* (argent des Danois), au prix duquel ils venaient d'acheter une paix honteuse (1001). Dans l'espoir de s'affranchir de ce tribut, Éthelred ordonna, pour le jour de la Saint-Brice, le massacre des Danois établis dans ses États; mais cette nouvelle lâcheté appela de nouveaux malheurs sur l'Angleterre. Suénon reparut avec une nombreuse armée; et, après quelques années d'hostilités, il força le monarque saxon à se réfugier en Normandie auprès de son beau-frère Richard II, et se fit proclamer lui-même roi d'Angleterre (1014).

(1) Athelstan, 925; Edmond Ier, 941; Edred, 946; Edwi, 955; Edgar le Pacifique. 959; Édouard le Martyr, 978.

Canut le Grand, 1015-1036.—A la mort de Suénon, son fils Canut lui succède dans sa conquête comme dans ses États héréditaires. Deux ans après, Édouard II, fils d'Éthelred, ayant été assassiné, il se fait reconnaître roi de toute l'Angleterre par un *wittenagemot* composé de Danois et de Saxons. Son mariage avec la veuve d'Éthelred lui concilie les vaincus et désarme le duc de Normandie. Par une politique sage et généreuse, il rétablit les lois d'Alfred, si chères à la nation, confond les Danois et les Saxons dans la dispensation des faveurs, et donne sa fille au comte Godwin, dont la popularité égalait l'illustration guerrière. Les Anglais, dévoués à ce grand prince, le servent avec fidélité, et contribuent à la conquête de la Norwège, qui est un moment réunie au Danemark.

Canut, en mourant, laisse trois couronnes et trois fils. Deux règnent successivement sur l'Angleterre, et font détester à leurs sujets insulaires la domination danoise ; mais leur mort prématurée rend le trône libre, et les Saxons reviennent au sang de leurs anciens rois.

Édouard le Confesseur, fils d'Éthelred II, occupe vingt-cinq ans le trône avec bonheur, sinon avec gloire. Son règne n'est troublé que par des hostilités passagères avec les Écossais et les Gallois, et par une révolte du comte Godwin, qui exerçait sous le dernier roi saxon la même influence que Hugues le Grand sous les derniers Carlovingiens. Édouard, élevé en Normandie, avait apporté en Angleterre la langue et les habitudes des Normands français. En prodiguant à ces étrangers les charges civiles et les dignités ecclésiastiques, il leur livrait d'avance l'Angleterre.

§ III. — *Conquête de l'Angleterre par Guillaume de Normandie*, 1066-1087.

Édouard le Confesseur étant mort sans enfans et sans héritier prochain, il s'élève deux prétendans à la couronne, Harold, fils de Godwin, et Guillaúme le Bâtard, duc de Normandie. Le premier se fait élire par les grands de la nation ; le second invoque un prétendu testament d'Édouard, et fait prononcer le pape en sa faveur. Les Normands français se liguent contre Harold avec les Norwégiens. Mais les deux attaques n'ayant pu se faire de concert, le roi Halfager est vaincu, et périt à la bataille de Stansford.

Bataille d'Hastings, 1066. — Guillaume débarque dans le comté de Sussex avec une armée de soixante mille hommes. Harold perd la vie à la mémorable bataille d'Hastings, qui décide du sort de l'Angleterre. Le vainqueur va se faire couronner à Londres, et reçoit les sermens du clergé et des chefs de la nation.

1067. — Pendant que le conquérant visitait la Normandie, les Saxons, déjà aliénés par la spoliation de ceux qui avaient embrassé la cause d'Harold, sont poussés à la révolte par la tyrannie des régens et les vexations des vainqueurs. Mais Guillaume va rétablir l'ordre et effraie les vaincus par le massacre d'Exeter.

Cependant une insurrection générale éclate dans les provinces. Les Anglo-Saxons, soutenus par les Écossais, les Danois, les Gallois et les Irlandais, prennent les armes sous les comtes Edwin et Morkar. Un descendant de Cerdic, l'*Etheling* ou prince royal Edgar, est reconnu pour roi au nord de l'Humber et dans les marches Galloises. Mais Guillaume vient à bout de tous ses ennemis, fait la loi à Malcolm III, roi d'Écosse, et se montre inexorable dans ses rigueurs contre les vaincus. Tous les prélats anglais sont déposés, et les biens de toute la nation sont compris dans une confiscation générale qui donne matière à la création de 62,500 fiefs immatriculés dans le *Doomsday-Book* ou grand terrier du royaume. La dépouille des *déshérités* sert à doter les chevaliers normands, qui se trouvent tous enveloppés dans les liens de la vassalité à l'égard de la couronne. Par là le gouvernement de l'Angleterre devient purement féodal, mais d'une féodalité modifiée au profit de la couronne.

1078-1087. — Le Conquérant venait de châtier quelques seigneurs qui avaient conspiré contre lui, lorsqu'il fut appelé dans ses États héréditaires par la défection des Manceaux, qui s'étaient donnés au comte d'Anjou, et par la révolte de son fils Robert, qui voulait s'approprier la Normandie. Il réussit à réduire tous ses ennemis; mais Robert, excité par Philippe Ier, renouvela ses prétentions en 1084, et résista avec succès à son père. Guillaume voulut s'en venger sur le roi de France, mais la mort vint l'arrêter pendant qu'il marchait sur Paris. Des trois fils qu'il avait eus de Mathilde de Flandre, Robert, l'aîné, fut frustré de la couronne et obtint seulement la Normandie, qu'il perdit ensuite; Guillaume, surnommé le Roux, se saisit du trône, où s'assit après lui son frère Henri Ier, troisième fils du fondateur de la dynastie normande d'Angleterre.

L'île des Anglo-Saxons, conquise par l'habileté et le courage de Guillaume le Bâtard, écrasée sous sa tyrannie, venait de subir le joug le plus dur et le plus humiliant. Elle avait vu ses habitans dépouillés de leurs biens, privés de tous leurs droits, voués à l'outrage; une race d'étrangers altiers mise en possession de toutes ses richesses, seule libre, seule honorée; une langue étrangère parlée dans le palais des rois, dans les châteaux, dans les cours de justice, qui devait laisser dans l'idiome national des traces ineffaçables de la conquête. Toutefois cette langue servait de véhicule à des formes de politesse et à des élémens d'une civilisation nouvelle, dont les vaincus eux-mêmes devaient un jour profiter; et l'Angleterre, désormais en rapport direct avec le continent, acquérait une nouvelle importance. Ennemie et rivale de la France par la position féodale de ses nouveaux rois, elle soutiendra son rôle avec gloire, et compromettra plus d'une fois les destinées de cet empire.

CHAPITRE XIX.

Conquête de l'Italie méridionale par les Normands. — Républiques maritimes.

§ Ier. — *Conquête des Deux-Siciles.*

État du pays.—Quatre peuples étrangers se disputaient l'Italie méridionale : les Grecs, les Lombards, les Allemands et les Sarrasins.

1° Les empereurs grecs possédaient encore la Pouille et la Calabre, qui formaient le *Thême de Lombardie,* sous l'autorité précaire d'un *catapan* ou patrice. Les villes maritimes de la Campanie, Naples, Gaëte, Amalfi, Sorrente, s'étaient érigées en républiques, comme Gênes et Venise, et les richesses de leur commerce les rendaient redoutables à leurs voisins.

2° Les Lombards-Bénéventins avaient conservé leur indépendance après la conquête du royaume de Lombardie. D'abord tributaires des empereurs francs, ils reconnurent parfois la suprématie des autocrates byzantins, et flottèrent ensuite entre leur suzeraineté et celle des empereurs saxons ou franconiens. Depuis l'an 861, le grand-duché de Bénévent avait perdu Capoue et Salerne, qui s'étaient érigées en principautés.

3° Les empereurs allemands, comme successeurs des Carlovingiens, réclamaient l'hommage féodal des princes lombards ; et le mariage d'Othon II avec Théophanie leur avait donné des prétentions sur les possessions grecques d'Italie. Mais leurs expéditions n'eurent jamais de résultat décisif.

4° Les Sarrasins Aglabites d'Afrique avaient commencé à se rendre maîtres de la Sicile en 827. De là ils faisaient de fréquentes descentes sur les côtes d'Italie, où ils établirent des colonies militaires plus ou moins durables. Les querelles des princes lombards et des républiques campaniennes favorisaient leurs entreprises. Les papes alarmés ne cessèrent d'implorer contre les Infidèles la piété des rois d'Italie, et les combattirent quelquefois eux-mêmes. Léon IV sauva Rome en 846, et Jean X chassa les Sarrasins des bords du Garigliano, en 915.

Premiers aventuriers normands, 1006 - 1027. — Dans les premières années du onzième siècle, quarante pélerins normands, ayant abordé à Salerne, mirent en fuite les Sarrasins espagnols qui vinrent assiéger cette ville. Rentrés dans leur patrie, ils apprirent à leurs compatriotes qu'il existait au-delà des monts un pays où les exploits étaient faciles et le butin précieux. Trois cents chevaliers se décidèrent à passer en Italie, sous la conduite de Drengot, Rainulfe, Osmond, et autres aventuriers (1016). Ils échouèrent dans une première attaque sur Bari, et se mirent au service des princes lombards ou des ducs de Naples, mesurant au prix de la solde étrangère leur constance et leur fidélité. Le duc Sergius III, rétabli dans Naples par leur valeur, en 1025, céda à Rainulfe le territoire d'Aversa avec le titre de comte, qui lui fut confirmé par l'empereur Conrad le Salique ; ce premier établissement des Normands servit de ralliement et d'asile à d'autres aventuriers.

Illustration des fils de Tancrède, 1037, etc. — Trois fils de Tancrède d'Hauteville, Guillaume, Drogon et Humfroy, devancèrent leurs autres frères en Italie. Après avoir pris Amalfi pour le prince de Salerne, ils s'enrôlèrent sous les drapeaux du patrice Maniacès et entreprirent avec lui la conquête de la Sicile. Les chevaliers normands se signalèrent dans divers combats livrés aux Sarrasins, et ils auraient achevé la soumission de l'île sans la perfidie des Grecs, qui voulurent les frustrer de leur part du butin. Forcés de déserter la cause de leurs alliés, ils repassèrent sur le continent, et se liguèrent avec le comte d'Aversa et Pandulfe III, prince de Bénévent. Le nouveau patrice Dokéan, qui avait succédé au rebelle Maniacès, fut vaincu à la bataille de Cannes. Peu de temps après, la révolte de ce patrice ayant mis la division parmi les Grecs, la plus grande partie de la Pouille tomba au pouvoir des étrangers. Dans une assemblée tenue à Melfi en 1043, les conquêtes normandes furent partagées entre les douze principaux chefs, et Guillaume obtint le titre de comte de Pouille, qui devait passer à trois de ses frères.

Les empereurs Constantin Monomaque et Henri III s'étant ligués avec le pape Léon IX contre les conquérans français, tout l'avantage resta à ces derniers, qui battirent les Grecs et les Allemands, et firent le pape prisonnier à la bataille de Civitella (1053). Léon IX, pour recouvrer sa liberté, donna l'investiture de la Pouille au comte Humfroy.

Robert Guiscard et Roger. — Ces deux héros, fils de Tancrède, étaient venus, dès l'an 1046, s'associer aux exploits de leurs frères. Robert, ayant succédé à Humfroy en 1057, se rendit maître des deux Calabres, s'arrogea la dignité ducale, et se mit ainsi hors de pair parmi les comtes normands. Excommunié par Nicolas II, pour s'être emparé de Troja, il obtint son absolution moyennant l'hommage et un tribut annuel. Le pape ajouta à cette indulgence l'investiture du duché de Pouille et de la Sicile (1059). Ce même pontife venait d'investir Richard d'Aversa de la principauté de Capoue, qui fut enlevée à Pandulfe VI en 1062.

Conquête de la Sicile, 1061-1101. — En vertu de la donation pontificale, et à la faveur des discordes qui divisaient les Sarrasins, Robert et Roger forment le dessein de conquérir la Sicile. L'émir Ebn-Temnath leur en offre l'occasion en appelant Roger à son secours contre ses rivaux. La prise de Messine est suivie de nouveaux avantages; mais la retraite momentanée de

Robert suspend les succès, et réduit son frère à une détresse d'où il ne sort qu'à force d'héroïsme. Au retour du duc de Pouille, les Normands avaient déjà repris l'offensive, et l'union des deux chefs amena la prise de Catane et de Palerme (1074). En peu d'années toute l'île tomba au pouvoir de Roger, qui enleva encore aux Sarrasins le rocher de Malte, alors comme aujourd'hui important par sa position. Ce prince gouverna sa conquête avec une rare habileté, jusqu'en 1101, sous le titre de Grand Comte. C'est ainsi que d'obscurs chevaliers mirent fin à la domination musulmane en Sicile, et que cette ancienne province de l'empire Byzantin et de l'église grecque fut replacée sous la juridiction pontificale.

Conquétes en Terre-Ferme, 1074-1084. — Pendant que Roger achève la conquête de la Sicile, Robert s'applique à mettre sous ses lois toutes les possessions des Grecs et des Lombards. Avec le secours des Amalfitains et du comte normand de Capoue, il assiége son beau-frère Gisulfe II dans Salerne, et se rend maître de cette ville importante (1077). L'année suivante, Bénévent tombe en son pouvoir, et la domination lombarde y finit dans la personne de Landulfe VI (1078). Tournant alors ses armes contre les villes grecques, Guiscard s'empare de Bari, de Tarente et d'Otrante, derniers asiles de la domination byzantine en Italie (1080).

1081-1084. — Robert veut poursuivre ses succès au-delà de la mer. Il va assiéger Durazzo, qu'il prend d'assaut après une grande victoire remportée sur Alexis Comnène et s'avance jusqu'en Thessalie sans trouver d'obstacles. Rappelé en Italie, il fait lever le siége de Rome à l'empereur Henri IV, et ouvre un refuge au pape Grégoire VII. Il reprend ensuite ses projets sur l'empire grec ; mais, après une victoire navale, la mort surprend ce grand homme à Céphalonie (1084).

Après la mort de Robert Guiscard , son second fils, Roger *Bursa,* fut duc de Pouille au détriment de Bohémond. Mais ni ce prince, ni son fils Guillaume ne soutinrent l'honneur de leur race. La mort de ce dernier livra au fils de Roger Ier, comte de Sicile , la succession de Robert Guiscard , et les possessions des deux branches normandes se trouvèrent ainsi réunies en 1127.

Royaume des Deux-Siciles, 1130.—Roger II, tout puissant dans l'Italie méridionale par l'héritage de Guillaume II, prit le titre de roi, dont l'anti-pape Anaclet II, son beau-frère, et ensuite Innocent II, lui donnèrent la confirmation. Malgré les efforts de l'empereur Lothaire II et des Pisans, il se maintint dans ses possessions, se rendit maître de Naples en 1139, lutta avec avantage contre les forces navales de l'empereur Manuel , forma des établissemens en Afrique, où il acheva la ruine des Zéirites par la prise de Tripoli et de Mahadié , et fonda sur des institutions utiles une puissance qui allait bientôt passer à des princes d'une autre famille.

§ II. —*Républiques maritimes.*

Les conquêtes des Normands avaient fait disparaître les républiques campaniennes de Naples, d'Amalfi, de Gaëte, pendant que trois autres cités de l'Italie , enrichies comme elles par le commerce de la mer, consolidaient leur indépendance, et commençaient à faire sentir à leurs voisins leur importance politique. Ces républiques naissantes étaient Venise, Gênes et Pise.

Venise. —Depuis que les Vénitiens, en se donnant un duc, avaient annoncé l'intention de se gouverner eux-mêmes, les empereurs grecs n'avaient conservé qu'un patronage honorifique sur des républicains qui s'avouaient sujets de l'empire pour mieux assurer leur liberté. Charlemagne obtint d'eux des sermens stériles, et l'autorité de ses descendans ne dépassa jamais les Lagunes, à moins qu'on ne regarde comme un acte de souveraineté la charte par laquelle le roi Guy confirma, en 891, les priviléges dont Venise était dès long-temps eu possession.

Depuis cette époque jusqu'au milieu du siècle suivant, la Seigneurie ne posséda sur le continent que les terres riveraines des deux Piaves, et le commerce vénitien fut souvent à la merci des Narentins qui possédaient trois zoupanies en Illyrie et les principales îles de l'Adriatique. Mais vers l'an 959, sous le dogat de Pierre Candiano III, l'enlèvement des fiancées vénitiennes par des pirates Istriotes donna lieu à une rupture hostile avec les États slaves de l'Illyrie. D'abord les forbans de Narenta et de Capo-d'Istria furent rendus tributaires, et bientôt les villes grecques de la côte illyrienne, Zara, Trieste, Pola, Trau, Raguse, Spalatro, toujours menacées ou rançonnées par les rois croates et dalmates, demandèrent à Venise une protection que Byzance ne pouvait plus leur donner. Le doge Urséolo II leur imposa des podestats vénitiens, et prit le titre de duc de Dalmatie (997). Dès-lors la république domina sur la mer Adriatique ; mais ses divisions intestines, et surtout la rivalité des Morosini et des Caloprini, retardèrent les progrès de sa puissance pendant le onzième siècle. Les croisades devaient lui ouvrir une vaste carrière.

Gênes et Pise. — Ces deux républiques naquirent de l'anarchie qui commença en Italie après la déposition de Charles le Gros, en 888. C'est à cette année que les Génois rapportent l'origine de leurs consuls, de leur sénat, de leur assemblée du peuple, et de toutes leurs anciennes formes municipales, que le roi Bérenger II reconnut par une charte de l'an 958. Pise se donna dans le dixième siècle des institutions à peu près les mêmes, et, comme Gênes, elle chercha sa prospérité dans le commerce maritime. Les premiers ennemis que ces deux cités eurent à combattre furent les Sarrasins ; Gênes fut pillée par ces pirates en 936, et Pise en 1005. C'est par ces deux désastres que commence l'histoire de leur prospérité.

1017.—Le besoin de s'unir contre l'ennemi commun fit conclure la première alliance connue entre les Génois et les Pisans. Leurs flottes attaquèrent d'abord la Sardaigne, qui servait de rendez-vous et d'asile aux Musulmans. Les Pisans la conquirent deux fois sur Mougheit, roi de Dénia et de Majorque, et en restèrent maîtres en 1050. Les Génois s'établirent dans la Corse, dont la possession était nécessaire à leur sûreté. Mais les deux républiques ayant élevé des prétentions opposées sur ces deux grandes îles, il s'ensuivit de longues guerres, qui, après un siècle et demi, devaient amener la ruine de la puissance pisane.

CHAPITRE XX.

Querelle des investitures sous les empereurs de la maison Salique. — Henri IV et Grégoire VII.

Des intérêts communs avaient étroitement lié, dans leur origine, les deux grands pouvoirs de l'Occident, l'empire, regardé comme héritier des Césars, et le saint Siége en tant que pouvoir temporel. Le premier s'attribuait une supériorité d'honneur sur tous les rois; l'autre dominait les esprits par la religion et les lumières. Aux empereurs appartenaient encore le droit d'approuver ou de rejeter l'élection des papes; les papes, à leur tour, consacraient les empereurs. Le désir de faire valoir la prérogative de leurs anciens prédécesseurs, d'une part; de l'autre, l'ambition de fonder une suprématie temporelle sur une cérémonie pieuse, engagèrent dans une lutte sanglante les héritiers de Charlemagne et les successeurs de saint Pierre.

Les papes avaient reçu des premiers Carlovingiens le domaine utile de Rome et une juridiction étendue. Tant que les empereurs furent puissans, les évêques de Rome reconnurent leur souveraineté. Lorsque les droits régaliens furent usurpés par les vassaux, on put craindre que les pontifes romains ne tombassent sous l'autorité de quelque puissant seigneur, et le bien de l'Église demandait leur indépendance. Mais l'indépendance des papes aurait soustrait à la souveraineté impériale la ville dont l'obéissance, ou du moins les sermens, ne rendaient pas trop chimérique le titre d'Empereur des Romains porté par les Césars de Germanie. Le couronnement dans Rome, devenu la condition de leur dignité, était un prestige qu'ils entretenaient avec soin, et, malgré leur impatience du joug étranger, les Italiens se laissaient gagner à ce souvenir de leur grandeur passée.

La présence des empereurs à Rome ne fut pas toujours perdue dans de vaines pompes. Elle s'y manifestait presque toujours par des faits, et plus d'une faveur accordée par eux au saint Siége fut un acte adroit de souveraineté. Othon le Grand reçut des Romains le serment qu'ils n'éliraient jamais de pape sans sa permission; Léon VIII reconnut et prescrivit lui-même cette règle en 987, et on cite peu de pontifes qui n'aient soumis à la sanction impériale les suffrages du clergé et du peuple. Lorsque la brigue et la simonie semaient la division parmi les Romains, que la tiare avait été placée sur un front indigne, ou que des ambitieux s'en disputaient l'honneur, l'empereur était pris pour juge. C'est ainsi que le fils de Conrad le Salique, Henri III, absolu à Rome comme en Allemagne, fit déposer trois papes tout d'une fois, et disposa trois fois de la chaire pontificale en faveur de trois Allemands.

Libres de toute supériorité comme chefs de l'Église, les papes supportaient à regret cette subordination et ces entraves imposées à leur autorité temporelle. A regret aussi ils voyaient les empereurs et les rois disposer dans leurs États des dignités ecclésiastiques et en faire un honteux trafic. Si les princes s'étaient contentés de soumettre à leur autorité le temporel des églises, leur intervention dans les élections canoniques aurait été légitime et nécessaire. Mais au lieu de délivrer simplement aux évêques et aux abbés les immenses domaines qui faisaient de ces dignitaires spirituels de puissans seigneurs féodaux, les rois avaient adopté l'usage de les investir par l'anneau et la crosse, qui sont les insignes du ministère épiscopal. Les souverains pontifes devaient réclamer contre cette usurpation, comme défenseurs naturels des droits et des immunités de l'Église. Ce devoir, ils osèrent le remplir, quelquefois, il est vrai, avec peu de mesure; et c'est de leurs représentations trop souvent mal accueillies que sortit la fameuse querelle des investitures. Préparée de loin et manifestée dans plusieurs circonstances, elle éclata tout-à-fait sous le règne de l'empereur Henri IV et le pontificat de Grégoire VII.

Grégoire VII, 1073. — Cet ardent promoteur des droits du saint Siége était né à Soana, en Toscane, de parens obscurs. Après avoir gouverné plusieurs papes, Hildebrand fut élu lui-même, suivant les formes établies par Nicolas II, qui attribuaient l'élection aux cardinaux-évêques, en la soumettant à l'agrément des cardinaux-prêtres, au consentement du clergé et du peuple, et à l'approbation de l'empereur. Élevé au pontificat sous le nom de Grégoire VII, il pria Henri IV de ne pas consentir à son élection, reconnaissant ainsi aux empereurs un droit qu'il devait leur faire perdre. Toutefois Henri approuva le choix des Romains, quoique le pape élu lui eût fait déclarer que, si le gouvernement de l'Église restait dans ses mains, il ne laisserait pas ses crimes impunis. Les crimes de l'empereur étaient ses scandaleux déportemens, ses abus de pouvoir, et surtout le trafic qu'il faisait des choses saintes. Grégoire VII résolut de commencer ses plans de réforme par la répression de la simonie des princes et de l'incontinence des clercs.

1074-1077. — Un concile assemblé à Saint-Jean-de Latran défendit, sous peine d'excommunication, aux laïques de conférer les bénéfices ecclésiastiques, aux clercs de les recevoir d'un laïque. Ce décret fut porté à l'empereur avec injonction de faire cesser la simonie et de renoncer à l'investiture par l'anneau et par la crosse. Henri, alors engagé dans une guerre difficile contre les Saxons révoltés, promit de se conformer aux intentions du pontife; mais la victoire lui fit oublier ses promesses, et le pape les lui rappela d'une manière menaçante. L'empereur irrité assembla à Worms les grands et les prélats de son royaume, et fit prononcer la déposition du pape (1076). Grégoire, à son tour, excommunia Henri, le déclara déchu de la royauté, et délia ses sujets du serment de fidélité. L'aristocratie allemande opprimée par Henri III, et les Saxons vaincus par son fils, coururent aux armes pour se venger ou s'affranchir; la guerre civile se ralluma en Allemagne. Les chefs des rebelles, ayant à leur tête Rodolphe de Souabe et Welf de Bavière, s'assemblèrent à Tribur, suspendirent l'empereur de ses fonctions, et menacèrent de le déposer, s'il ne se faisait absoudre des anathêmes de Rome. Henri céda à l'orage et passa en Italie pour apaiser le pape. Arrivé au château de Canossa, il y subit une sorte de pénitence publique avant de paraître devant le pontife, qui consentit à lever l'excommunication à des conditions humiliantes pour le monarque.

1077-1081. — Cependant l'empereur, honteux de sa faiblesse et encouragé par la fidélité de ses vassaux de Lombardie, rompit le traité qu'il avait consenti. Il alla combattre en Allemagne les rebelles, qui, dans une diète tenue à Forcheim (1077), venaient d'élire empereur son beau-frère Rodolphe de Souabe. Cette élection fut approuvée par Grégoire, qui fulmina contre Henri

de nouvelles excommunications. La guerre devint générale dans l'Empire, et les succès furent balancés entre les deux compétiteurs. Mais Henri remporta enfin
une victoire décisive à Wolksheim, en Thuringe (1080).
Rodolphe y périt de la main de Godefroi de Bouillon,
et le duché de Souabe fut donné à Frédéric de Hohenstaufen, tige d'une puissante maison souveraine. Herman de Luxembourg, proclamé à la place de Rodolphe
par les rebelles, en 1081, recommença la guerre civile
en Allemagne, pendant que l'empereur combattait ses
ennemis en Italie.

1081-1085. — La cause de Grégoire VII était défendue au-delà des monts par la comtesse Mathilde, qui
possédait la plus grande partie de l'Italie moyenne.
Mais les troupes de cette puissante vassale avaient été
battues le jour même où Rodolphe succombait à Wolksheim. Henri, ne gardant plus de mesure, fit donner
la tiare à l'anti-pape Guibert, qui le sacra empereur
à Rome en 1083. Grégoire, assiégé dans le château
Saint-Ange, fut délivré par Robert Guiscard, qui lui
donna asyle dans ses États.

Mort de Grégoire VII, 1085. — Ce pontife mourut à Salerne, laissant une mémoire qui est encore aujourd'hui un sujet de controverse et de passion. « On
« ne peut nier, dit un savant bénédictin, que Gré-
« goire VII n'ait eu de grandes qualités, des mœurs
« ecclésiastiques, de bonnes intentions, et beaucoup
« de zèle pour le bien. Mais ce zèle tenait à un ca-
« ractère impétueux, altier, inflexible, que les obsta-
« cles irritaient, et pour qui le danger avait de l'at-
« trait lorsqu'il pouvait servir à établir sa domination.
« Il est visible, par ses maximes et sa conduite, que
« son but était de soumettre toutes les couronnes à sa
« tiare, et de s'attribuer une monarchie universelle, tant
« au temporel qu'au spirituel, dans toute la catholi-
« cité. Il n'y avait pas de royaume qu'il ne prétendît
« être tributaire du saint Siége ; et, pour le prouver,

« il ne craignait point d'alléguer des titres qui se con-
« servaient, disait-il, dans les archives de l'Église ro-
« maine, mais qu'il n'osa jamais produire. » (Dom Clément.)

Les combats que Grégoire VII léguait à ses success-
seurs effrayèrent le pacifique Victor III; mais le malheur de Henri IV voulut que ce pontife ne portât pas
long-temps la tiare, qu'il avait reçue avec répugnance.
Tel ne fut pas Urbain II, qui, poursuivant la simonie
partout où il pouvait l'atteindre, excommunia tout à la
fois l'empereur d'Allemagne, son suzerain, et le roi
de France, dont il était né le sujet. En voulant achever
l'œuvre de Grégoire VII, il entretint l'incendie qui dé-
vorait l'Empire, et laissa couler ainsi dans des combats
sans gloire le sang chrétien que réclamait la guerre
sainte. Ce pontife promit la dignité impériale à Conrad,
fils de Henri IV, que l'influence de Mathilde avait armé
contre son père et placé sur le trône d'Italie. En prêtant
ainsi les mains à la rebellion de ce prince, il donna
un exemple trop fidèlement suivi par son successeur
Pascal II, qui ne pouvait pardonner à l'empereur l'élection de quatre anti-papes dont ce pontife avait eu à
triompher. Conrad avait aussi laissé en mourant un funeste exemple à son frère Henri, qui déserta les drapeaux de son père et entreprit de le détrôner, après
avoir obtenu du pape l'abolition de ses sermens (1104).
Ainsi la guerre civile devint domestique, et, comme
Louis le Débonnaire, dont il n'avait pas la faiblesse,
Henri IV se vit abandonné de son armée au moment
même du combat. Retenu prisonnier à la suite d'une
entrevue avec son fils, il fut sommé de rendre les ornemens impériaux. On le menaça de lui ôter la vie s'il
ne résignait l'Empire; le malheureux prince s'évada,
et alla rallier quelques fidèles vassaux sur la rive gauche
du Rhin; mais il ne put rétablir sa fortune, et l'abandon où le laissa une dernière défaite l'obligea de se
réfugier à Liége, où il mourut dans l'indigence (1106).

La rigueur de ses ennemis le poursuivit encore après sa mort, et la sépulture fut refusée à un prince qui avait porté trois couronnes et livré soixante batailles (1).

Henri V, 1106. — Le parricide fils de Henri IV succéda à son père sous le nom de Henri V. Indigne de la couronne dont il s'était trop hâté de jouir, il voulut faire revivre d'équivoques prétentions sur le comté d'Alost, la province de Silésie et le royaume de Hongrie. Mais il ne rapporta que de la honte des expéditions entreprises contre les Flamands, les Polonais et les Hongrois, et c'est après un tel prélude qu'il passa les Alpes pour aller recevoir à Rome la couronne d'Othon le Grand (1111). On devait espérer que, porté à l'Empire par l'influence pontificale, il ne désavouerait pas la cause qu'il avait défendue contre son propre père. Le pape lui proposa donc de renoncer aux investitures avant son couronnement. Henri rejeta d'abord cette condition, et ne l'accepta ensuite qu'à la charge par le clergé de restituer à l'Empire les fiefs et les droits régaliens qui en avaient été distraits au profit de l'Église. Mais cette clause du traité de Sutri excita de vives réclamations parmi les évêques, et Pascal II fut enfin forcé, pour se soustraire aux mauvais traitemens du roi des Romains, de lui accorder les investitures sans condition et de le couronner empereur (1112).

1112-1125. — A peine Henri V a-t-il quitté l'Italie, que le pape révoque une concession extorquée par la force, et la guerre civile va recommencer en Allemagne. Une ligue se forme contre l'empereur, dans laquelle entrent la plupart des prélats et des seigneurs mécontens, excités à prendre les armes par le légat Théodoric. Pendant que l'anarchie désole l'Empire, la mort de la grande comtesse Mathilde ouvre une nou-

---

(1) On dit qu'il fut réduit à mettre ses bottes en vente pour avoir du pain. Il envoya, avant de mourir, son épée à son fils en lui écrivant : *Si mihi plus dimisisses, plus tibi misissem.* Compil. chronol. ap. **Leibnitz,** t. 11, p. 65.

velle source de discordes (1115). Cette princesse avait
légué ses domaines au saint Siége ; mais Henri V les
réclame tous sans distinction, les fiefs comme chef de
l'Empire, les alleux en qualité de plus proche héritier
de la comtesse de Toscane. L'Italie redevient alors le
théâtre de la querelle entre les deux puissances. Henri
chasse le pape de Rome, met dans ses intérêts les consuls de la ville, et, comme si Pascal II n'avait pas eu
pouvoir de le consacrer empereur, il se fait couronner
de nouveau et à deux reprises par l'anti-pape Grégoire VIII, sa créature.

Concordat de Worms, 1122. — Enfin le salut de
l'État et le bien de l'Église rapprochent les deux parties, et, dans une diète tenue à Worms en 1122, les
ministres de l'empereur et les envoyés du pape Ca-
lixte II signent un célèbre concordat par lequel Henri V accorde la libre élection des évêques et renonce à
l'investiture par la crosse et l'anneau, se réservant seulement le privilége de conférer par le sceptre les bénéfices
ecclésiastiques. Cette grande transaction entre l'Empire
et le Sacerdoce fut confirmée l'année suivante par le premier concile général tenu en Occident (Latran). Depuis
ce moment, l'élection des souverains pontifes ne fut
plus subordonnée au consentement impérial. Ainsi se
termina cette déplorable querelle, qui devait bientôt
renaître sous d'autres prétextes et pour d'autres intérêts.

Le concordat de Worms fut le dernier acte important
du règne de Henri V, dont la mort, arrivée en 1125,
mit fin à la maison impériale de Franconie, qui n'avait
cessé de lutter, avec plus de constance que de bonheur,
contre deux forces bien formidables, le pouvoir ecclésiastique et la féodalité.

« La période de la maison de Franconie, dit Pfeffel,
est remarquable par les accroissemens extraordinaires
de la puissance des États, et par la décadence entière de
celle des empereurs. »

La dynastie saxonne avait cru affaiblir la puissance des grands vassaux en augmentant celle du clergé; cette politique n'eut d'autre effet que de donner des auxiliaires à l'aristocratie, qui, de son côté, aida les évêques à s'affranchir de la dépendance des empereurs; et lorsque vint à éclater la querelle des investitures, les prélats allemands prirent parti pour le saint Siége, au grand détriment de la cause impériale. Pendant que les papes combattaient les empereurs en Allemagne avec les armes spirituelles du clergé, ils leur opposaient ailleurs l'épée des chevaliers normands, dont l'imprévoyance des princes franconiens avait favorisé l'établissement en Italie.

Les empereurs saliques, jaloux de rendre au trône ses anciennes prérogatives, firent d'énergiques mais vains efforts pour arrêter les empiétemens de la haute féodalité, en créant au milieu des grands fiefs un grand nombre de seigneuries *immédiates*, et en instituant de toute part des villes *impériales* qui ne relevaient que de la couronne. Pour balancer la puissance des grands feudataires par le dévouement de la noblesse équestre, Conrad II accorda ou confirma l'hérédité aux fiefs de chevalier, pendant qu'il tâchait de retenir dans ses mains la disposition des duchés et des dignités palatines. Plus hardi que son père, Henri III entreprit d'abolir la dignité ducale; il confisqua la Bavière et la Souabe, et morcela la Lorraine déjà divisée en deux duchés depuis le temps d'Othon Ier. La longue minorité de son fils fit rétrograder la royauté vers le principe électif, dont les vassaux saxons furent les premiers à abuser sous son règne. Henri IV était trop fier pour laisser passer une telle prétention; il accepta le défi qui lui était jeté par l'aristocratie, et succomba dans cette lutte.

Dès-lors la succession héréditaire de tous les fiefs, sans distinction, fut de droit commun dans l'Empire, au point que tous les seigneurs commencèrent sous Henri V à porter les noms de leurs terres. L'observation rigoureuse du droit d'aînesse ne contribua pas peu au maintien et au progrès de la puissance féodale.

MAISON IMPÉRIALE DE FRANCONIE.

13. CONRAD II, le Salique, duc de Franconie, élu empereur 1024.
E. *Gisèle*, petite-fille de Conrad, roi de Bourg., fille et veuve des ducs de Souabe.

14. HENRI III, le Noir, emp. 1039;   Deux filles.
E. 1. *Cunégonde*, fille de Canut le Grand;
   2. *Agnès* de Poitou, régente après lui.

15. HENRI IV, emp. 1056.	*Mathilde*.	*Sophie*.
E. 1. *Berthe d'Ivrée*.	E. *Rodolphe*, D. de	E. 1. *Salomon*,
2. *Adélaïde de Russie*.	Souabe, élu emp.	R. de Hongrie.
	et tué en 1080.	2. *Ladislas*,
		R. de Pologne.

Conrad, rebelle.	16. HENRI V, emp. 1106.	*Agnès*.	*Adélaïde*.
E. *Mathilde* de Sicile.	E. *Mathilde d'Anglet*.	E. *Frédéric* de Hohenst.	E. *Boleslas III*, R. de Pologne.

* * * * *

17. LOTHAIRE II, fils de Gerhard de Supplinbourg,
     duc de Saxe, 1106, emp. 1125. † 1137;
E. *Richenza*, hérit. de Henri le Gros, duc en Saxe,
     et dernière descendante de Henri l'Oiseleur.

CHAPITRE XXI.

De l'Empire grec et de la domination musulmane.

---

§ I. — *Empire grec.*

État de l'Empire. — Entouré de toutes parts de nations barbares encore mal assises et souvent ébranlées ou déplacées par des secousses subites, l'Empire est exposé à des assauts continuels et à des invasions fréquentes. A l'ouest les Slaves de l'Illyrie, harcelant l'Épire et la Macédoine, donnent la main aux Bulgares, que le Danube protége et que le mont Hémus ne peut arrêter. Dans les contrées laissées désertes par les Avares, vont se succéder les Hongrois et les Petchénégues, qui sauront se faire jour à travers la Bulgarie pour venir ravager les provinces grecques. Au nord de la mer Noire, les Russes menaceront Constantinople de leurs flottes et de leurs armées, et subjugueront les Turcs Khozares, ces fidèles alliés de l'Empire dont ils défendaient la frontière caucasienne. Plus tard, une autre race de Turcs, les Seldjoucides franchiront le mont Taurus, et, plus heureux que les khalifes, apporteront en-deçà de cette barrière la domination musulmane. Nous avons vu les Sarrasins, maîtres de la Sicile, disputer aux Lombards les provinces grecques d'Italie, et céder cette proie à d'autres conquérants. Leurs succès dans l'Archipel seront encore moins durables.

Si nous jetons les yeux sur la cour de Byzance et sur l'état moral de la nation, nous ne rencontrons partout qu'abjection et misère. Depuis la mort d'Héraclius jusqu'à l'avénement des Comnènes, pendant l'espace de quatre cent quarante ans, les annales byzantines présentent une succession uniforme de crimes rarement interrompue par l'apparition de quelques princes guerriers, plus rarement encore par celle d'un prince vertueux. Au milieu de révolutions sans intérêt et d'usurpations sans grandeur, une superstition universelle dégrade le culte et la morale publique, en donnant matière aux plus indécentes querelles, et en servant d'instrument à la politique.

Querelles religieuses. — Depuis qu'Irène avait fait rétablir le culte des images par le second concile général de Nicée, en 787, la secte des Iconoclastes s'affaiblissait chaque jour sans désespérer de sa cause. Relevée par Théophile, elle fut proscrite par sa veuve Théodora pendant la minorité de son fils Michel III (842). Le succès de son zèle orthodoxe animant cette princesse contre l'hérésie, elle fit la guerre aux Pauliciens, qui remplissaient le Pont et l'Arménie, et fit couler le sang de cent mille sectaires.

Schisme de l'Église grecque, 861-1054. — Le fils de Théodora, poussé au vice par les conseils et les exemples de son oncle Bardas, s'irrite des remontrances du patriarche Ignace, et fait asseoir sur le siége de Constantinople le savant Photius, son capitaine des gardes (1). Un concile approuve ce changement; mais le pape Nicolas Ier excommunie l'intrus, qui l'excommunie à son tour. Bientôt la fin tragique de ses deux protecteurs, en 867, laisse Photius sans appui, et Basile le Macédonien l'exile et rétablit Ignace. Le huitième concile œcuménique donne à cet acte de justice la sanction de son autorité, et mécontente le saint Siége en soumettant les Bulgares récemment convertis à la juridiction de Constantinople (869). La mort d'Ignace, en 877, fait rendre à Photius la dignité patriarcale, et le pape Jean VIII le reçoit à sa communion, espérant, par cette indulgence, le faire renoncer au gouvernement de l'Église bulgare. Son attente fut trompée, et, depuis ce moment, la division éclata entre les pontifes romains et les patriarches de Constantinople. Cette malheureuse querelle aboutit, en 1054, à la séparation complète des deux Églises.

Guerres avec les Russes, 865-1046. — Les pirates de la Scandinavie, transplantés sur les côtes du Pont-Euxin, n'avaient pas renoncé à leurs habitudes, et la mer, qui les séparait des richesses de Byzance, devait tenter leur courage aventureux. Les premiers conquérans de Kief, Ascold et Dir, descendirent le Borysthène en 865, et l'apparition de leurs navires devant Constantinople y troubla les plaisirs de Michel III. Les flottes russes pénétrèrent encore deux fois dans le Bosphore, en 904 et 941, sous le règne du grand-prince Igor, fils de Rurik, et les empereurs Léon le Philosophe et Constantin Porphyrogénète les éloignèrent par le feu grégeois et par des promesses.

____

(1) Auteur du Μυριοϐίϐλιον ou *Bibliothèque.*

Constantinople courut un plus grand danger lorsque Swiatoslaf, vainqueur des Khozares, des Petchénègues, des Hongrois et des Bulgares, voulut établir sa nation sur la rive droite du Danube. Mais Jean Zimiscès régnait alors à Byzance ; sa valeur chassa les Russes de la Thrace, et dicta la paix au Grand-Prince (972).

Saint Wladimir fit aussi la guerre à l'Empire, et rechercha ensuite l'alliance de l'empereur Basile II, dont il épousa la sœur (988). Converti au christianisme à la suite de ce mariage, il s'appliqua à policer sa nation par l'Évangile, et attacha la Russie à l'Église grecque. Dès-lors les relations des Russes avec Byzance furent toujours amicales, si l'on en excepte une expédition malheureuse d'Iaroslaf (1046). Les longues divisions qui suivirent le règne de ce prince ne permettaient plus aux Russes de se répandre au dehors, et leurs guerriers mercenaires s'enrôlèrent sous les drapeaux byzantins.

Guerres avec les Bulgares. — Nicéphore le Logothète avait péri en combattant leur roi Crum, un des plus féroces dévastateurs de l'empire (811). — Lorsque les Bulgares eurent reçu de Constantinople la lumière de la foi (865), leurs incursions devinrent moins fréquentes. Cependant Siméon, le plus grand de leurs rois, alla deux fois assiéger la capitale de l'empire, entre les années 888 et 927. Après lui, le royaume bulgare fut frappé au cœur par l'invasion de Swiatoslaf, et le prince qui aurait pu en relever la gloire ne put qu'en retarder la chute. Vingt-six campagnes, offensives ou défensives, remplirent le règne de Samuel (988-1014). Il eut la gloire de résister à l'empereur Basile II, qui soutenait alors avec honneur le rang où les exploits de Nicéphore Phocas et de Zimiscès venaient de replacer le trône d'Orient. Samuel laissa à son fils Wladislas l'honneur de défendre jusqu'au dernier soupir l'indépendance de sa nation. La Bulgarie fut alors réunie à l'empire (1019).

Guerres contre les Sarrasins. — Depuis leurs revers

éprouvés devant Constantinople pendant le règne de Léon l'Isaurien, les Musulmans ne s'étaient plus montrés devant cette capitale, et leur domination n'avait pas fait de nouveaux progrès. Ils recommencèrent leurs entreprises sur terre et sur mer au neuvième siècle. Vers le même temps que les Sarrasins d'Afrique s'établissaient en Sicile, des exilés de Cordoue s'emparèrent de l'île de Crète (824). Ce point d'appui donné à leurs flottes leur inspira plus d'audace, et les provinces maritimes de l'Empire furent de plus en plus exposées aux déprédations de leurs pirates. Le patrice Nicétas releva l'honneur de la marine grecque sous Basile Ier et fit éprouver aux Sarrasins de grands dommages dans l'Adriatique et l'Archipel ; il sauva Raguse, contribua à la délivrance de Bari et chassa du Péloponnèse les troupes de l'émir Saïd. Peu d'années après, le thalassiarque Nasar obtint de brillans avantages dans les parages de la Sicile et vengea sur les Musulmans la destruction récente de Syracuse.

Sur terre, l'Asie mineure fut plusieurs fois envahie par les armées des khalifes de Bagdad, et, en 838, l'empereur Théophile vit avec douleur la ruine d'Amorium, sa ville natale. Dans le siècle suivant, Nicéphore Phocas rétablit l'honneur des armes impériales. Général de Romain II, il reconquit la Crète ; empereur, il chassa les Infidèles de Chypre, de la Cilicie, et s'avança en vainqueur jusqu'aux bords du Tigre (963-969). Zimiscès marcha sur ses traces ; mais la mort arrêta *le Vainqueur de l'Orient* dans la conquête de la Syrie (976). Les victoires de ces deux empereurs ne furent pas poursuivies par leur successeur Basile II, dont la vie entière se consuma en exploits contre les Bulgares. Son gendre, l'empereur Romain Argyre, reporta la guerre en Asie, et ses succès, réparant un premier revers, ébranlèrent le khalifat de Bagdad, déjà tant épuisé par ses divisions. La domination romaine semblait relevée en Orient. Mais pendant que deux femmes, Zoé et Théodora, indignes filles de Basile II, prostituaient la pourpre, au gré de leurs passions, à un changeur de monnaies, à un calfateur de navires ou à des courtisans débauchés, il s'élevait au-delà de l'Euphrate un ennemi nouveau, également formidable aux khalifes de Bagdad et aux empereurs de Byzance.

Guerre contre les Turcs Seldjoucides, 1063-1074. —Ces nouveaux Musulmans, après avoir détruit la domination des Gaznévides en Perse, et pris les khalifes Abbassides sous leur tutelle, attaquèrent l'empire grec, et lui enlevèrent l'Asie mineure. (*Voy.* le § II.) Cette invasion jeta l'alarme dans la chrétienté, et y prépara les esprits aux guerres saintes.

Avénement des Comnènes, 1081. —Depuis la fin de la dynastie macédonienne, en 1028, l'histoire byzantine avait ajouté au dégoût qu'elle inspire une complication de règnes qui fatigue sans fruit la mémoire. Parmi les princes que des intrigues de cour ou la faveur militaire placèrent sur le trône, on distingue le vertueux Isaac Comnène, qui ne paraît que pour annoncer les hautes destinées de sa famille (1056). — Son neveu Alexis, après avoir délivré Nicéphore Botoniate de deux compétiteurs, le détrône lui-même, et se met à sa place. L'histoire de sa race va se perdre dans celle des Croisades.

§ II. *Empire musulman.*

Depuis la révolution qui avait renversé les Ommiades du trône de Damas, l'empire mahométan se trouvait divisé en deux khalifats, et les émirs d'Afrique s'étant rendus indépendans, le plus puissant d'entre eux finit par s'arroger le titre et les honneurs de Commandeur des Fidèles. Le nombre des khalifats fut aussi porté à trois.

TABLEAU DES TROIS KHALIFATS.

KHALIFES OMMIADES.	AFRIQUE.	KHALIFES ABBASSIDES.
756-788. — Abdérame Ier, premier khalife d'Occident.	L'Afrique avait reconnu les khalifes Abbassides ; mais les émirs y régnèrent bientôt en souverains, et l'autorité des Commandeurs des Croyans fut réduite à la suprématie spirituelle, qu'ils perdirent en 958.	750-754. — Aboul-Abbas, premier khalife Abbasside.
Ses guerres contre les partisans des Abbassides affermissent son trône et lui font perdre la Septimanie.	788. — Édris-ben-Édris fonde la dynastie des Édrissites dans la Mauritanie. — Fez devient sa capitale.	762. — Fondation de Bagdad, sous Abou-Giafar-Almanzor.
Il transplante en Espagne les sciences et la magnificence des Arabes.	800. — Ibrahim-ben-Agleb, chef de la dynastie aglabite, dans l'Afrique Carthaginoise et la Tripolitaine. — Kaïroan, capitale.	775-784. — Mohammed Mahadi ; sa générosité et sa magnificence.
788-822. — Hescham Ier et Al-Hakkam Ier.	827, etc. — Conquête de la Sicile et de Malte par les Aglabites.	780. — Guerre avec l'empire grec. Haroun s'avance jusque devant Chalcédoine.
Troubles intérieurs, et progrès des Chrétiens sous Alphonse le Chaste, roi d'Oviédo.	La Sicile devient le centre d'opérations des flottes musulmanes qui vont déposer, sur les côtes d'Italie et d'Illyrie, des troupes de pirates et d'aventuriers.	786-809. — Haroun-al-Raschid succède à son frère Al-Hâdi.
822-852. — Abdérame II, *le Victorieux.*	868. — Toulun, gouverneur d'Égypte, fonde dans cette province une dynastie indépendante.	Ses huit expéditions contre les Romains orientaux.
Il fait alliance avec l'empereur Michel le Bègue contre le khalife de Bagdad.	908. — Obéidallah détrône les Aglabites et les Édrissites, en 909. Il est le chef de la race des Fatimites et le premier *Mahadi*; mort en 934.	L'empire musulman parvient à son plus haut degré de splendeur.
844. — Les Northmans pillent Lisbonne, Cadix, Séville, etc.	944. — L'arabe Zéiri fonde la ville d'Alger (al-Djézaïr) et se rend maître du pays environnant dont les khalifes Fatimites lui accordèrent la possession héréditaire et où sa famille régna jusqu'en 1148, époque où Roger lui enleva une grande	Magnificence de la cour. Éclat des lettres.
851. — Victoire sur Ordogno, roi de Léon.		813-833. — Al-Mamon ; ses vertus, ses talens, sa tolérance. Il éclaire ses peuples et les rend heureux.
852. — Mohammed Ier. Sous son règne l'Espagne musulmane est déchirée par des divisions intestines et par la guerre étrangère. Le prince Al-Moundhir repousse les Chrétiens et réprime les deux révoltes de Mousa et de Ben-Hafsoun, qui devaient renaître sous les règnes suivans.		838. — Guerre d'Amorium, dans l'Asie mineure, sous Motassem.
Alphonse le Grand, roi de Léon, s'agrandit aux dépens des Maures.		841. — Introduction des esclaves turcs dans la garde des khalifes. Prétentions et désordres de cette milice qui favorise l'insubordination de plusieurs émirs d'origine turque.
886-912. — Anarchie sous Al-Moundhir et Abdallah.		La plupart des successeurs de Motassem périssent d'une mort tragique.
912-961. — Abdérame III, le Grand.		890. — Origine de la secte anti-sociale des Karmates. Elle excite la guerre civile et désole les provinces pendant un siècle.
Il relève la puissance et la gloire du khalifat.		

OMMIADES.

912. — Victoire des Musulmans sur les Chrétiens, au Val-de-Jonquera.

939. — Le roi Ramire II, après de brillans succès, perd la sanglante bataille de Simancas, qui amena la paix en 942.

914. — La rebellion des Béni-Hafsoun est étouffée, après avoir duré 80 ans.

950. — Abdérame se fait reconnaître khalife dans le Mogreb en Afrique.

Alliance avec Constantin VII.

Magnificence d'Abdérame III.

961-779. — Règne paisible de Al-Hakkam II.

975-1009. — Hescham II.

Brillantes victoires de *l'hadjeb* Mohammed-Almanzor sur les Chrétiens.

986. — La ville de Barcelone tombe pour la dernière fois au pouvoir des Musulmans.

998. — Défaite et mort d'Almanzor à Medina Cœli.

Décadence du khalifat d'Espagne.

1009. — Mohammed-al-Mahadi détrône Hescham II. Le khalifat tombe en proie aux rebelles et aux usurpateurs.

1031. — Déposition de Hescham III, dernier khalife.

Démembrement du khalifat de Cordoue.

1010. Rme de Murcie.
1010. . . . . . Badajoz.
1013. . . . . . Grenade.
1014. . . . . . Saragosse.
1015. . . . . . Majorque.
1021. . . . . . Valence.
1023. . . . . . Séville.
1026. . . . . . Tolède.
1031. . . . . . Cordoue.

AFRIQUE.

partie de la côte, et les Almoravides la ville d'Alger.

KHALIFES FATIMITES.

953-975. — Moëz-Ledinillah, premier khalife.

968. — Conquête de l'Égypte par Djéwhar.

Fondation du Caire (el-Kahira), qui devient la résidence des nouveaux khalifes.

980. — Conquête de la Syrie sous le règne d'Azis-Billah.

996-1021. — Hakem, petit-fils de Moëz, veut établir un nouveau culte et s'en faire la divinité. Il persécute les Chrétiens, et détruit leurs églises.

Druzi fonde la secte mystique des Druzes, qui existe encore.

1036-1094. — Règne de Mostanser-Billah. Il aspire au khalifat universel et réunit ceux du Caire et de Bagdad, qui furent de nouveau divisés après lui.

Le khalifat du Caire se prolongea jusqu'à l'an 1171, où il fut aboli par Saladin.

ABBASSIDES.

934-940. — Khalifat de Rhadi.

935. — Mohammed-Ibn-Rayck, 1er Émir-al-Omrah.

Il s'élève de toutes parts des dynasties indépendantes qui ne laissent au khalife que la ville de Bagdad, avec la suprématie spirituelle. La plus dangereuse pour les khalifes fut celle des Buides, qui joignit au gouvernement de la Perse la possession du grand-émirat.

997-1028. — Mahmoud le Gaznévide élève un puissant empire dans la Perse, sur les ruines de plusieurs dynasties provinciales. Il s'empare d'une partie de l'Inde. Les communications des Musulmans avec les Indous donnent naissance à *l'hindoustani*, idiome moderne de l'Inde, qui a pris la place du sanscrit, devenu la langue savante du pays.

1028. — Massouh succède à son père Mahmoud sous le khalifat du juste Kader-Billah.

Seldjoucides.

1038. — Les Turcomans se révoltent contre Massouh, et renversent la domination des Gaznévides sous leur chef Togrul-Beg, petit-fils de Seldjouk, qui se fait proclamer sultan à Nischabour. Il se rend maître de Bagdad en 1055, et dépouille le dernier Buide, Malek-Rahim, de la dignité d'Émir-al-Omrah.

Alp-Arslan, son successeur, fait la guerre à l'empereur Romain Diogène, et s'empare de l'Arménie et de la Cappadoce (1071).

1072-1092. — Sous le règne de Malek-Schah, les Seldjoucides achèvent la conquête de l'Asie mineure et de la Syrie. Mais leur vaste empire se divise à la mort de ce grand prince, et on voit se former les sultanies de Roum, d'Alep, de Damas et de Kerman, tributaires de la Perse.

PRÉCIS

DE

L'HISTOIRE DU MOYEN AGE.

SECONDE PARTIE.

DEPUIS LA PREMIÈRE CROISADE JUSQU'A LA PRISE DE CONSTANTINOPLE PAR LES TURCS OTTOMANS, 1095-1453.

CHAPITRE PREMIER.

De l'Orient et des quatre premières Croisades.

Dès les premiers siècles du christianisme, les lieux qui furent le berceau de la foi étaient fréquentés par de nombreux pélerins. La conquête de la Syrie par les Arabes rendit ces voyages plus rares. Cependant les khalifes avaient laissé aux Chrétiens le libre exercice de leur culte, et le modique tribut qu'ils exigeaient des pélerins donnait une garantie à cette tolérance. Mais la tyrannie impie et sanguinaire du khalife Hakem désola l'église de Jérusalem, et les Turcs Seldjoucides, en se rendant maîtres de la Palestine, y portèrent une défiance et une rapacité qui rendaient les pélerinages dangereux ou impraticables. Ces conquérans venaient de ravir l'Asie mineure aux souverains de Byzance, et Constantinople était menacée. La crainte de voir tomber cette barrière de l'Europe avait jeté l'alarme dans l'Occident, pendant que les récits des pélerins y répandaient parmi les Chrétiens une sainte pitié pour leurs frères d'Orient opprimés. Déjà Sylvestre II et Grégoire VII avaient conçu le dessein d'armer l'Europe contre l'Asie pour la délivrance de Jérusalem. Il était réservé à Urbain II de le mettre à exécution. Ce pontife, sollicité par l'empereur Alexis Comnène et par le patriarche Siméon, ordonna au pélerin Pierre l'Ermite de parcourir l'Europe, et de préparer les peuples à la guerre sainte. L'enthousiasme qu'excita partout cet ardent apôtre de la croisade avertit Urbain que l'heure du signal était arrivée.

Concile de Clermont, 1095. — Après avoir tenu un premier concile à Plaisance, pour s'assurer des dispositions du clergé, des seigneurs et du peuple, Urbain convoque une seconde assemblée à Clermont, où la *croisade* est résolue. La voix du pontife est répétée dans toutes les chaires chrétiennes, et la France devient le centre d'un mouvement tout à la fois religieux, politique et chevaleresque. Les indulgences de l'Église et les richesses de l'Asie attirent une multitude de guerriers de tous rangs sous le drapeau de la croix.

Quelques bandes indisciplinées, parties avant le temps sous la conduite de Pierre l'Ermite, de Gautier-Sans-Avoir et de Godescalc, soulèvent contre elles, par leurs brigandages, les pays qu'elles traversent, et sont détruites en Hongrie et en Bulgarie.

Première croisade, 1096-1100. — Les principaux chefs de l'expédition sont Godefroy de Bouillon, duc de la Basse-Lorraine, avec ses frères Baudouin et Eustache; Robert II, duc de Normandie; Robert II, comte de Flandre; Eudes Ier de Bourgogne; Raymond IV de Toulouse; Hugues de Vermandois; Étienne de Blois; Bohémond, prince de Tarente, avec son neveu Tancrède; et Adhémar de Monteil, vicaire apostolique.

Les croisés, au nombre de six cent mille, arrivent à Constantinople par différens chemins. Ils s'emparent de Nicée sur Kilidge Arslan, sultan Seldjoucide d'Iconium (Konieh). La victoire de Dorylée leur ouvre un passage à travers l'Asie mineure, et ils arrivent devant Antioche, réduits à moins de cent mille combattans. Cette barrière de l'islamisme arrête les Chrétiens et donne le temps aux Musulmans d'Afrique et d'Asie de s'armer pour défendre leur religion menacée. Une première armée de Turcs est taillée en pièces sur les bords de l'Oronte, et Bohémond prend Antioche par surprise. Kerbogath, général du sultan de Perse Barkiarok, arrive trop tard pour la sauver, et perd une grande bataille sous les murs de cette cité. Les croisés, victorieux, mais épuisés, marchent vers Jérusalem, que les Fatimites venaient de reconquérir.

Prise de Jérusalem, 1099.—Les vainqueurs, maîtres de la ville sainte, déshonorent leur victoire par le massacre des Juifs et des Musulmans; mais une fois l'ordre rétabli, ils songent à rendre leur conquête durable, en instituant dans la Palestine un gouvernement monarchique. Les principaux chefs défèrent la couronne à Godefroy de Bouillon, qui justifie ce choix par une brillante victoire remportée près d'Ascalon sur l'armée du khalife d'Égypte. Godefroy, mort un an après son élection, n'avait pas eu le temps d'affermir le nouveau royaume; mais, de concert avec ses barons, il lui avait donné une loi fondamentale qui devait le protéger. Les *Assises de Jérusalem* introduisaient en Asie le gouvernement féodal. Le royaume de Jérusalem avait ses grands fiefs, ses arrière-fiefs et ses bourgeoisies. Au nombre des grands fiefs on peut compter les principautés d'Antioche et de Galilée, et les comtés d'Édesse et de Tripoli, qui pourtant ne relevaient que du pape.

On peut aussi considérer comme vassaux de la couronne de Jérusalem les trois Ordres religieux et militaires : 1° les *Hospitaliers* ou *Johannites* (ordre de Malte), fondés par Gérard du Martigues, en 1100, et dont Raymond du Puy fut le premier grand-maître (1121); 2° les *Templiers,* qui eurent pour fondateur Hugues de Payens, en 1118; 3° l'*Ordre Teutonique,* établi plus tard par Henri Walpot (1190). Les membres de ces associations se dévouaient au service des pauvres pélerins et à la défense de la Terre-Sainte.

Premier intervalle des Croisades, 1100-1147.—Baudouin Ier, prince d'Édesse, succède à son frère Godefroy. Sous son règne, une nouvelle armée de croisés est détruite dans l'Asie mineure par le sultan de Roum, et les restes de la première armée sont taillés en pièces à Rama. Cependant la mort de Barkiarok ayant donné lieu au démembrement de son empire par les *Atabeks* et par les *Assassins* ou *Ismaëlites*, Baudouin profite de ces premières divisions et s'empare de Saint-Jean-d'Acre (Ptolémaïs), de Bérythe et de Sidon. Baudouin II, son successeur, ajoute à ces conquêtes la prise de Tyr.

Les Turcomans conservent en Syrie les petites sultanies de Damas et d'Alep. La conquête de cette dernière ville donne à Zenghi, prince de Mossoul, la supériorité sur tous les autres Atabeks, et il enlève Édesse aux Chrétiens en 1144. Les brillans succès de son fils Noureddin et la détresse du roi Baudouin III nécessitent une nouvelle croisade.

Seconde croisade, 1147-1149.—Chefs : l'empereur Conrad III et le roi de France Louis le Jeune.—Sous le pontificat d'Eugène III.

Saint Bernard, abbé de Clairvaux, prêche la guerre sainte en France et la provoque en Allemagne. Il la représente à Louis VII comme une expiation de l'incendie de Vitry, et donne la croix à ce prince dans la cour plénière de Vézelay; Conrad la reçoit aussi de ses mains à la diète de Spire. L'empereur se met en marche sans attendre le roi de France, qui part à son tour, malgré les représentations de son ministre Suger. Les deux armées sont détruites, l'une après l'autre, dans l'Asie mineure, par les Musulmans et par la famine, et leurs débris se réunissent à Jérusalem. Louis, Conrad et Baudouin III vont assiéger Damas. Mais l'entreprise échoue par suite de la division des princes croisés, et les deux rois reviennent en Europe sans armée et sans gloire.

Deuxième intervalle, 1149-1189. — Noureddin, en s'emparant de Damas, range sous ses lois toute la Syrie musulmane. Des troubles qui s'élèvent en Égypte lui fournissent un prétexte pour y introduire son influence. Saladin en prend possession au nom de ce sultan, et dépose Adhed, dernier khalife Fatimite (1171). Noureddin étant mort deux ans après, le conquérant de l'Égypte s'en arroge la souveraineté, et y joint bientôt tous les autres États du fils de Zenghi. Saladin commence ainsi la dynastie des sultans Ayoubites (1173). Il médite la ruine du royaume de Jérusalem, et livre au roi Guy de Lusignan la célèbre bataille de Tibériade, qui entraîne la soumission de Saint-Jean-d'Acre et de la ville sainte (1187). Pendant la captivité de Lusignan, Conrad de Montferrat prétend à la couronne, et rallie à Tyr les débris de la chrétienté de Syrie.

Troisième croisade, 1189-1193. — Chefs : l'empereur Frédéric Barberousse, le roi de France Philippe-Auguste, et Richard Cœur-de-Lion, roi d'Angleterre. — Sous le pontificat de Clément III.

Guillaume de Tyr vient solliciter les secours de l'Occident, et provoque la réunion de plusieurs conciles. Ces assemblées décrètent l'établissement d'une contribution universelle sous le nom de *dîme saladine.*

Frédéric part le premier avec une armée de cent mille hommes, qui périt presque tout entière en Asie, comme celle de son prédécesseur. L'empereur meurt lui-même en Cilicie (1190), et son fils, Frédéric de Souabe, va trouver la mort devant Saint-Jean-d'Acre.

1190. — Les rois de France et d'Angleterre, instruits par l'expérience, renoncent à la route de terre. Ils s'embarquent, l'un à Gênes, l'autre à Marseille, et vont passer l'hiver en Sicile. Les artifices de l'usurpateur Tancrède, les animosités nationales, et surtout le mariage que Richard, fiancé à Alix de France, contracte avec Bérengère de Navarre, brouillent les deux rois et les deux armées. La flotte génoise et celle de Marseille mettent à la voile séparément, et Philippe arrive le premier devant Saint-Jean-d'Acre. Richard, ayant relâché à Limisso, dépouille le despote de Chypre, Isaac Comnène, et reste maître de cette île, qu'il devait bientôt céder à Lusignan en échange de la couronne de Jérusalem.

1191. — Les armées de France et d'Angleterre, réunies aux princes chrétiens de Syrie, s'emparèrent de Saint-Jean-d'Acre. Après cet exploit, Philippe retourne dans ses États, laissant à Richard une partie de ses troupes. Le roi d'Angleterre signale dans d'inutiles combats sa bravoure chevaleresque, et ne peut conquérir Jérusalem. La retraite des ducs de Bourgogne et d'Autriche l'oblige de conclure une trêve avec Saladin (1192). Il s'embarque pour l'Europe ; mais un naufrage l'ayant jeté sur la côte de Dalmatie, il est arrêté en Autriche par le duc Léopold et livré à l'empereur Henri VI, qui le retient en prison malgré les prières et les menaces du pape Célestin III, et lui vend chèrement la liberté.

Troisième intervalle, 1193-1204. — Peu de temps après le départ de Richard, Saladin termine sa glorieuse carrière, admiré des Chrétiens et pleuré des Musulmans. Ses vastes États sont divisés entre les princes de sa famille. Mais Malck-Adhel (Saphadin), son frère, dépouille les fils de ce grand homme, et commence, en 1200, la dynastie Ayoubite des sultans d'Égypte.

Quatrième croisade, 1202-1204. — Chefs : Baudouin IX, comte de Flandre ; Boniface II, marquis de Montferrat ; Henri Dandolo, doge de Venise, etc. — Sous le pontificat d'Innocent III.

La mort de Henri VI ayant interrompu une croisade déjà commencée, Innocent III s'était hâté d'en publier une nouvelle en 1197. Mais on commençait à se lasser de ces guerres lointaines et ruineuses, et, soit découragement, soit raison politique, les rois de l'Occident restèrent sourds à la voix du pontife. Cependant un grand nombre de seigneurs français s'étant réunis à Écry-sur-Aisne, et ensuite à Soissons, la croisade y fut résolue, et le curé Foulques de Neuilly alla la prêcher dans les provinces.

1202. — Les croisés donnent le commandement de l'expédition à Boniface de Montferrat, et font un traité avec les Vénitiens, qui s'engagent à fournir les transports. On convient que les Français aideront la Seigneurie à reprendre Zara, tombée au pouvoir du roi de Hongrie. Cette condition une fois remplie, la croisade se trouve encore détournée de son objet par les sollicitations du jeune Alexis l'Ange, qui vient implorer la protection des croisés en faveur de l'empereur Isaac, son père, emprisonné par un autre Alexis de la même famille. La flotte cingle vers Constantinople, et les croisés détrônent l'usurpateur. Mais l'inexécution des promesses jurées et l'usurpation de Ducas Murtzuphle les arment de nouveau contre Byzance.

Empire des Français à Constantinople, 1204. — Les chevaliers français et la flotte vénitienne ayant concerté une double attaque, prennent Constantinople d'assaut et la livrent au pillage. L'empire est ensuite partagé entre les vainqueurs. Baudouin est élevé à la dignité impériale ; Boniface est fait roi de Thessalie ; les Vénitiens obtiennent Péra, Corfou, Candie et les plus belles possessions maritimes, etc. Quelques lambeaux de l'empire grec, échappés à la conquête, tombent en partage à des princes byzantins. Thomas Lascaris établit à Nicée un fantôme d'empire grec ; Alexis Comnène se fait empereur de Trébizonde, Michel Comnène, prince d'Épire, Léon Sgure, prince d'Argos.

L'empire français byzantin, sans cesse assailli par les rois bulgares et par les Grecs de Nicée, fut détruit en 1261 par Michel Paléologue, qui chassa l'empereur Baudouin II (de Courtenay), substitua la dynastie de son nom à celle de Lascaris, et reporta le siége de l'empire grec à Constantinople. Les Génois qui avaient pris une part très-active à cette révolution, en recueillirent de grands avantages pour leur commerce.

Quatrième intervalle, 1204-1217. — Les Chrétiens d'Orient, réduits à la possession de quelques places et divisés entre eux, se défendaient à force de courage contre les sultans d'Égypte dont les États les enveloppaient de toutes parts. Ils ne cessaient d'invoquer l'appui de leurs frères d'Occident ; mais les croisades ne parlaient plus qu'aux imaginations faibles ou exaltées et aux ambitions que séduisaient encore ces guerres lointaines. De là une croisade d'enfans en 1212, et l'expédition de Jean de Brienne, roi titulaire de Jérusalem.

CHAPITRE II.

Suite et fin des Croisades. — Résultats de ces expéditions.

§ I. — *Dernières croisades.*

La croisade de Damiette commence, dans l'histoire des guerres saintes, une période nouvelle, sans conquêtes et sans résultats, mais intéressante par de nobles faits d'armes et de magnanimes infortunes.

Cinquième croisade, 1217-1221.—Chefs : Jean de Brienne, roi de Jérusalem, et André II, roi de Hongrie. — Sous le pontificat d'Honorius III.

Innocent III avait fait décider cette croisade au concile général de Latran, tenu en 1215. L'empereur Frédéric II, qui devait la commander, s'étant soustrait à cet honneur, le successeur d'Innocent III désigna, pour remplacer ce prince, le roi de Hongrie André II. Trois rois se trouvèrent encore une fois réunis à Saint-Jean-d'Acre : André II, Jean de Brienne et le roi de Chypre, Hugues de Lusignan. Celui-ci étant mort après la retraite du roi de Hongrie, que l'insubordination de ses magnats rappelait dans son royaume, Jean de Brienne n'en fut pas découragé et résolut d'aller attaquer l'Égypte. Il s'empara de Damiette, malgré les efforts contraires des fils de Malek-Adhel, et il aurait obtenu la restitution de Jérusalem, sans l'obstination du légat Pélage, qui s'opposa à toute espèce de traité avec les Infidèles. Les croisés essuyèrent à leur tour des revers irréparables et subirent une paix humiliante (1221). Jean de Brienne, de retour en Europe, donna sa fille Yolande à l'empereur Frédéric II, qui par cette alliance devint roi de Jérusalem.

Cinquième intervalle, 1221-1228.—Il ne se passe rien de remarquable en Syrie ni en Égypte.

Sixième croisade, 1228-1229.—Chef: Frédéric II. —Sous le pontificat de Grégoire IX.

L'empereur Frédéric avait pris la croix depuis quinze ans, et les anathêmes du saint Siége n'avaient pu le décider à tenir sa promesse. Il partit enfin de Brindes, sur l'invitation du sultan Mélédin, qui lui céda Jérusalem sans combat. Frédéric voulut s'y faire couronner roi ; mais aucun évêque n'osa donner l'onction royale à un prince excommunié. Menacé de perdre les couronnes d'Italie et de Naples, il hâta son retour en Europe, où il eut à combattre des ennemis plus redoutables que les Musulmans.

Sixième intervalle, 1229-1248. — L'Orient chrétien et musulman tombe en proie à l'anarchie. L'arrivée de Thibaut de Champagne n'est d'aucun secours aux Chrétiens. Jérusalem, prise et reprise par divers princes Ayoubites, reste enfin à Malek-Saleh, sultan d'Égypte, qui bat les Francs et les Turcs, et s'empare de Damas sur Malek-Ismaïl, avec le secours des Kowaresmiens, que les Mongols avaient chassés de leur patrie. La grande Asie venait d'être bouleversée par Gengis-Khan ; et ses fils, poursuivant ses conquêtes, devaient bientôt paraître en Syrie.

Septième croisade, 1248-1254. — Chefs : saint Louis et les princes français. —Sous le pontificat d'Innocent IV.

Un vœu peut-être échappé à la douleur, mais renouvelé après la guérison d'une dangereuse maladie, engage saint Louis dans les guerres saintes malgré les représentations de sa mère. La plupart des princes du sang et des vassaux prennent la croix avec lui, et s'embarquent à Aigues-Mortes ou à Marseille. Après un séjour dans l'île de Chypre, le roi de France se décide à attaquer l'Égypte. Il prend possession de Damiette, où l'on perd un temps précieux à attendre et à délibérer. Le comte d'Artois est tué au combat désastreux de La Massoure, où périt aussi Fakreddin, lieutenant du sultan

Almohadan(1250). Le gros de l'armée, surpris par l'inondation du Nil et moissonné par la contagion, est enveloppé par les Musulmans. Louis est fait prisonnier avec plus de vingt mille Français, et la reine Marguerite est assiégée à Damiette. Le saint roi, dans les fers, étonne les Infidèles par sa résignation et sa grandeur d'âme.

Traité de paix, 1250. — Pendant la captivité de Louis IX, la milice des Mamelouks se révolte, et massacre Almohadan, dernier sultan de la race d'Ayoub. Ces esclaves guerriers se donnent pour chef Ibegh, et établissent leur domination en Égypte. Le nouveau sultan traite avec son royal prisonnier, lui rend la liberté moyennant une forte rançon, et rentre en possession de Damiette. Louis s'engage à ne rien entreprendre contre Jérusalem.

1250-1254. — Le roi de France abandonne l'Égypte et va descendre en Palestine, où il séjourne quatre ans, malgré les instances de la reine Blanche qui le rappelle dans son royaume, alors livré aux brigandages des *Pastoureaux*. Condamné à l'inaction par le serment qu'il venait de jurer, il répare les fortifications de Ptolémaïs, Sidon, Jaffa et Césarée, interpose sa médiation entre les princes chrétiens et les États musulmans, et établit des relations d'amitié avec le *Vieux de la Montagne* et le khan des Mongols. La nouvelle de la mort de sa mère le décide à revenir en France.

Septième intervalle, 1254-1272.— Les Mongols arrivent en Syrie en 1259, sous la conduite du khan Houlagou qui venait de subjuguer les Ismaélites, et de détruire, en 1258, le khalifat de Bagdad. Mais ils sont bientôt chassés de cette contrée par le sultan d'Égypte Bibars-Bondochar. Ce conquérant, fourbe et cruel, bat les Chrétiens et les Musulmans, et s'empare de Damas, de Tyr, de Césarée, de Jaffa et d'Antioche.

Huitième et dernière croisade, 1270.—Chefs : saint Louis, Charles d'Anjou, le prince Édouard d'Angleterre. — Sous le pontificat de Clément IV.

Les progrès de Bibars, les sollicitations du roi d'Arménie et du khan des Mongols, mais surtout le désir de briser les fers des prisonniers chrétiens, déterminent saint Louis à une seconde croisade. Les suggestions intéressées du roi de Sicile, et l'espoir de convertir le puissant Mohammed Mostanser qui venait de fonder le royaume de Tunis sur les débris des Almoravides (1269), le décident à faire voile vers l'Afrique (1). L'armée française débarque sur les ruines de Carthage et met le siége devant Tunis. Mais une maladie contagieuse dévaste le camp et frappe de mort le saint roi, qui expire avec le courage d'un héros et la pieuse résignation d'un chrétien. Cependant Philippe le Hardi et Charles d'Anjou dictent à Mohammed Mostanser les conditions de la paix. Le *Khalife* de Tunis s'engage à payer les frais de la guerre (210,000 onces d'or) et les arrérages du tribut dus au roi de Sicile, depuis la mort de Mainfroy ; il promet de tolérer l'exercice du culte chrétien dans ses états, et obtient des garanties pour les Musulmans établis dans les pays chrétiens. Les princes français renoncent à l'expédition de la Terre-Sainte et mettent à la voile pour la Sicile. Mais de nouveaux désastres les affligent pendant leur retour, et marquent la fin des croisades.

Fin de la domination chrétienne en Syrie, 1270-1291. —La ruine des dernières colonies chrétiennes d'Orient, pressentie par le concile général de Lyon en 1274, retardée par les incursions des Mongols et la mort de Bibars, est consommée par la perte de Tripoli, suivie de celle de Saint-Jean-d'Acre, qui tombe, en 1291, au pouvoir du sultan d'Égypte Kalil-Ascraf.

Les Hospitaliers, les Templiers et les Teutons, derniers défenseurs de la Terre-Sainte, se retirent d'abord dans l'île de Chypre. Peu d'années après les Hospitaliers s'établissent à Rhodes (1310), les Templiers sont abolis

(1) D'autres débris de l'empire Almoravide donnèrent naissance aux états indépendans d'Alger, d'Oran et de Tripoli.

(1312), et les Teutons transportent, en 1309, le siége de leur Ordre dans la Courlande, où ils venaient de fonder une domination qui fut long-temps puissante.

§ II. — *Résultats des croisades.*

On a mis en question, dans ces derniers temps, si les guerres saintes ont été justes, si elles ont été utiles. Il semble qu'on ne saurait contester aux princes chrétiens d'avoir eu pour eux la justice. Auxiliaires des empereurs d'Orient, ils entreprirent de leur rendre les provinces que les Musulmans leur avaient ravies. Héritiers des droits de leurs prédécesseurs et solidaires de leur gloire, ils allèrent demander raison aux Infidèles des anciennes injures faites à l'Europe sans provocation. Chrétiens, il était de leur devoir d'arrêter le débordement de l'islamisme, et de délivrer leurs frères de l'oppression.

La seconde question n'est pas susceptible d'une réponse absolue et précise. Il n'est pas douteux que les croisades n'aient été pour l'Europe une source de calamités ; mais elles y ont puissamment secondé le mouvement de vie qui, depuis le milieu du onzième siècle, se faisait sentir dans toutes les parties du corps social. Nous allons indiquer les principales influences de ces guerres religieuses.

I. *Influence immédiate.* — L'Europe fut sauvée de l'invasion des Turcs, qui devait reprendre son cours après les croisades ; mais elle acheta ce bienfait au prix de son sang et de ses trésors.

II. *Influence sur l'Église.* — Les papes accrurent leur puissance spirituelle et temporelle. Ils firent rentrer sous leur suprématie les patriarcats de Jérusalem et d'Antioche, et resserrèrent les liens de la hiérarchie. Les croisades leur donnèrent des prétextes pour éloigner les empereurs, et faire diversion aux entreprises de ces princes contre le pouvoir temporel du saint Siége. Directeurs suprêmes des expéditions d'outre-mer, les souverains pontifes se trouvèrent placés à la tête de la confédération chrétienne, et les guerres religieuses créèrent des principautés nouvelles dont ils devinrent les suzerains.

III. *Influence politique.* — Elle s'exerça : 1° sur les princes: si on en excepte les empereurs, ils trouvèrent tous dans les croisades des moyens d'agrandir leurs domaines et de fortifier leur autorité.

2° Sur la noblesse : elle perdit en puissance et en richesses, mais elle gagna beaucoup en illustration et en distinctions honorifiques. Les ordres de chevalerie, établis en Orient, réfléchirent leur éclat sur l'Europe, et furent imités dans tous les États chrétiens; les *tournois*, nouvellement mis à la mode, charmèrent l'Occident par la représentation des exploits de la guerre sainte, et les guerriers d'outre-mer vinrent étaler dans les *cours plénières* les magnificences de l'Orient ; les *armoiries* devinrent nécessaires et les noms de famille prirent naissance.

3° Sur le peuple : les croisades favorisèrent, plus que toute autre cause, les affranchissemens, l'établissement des communes, et, par suite, la formation d'un tiers-état.

IV. *Influence commerciale et industrielle.* —L'art nautique fit des progrès importans, dus à la fréquence des voyages, aux profits qu'on en retirait, et aux pratiques empruntées des pilotes levantins. En ouvrant une carrière plus vaste aux spéculations et en facilitant les échanges, la navigation fit participer le commerce aux avantages qu'elle retirait elle-même des expéditions d'outre-mer. Ces produits de l'art et de la nature, jusque-là inconnus à l'Occident, y apportèrent de nouvelles jouissances, et quelquefois de nouvelles industries. Les villes maritimes, qui s'emparèrent du commerce de l'Orient, attirèrent à elles la plus grande partie du numéraire de l'Europe, et quelques-unes devinrent de puissantes républiques. De là la prospérité de Venise, de Gênes et de Pise, de Marseille et de Barcelone. De là, par une action moins immédiate, la richesse et l'activité des villes flamandes, qui furent tout à la fois marchandes et manufacturières, et servirent d'entrepôt entre le Nord et le Midi, entre les ports de la Méditerranée et les villes de la Hanse teutonique.

L'agriculture, cette industrie des campagnes, s'enrichit de quelques cultures nouvelles. Le mûrier, le blé de Turquie, la canne à sucre, etc., furent apportés en Europe pour servir un jour à la nourriture du pauvre ou aux besoins du riche.

V. *Influence sur les lumières.* — Sans exagérer ce résultat des croisades, on peut dire qu'elles avancèrent la civilisation générale par les relations nouvelles des peuples entre eux et l'échange mutuel des connaissances usuelles. Des idées d'honneur et de courtoisie passèrent de la chevalerie dans les mœurs publiques, et anoblirent en quelque sorte la classe des affranchis, qui devait en grande partie aux croisades sa richesse et sa liberté.

De nouvelles et grandes inspirations s'offrirent au génie poétique, qui n'en tira toutefois qu'un médiocre avantage. Mais le talent se mit en honneur, et les grands, non contens d'encourager l'art des vers qui célébrait leurs exploits, le cultivèrent eux-mêmes. Un caractère particulier fut imprimé à la poésie, et il en résulta les romans de chevalerie et les chants des troubadours. Par la culture dont elles devinrent l'objet, les langues vulgaires commencèrent à sortir de leur barbarie.

Les fréquentes expéditions en Syrie, les relations diplomatiques qu'elles firent naître avec les Mongols, et les voies inconnues qu'elles ouvrirent au commerce, donnèrent sur l'Orient et même sur l'intérieur de l'Asie des notions plus exactes ou toutes nouvelles. Avec la géographie, l'histoire orientale s'éclaira de quelque lu mière. La médecine emprunta aux Arabes le traitement de certaines maladies et des spécifiques mystérieux, comme aussi l'emploi des talismans, sceaux, bagues, pierres précieuses, dont l'école d'Alexandrie avait jadis accrédité les prétendues vertus. Mais, en mettant les choses à leur juste valeur, les progrès que les sciences de l'Europe durent aux croisades ne sont pas de grande importance.

CHAPITRE III.

Querelle du Sacerdoce et de l'Empire, ou des Guelfes et des Gibelins, sous la maison de Souabe. — Frédéric Barberousse et Frédéric II.

§ I. — *Depuis l'avénement de la maison de Souabe jusqu'à la paix de Constance,* 1138-1183.

Le concordat de Worms, de 1122, avait mis fin à la querelle des investitures, mais n'avait pas réconcilié l'Empire et le saint Siége, que le testament de la comtesse Mathilde engageait dans d'interminables débats. Toutefois les agitations de l'Allemagne, pendant les règnes de Lothaire II et de Conrad III, ne permirent pas à ces deux princes de suivre aucune entreprise contre la cour de Rome. Bien plus, leur concurrence à la dignité impériale porta Lothaire à souscrire des engagemens qui, pour être vagues, n'en donnèrent pas moins à Innocent II des prétentions exagérées.

La couronne que la mort de Lothaire rendait vacante ne pouvait entrer que dans l'une des deux puissantes familles qui possédaient tous les grands fiefs de l'Allemagne, si on en excepte la Lorraine (1). Toutes les deux devaient leur grandeur à Henri IV, qui avait donné,

(1) *Voyez* le tableau généalogique des deux maisons à la fin de ce chapitre.

en 1071, le duché de Bavière à Welf, et, en 1080, celui de Souabe à Frédéric de Hohenstaufen. Henri le Superbe, petit-fils de Welf et gendre de Lothaire II, venait d'ajouter à la Bavière les duchés de Saxe et de Toscane; Conrad, fils de Frédéric, avait aussi agrandi sa maison par l'acquisition du duché de Franconie. C'est entre ces deux concurrens, descendans des Welfs (Guelfes) et des seigneurs de Wiblingen (Gibelins), que va se décider le choix de la diète germanique. De la préférence donnée à l'un d'eux naîtra la querelle des Guelfes et des Gibelins, qui, transportée en Italie, doit associer à ses débats les divisions du sacerdoce et de l'Empire, ainsi que la lutte des républiques italiennes contre les empereurs souabes.

Avénement de la maison de Souabe, 1138.—Conrad III, duc de Franconie, est élu empereur par la majorité de la diète sans le concours du peuple. Henri le Superbe ayant refusé de le reconnaître, est mis au ban de l'Empire et dépouillé de ses duchés. La Saxe est donnée à Albert l'Ours, margrave de Brandebourg; la Bavière, à Léopold d'Autriche. Henri le Superbe étant mort peu de mois après sa disgrâce, sa famille revendique ses droits; Henri le Lion, son fils, reprend la Saxe, et Welf, son frère, la Bavière. Pour mettre fin à la guerre civile, la diète de Francfort réintègre Henri dans le duché de Saxe, dont elle distrait le Brandebourg (1142), qui est élevé au rang de fief immédiat de l'Empire. Dix ans après, le successeur de Conrad III fit encore restituer la Bavière à Henri le Lion, en érigeant le margraviat d'Autriche en duché immédiat. Welf III obtint le duché de Toscane, et toute la maison Guelfe parut réconciliée avec la famille de Souabe.

Frédéric Ier Barberousse, 1152-1190. — Conrad III étant mort à son retour de la Terre-Sainte, son neveu Frédéric de Souabe lui est donné pour successeur. Ce prince, après avoir pacifié l'Empire, soumis le roi de Danemark à la suzeraineté impériale, et réglé les affaires du royaume de Bourgogne, tourne ses vues sur l'Italie, où il devait trouver tant de gloire et tant de traverses.

Expéditions d'Italie. — En mettant à part les républiques de Venise, de Gênes et de Pise, les trois principales puissances de l'Italie étaient le pape, le roi de Sicile, et les villes libres de la Lombardie. Les empereurs avaient encore des prétentions sur la Pouille et la Calabre ; ils n'avaient pas renoncé à la souveraineté de Rome, et les Lombards ne contestaient pas leurs droits à la couronne de fer. Frédéric Barberousse fut invité à descendre en Italie, 1° par le pape Adrien IV, dont l'autorité temporelle venait d'être anéantie par le tribun Arnaud de Brescia ; 2° par Robert II de Capoue, que le roi de Sicile Roger avait dépouillé de sa principauté ; 3° par les Lodésans, que les Milanais tenaient dans l'oppression après avoir détruit leur ville. Depuis que les évêques de Milan avaient perdu leur puissance, cette cité avait adopté un gouvernement populaire et s'était mise à la tête des villes libres de la Lombardie qui formaient le parti guelfe. Une ligue contraire, dévouée à la cause gibeline, s'était formée sous le patronage de Pavie.

1154. — Frédéric passe les Alpes et descend dans le Piémont. Il s'empare d'Asti et de Tortone, mais n'ose assiéger Milan. Il se dirige vers Rome pour y recevoir la couronne impériale ; mais les portes lui en sont fermées, et il est réduit à se faire couronner dans un faubourg. S'étant replié sur Spolette, l'empereur licencie son armée faute de vivres, et quitte l'Italie avec des menaces de vengeance. Adrien IV, alarmé, offre la couronne d'Italie à Guillaume Ier, fils du roi Roger, qui venait de succéder à son glorieux père, et que le pape avait naguère voulu détrôner.

1158-1162. — L'empereur reparaît en Italie. Pour mieux assurer ses droits, il tient une diète à Roncaglia, dans laquelle quatre jurisconsultes, professeurs de l'école de Bologne, décident que le pouvoir absolu appartient aux successeurs des Césars, et que l'empereur est maître des biens et de la vie de ses sujets. Les villes guelfes ne tiennent aucun compte de cette décision servile, et se préparent à la défense, soutenues par le pape Alexandre III. Mais ce zélé *propugnateur de la liberté italienne* est obligé de se retirer en France par suite de la prise de Crème, tombée au pouvoir de Frédéric. Après trois ans d'hésitation, ce prince assiége et prend Milan, qui est détruite de fond en comble (1162). Cette terrible exécution épouvante les communes lombardes, qui se soumettent et reçoivent les podestats de l'empereur.

Première ligue lombarde, 1164-1183. — Une association de villes se forme dans la Vénétie pour l'affranchissement de l'Italie. Alexandre III revient à Rome, et les confédérés bâtissent en son honneur la ville d'Alexandrie, pendant que les Milanais relèvent leurs murailles. L'armée impériale abandonne l'Italie. Frédéric envoie l'archevêque de Mayence à la tête d'une armée pour occuper la Toscane et la Romagne. Mais ce prélat échoue au siége d'Ancône (1174), et l'empereur en personne ne peut s'emparer d'Alexandrie. Deux ans après il en vient aux mains avec les Milanais près de Lignano ; mais la défection imprévue de Henri le Lion, peu de jours avant la bataille, ayant affaibli son armée, il perd, avec la victoire, l'espoir de rétablir son autorité (1176).

Paix de Constance, 1183. — Réfugié à Pavie, Frédéric demande une trève au pape Alexandre. Elle est conclue à Venise en 1177, et changée en paix définitive à la diète de Constance. Ce traité célèbre assure l'indépendance aux villes lombardes, sauf la haute suzeraineté de l'empereur. Le parti guelfe triomphe sous les auspices du saint Siége; mais les hostilités particulières recommencent entre les cités rivales, aussi bien qu'entre les nobles et les plébéiens.

Affaires d'Allemagne, 1180. — Henri le Lion, atteint du crime de félonie pour avoir déserté les drapeaux de l'empereur, est mis au ban de l'Empire à la diète de Wurtzbourg. Bernard de Brandebourg est élu duc de Saxe, et Othon de Wittelsbach, duc de Bavière ; une partie de la Westphalie est donnée à l'archevêque de Cologne. Henri ne conserve que les alleux de Brunswick et de Lunebourg, qui furent immédiatisés en 1235, en faveur d'Othon, petit-fils du Lion.

§ II. — *Depuis la paix de Constance jusqu'à la seconde ligue lombarde, 1183-1226.*

1190. — Après avoir fait élire son fils Henri roi des Romains, et assuré à ce prince la succession des Deux-Siciles par son mariage avec Constance, fille de Roger II, Frédéric Barberousse part pour la croisade et meurt en Cilicie. Henri VI mécontente les vassaux allemands par la constitution de Gelnhausen, qui devait rendre la couronne impériale héréditaire, et réunir le royaume de Sicile à celui de Germanie ; il exaspère les Siciliens par d'atroces cruautés sur les partisans de l'usurpateur Tancrède et du comte Jourdan, derniers rejetons des conquérans normands. Toutefois le *Cyclope* (c'est le nom que les Siciliens donnaient à leur tyran) reste maître d'un royaume qui doit être son tombeau et celui de sa race. Il meurt empoisonné en 1197, au moment où il préparait une croisade, et sa femme qui le suit de près, laisse son fils Frédéric sous la puissante tutelle du pape Innocent III.

Innocent III, 1197-1216. — Cet émule de Grégoire VII anéantit l'autorité des empereurs dans Rome, y maîtrise l'esprit républicain, suscite des ennemis à Philippe de Souabe, frère et successeur de Henri VI, fait élire après lui Othon IV de Brunswick, excommunie ce prince, qui refusait de restituer les allodiaux de Ma-

thilde, et meurt après avoir assuré la coüronne impériale à son pupille.

Frédéric II, 1212-1250. — Fidèle à ses engagemens
envers Innocent III, il publie en 1213 la célèbre constitution d'Égra par laquelle il renonce aux allodiaux
de la Grande Comtesse, et prend la croix deux ans après
à la diète d'Aix-la-Chapelle. Frédéric ayant rétabli
la paix publique et réduit à l'impuissance la maison
guelfe, va recevoir à Rome la couronne impériale des
mains d'Honorius III. Il renouvelle à ce pontife les promesses jurées à Innocent. Mais le peu d'empressement
qu'il met à les exécuter, et des démonstrations alar-
mantes contre l'autorité des papes et l'indépendance
des villes, donnent l'éveil au parti guelfe d'Italie.

§ III. — *Depuis la seconde ligue lombarde jusqu'à la fin de la maison de Souabe, 1226-1268.*

Seconde ligue lombarde, 1226. — Les Milanais font
un appel aux communes de Lombardie, et quinze d'entre elles adhèrent à la confédération. Frédéric les met
au ban de l'Empire ; mais à cet anathême politique Grégoire IX répond par trois excommunications, et force
enfin l'empereur à partir pour la Palestine. Pendant
son absence on prêche une croisade contre lui-même.
Son fils Henri et son beau-père Jean de Brienne se joignent au pape et aux Lombards. Frédéric revient rétablir l'ordre et publie une loi sur la *paix publique*, que
le prédicateur Jean de Vicence fait jurer à la plupart
des villes (1235).

1236-1241. — La paix ne pouvait être de longue durée. L'empereur reparaît en Italie, appelé par Eccelin III de Romano, podestat de Vérone et chef du parti
gibelin en Lombardie. Padoue tombe au pouvoir de ce
tyran, et Frédéric remporte une grande victoire sur les
Milanais à Corte-Nova (1237). La plupart des villes font
leur soumission. Mais le pape relève le courage des

Guelfes en leur donnant pour auxiliaires les républiques de Venise et de Gênes, et en excommuniant l'empereur, qui venait de donner la couronne de Sardaigne à son fils naturel Entius, au mépris des droits que le saint Siége s'attribuait sur cette île.

Déposition et mort de Frédéric II, 1245-1250. — Innocent IV, successeur de Grégoire, indique un concile général à Lyon, et y cite l'empereur, que la voix publique accusait de plusieurs impiétés. Frédéric n'ayant point comparu, le pape le dépose sans demander l'avis de l'assemblée et sans avoir égard à la généreuse intervention de saint Louis. Les trois électeurs ecclésiastiques décernent la couronne impériale à Henri Raspon, dernier landgrave de Thuringe, puis à Guillaume, comte de Hollande. Cependant Frédéric continue la guerre en Italie. La cause gibeline triomphe un moment à Florence; mais l'empereur échoue au siége de Parme (1248), et, l'année suivante, Entius est battu par les Bolonais à Fossalta, pendant qu'un autre fils de l'empereur est défait en Allemagne par l'anti-césar Guillaume. Frédéric II, consumé de chagrin, se retire dans ses États de Naples, et meurt à Fiorenzuola (1250). On ne peut refuser à ce prince la plupart des qualités qui font les grands hommes; mais elles furent obscurcies par des défauts et des faiblesses.

Grand interrègne, 1250-1273. — A la mort de Frédéric II commence le *grand interrègne* allemand qui dura jusqu'à l'élection de Rodolphe de Habsbourg. Conrad IV, fils de Frédéric II, élu roi des Romains, dispute l'Empire à Guillaume et les Deux-Siciles à Mainfroi. Une mort prématurée l'empêche de faire triompher ses justes prétentions (1254). Son fils Conradin lui succède dans les duchés de Souabe et de Franconie. Mais, trop jeune pour faire valoir d'autres droits, il voit le titre d'empereur passer, en 1257, de Guillaume à deux étrangers, Alfonse X de Castille et Richard de Cornouailles, pendant que son oncle Mainfroi usurpait le royaume de

Sicile. Lorsque cet usurpateur eut été détrôné par un autre, le fils de Conrad IV alla disputer sa couronne à Charles d'Anjou. Mais, la fortune ayant trahi son courage, le dernier héritier de la maison de Souabe périt sur un échafaud (1268). Le patrimoine allemand de cette famille, qui comprenait la Souabe, la Franconie et l'Alsace, devint alors la proie de toutes les ambitions locales, et du démembrement qu'il subit sortirent les principautés de Bade, de Wurtemberg, un grand nombre de seigneuries immédiatisées, quatre souverainetés ecclésiastiques, quelques cantons libres, et plusieurs villes impériales.

A la faveur des désordres qui suivirent la mort de Frédéric II, les rois de Danemark, de Pologne et de Hongrie, et les vassaux du royaume de Bourgogne, abjurèrent la suzeraineté de l'Empire. Les grands vassaux allemands, déjà en possession de tous les droits régaliens, s'emparèrent encore des domaines qui composaient la dotation de la couronne. Au milieu de cette anarchie on voit les faibles s'unir contre les puissans, et de ce besoin de défense mutuelle résultent trois espèces de ligues : 1° la *Hanse teutonique* ou *Ligue hanséatique* (1241); 2° la *Confédération des villes du Rhin* (Burgfrieden) vers l'an 1255; 3° les *Ganerbinats* (Gan-Erbschaften) ou Traités de succession et de défense réciproques.

Les trois archevêques de Mayence, de Cologne et de Trèves, le roi de Bohême, le duc de Bavière, comte palatin, le duc de Saxe et le margrave de Brandebourg, qui jouissaient depuis long-temps du droit de *prétaxation,* ou de première élection, s'arrogent, après la mort de Guillaume, le privilége exclusif d'élire l'empereur. Telle est l'origne des *sept électeurs,* dont la puissance territoriale et les attributions souveraines constituent dèslors l'empire germanique en corps fédératif.

MAISON DE HOHENSTAUFFEN OU DE SOUABE.

Originaire du château de Wibling, cette famille fut illustrée par Frédéric de Hohenstauffen, qui, par ses utiles services, mérita la main d'une fille de l'empereur Henri IV.

Frédéric, comte de Hohenstauffen, créé duc de Souabe par Henri IV, en 1080; † 1105.
E. *Agnès*, fille d'Henri IV.

18. CONRAD III, emp. en 1138; † 1152.

Frédéric, duc de Souabe. E. *Judith*, fille d'Henri le Noir; † 1126.

Albert, Henri et *Léopold*, qui furent successivement D. d'Autriche.

19. FRÉDÉRIC I, Barberousse, emp. 1152; † 1190. E. *Béatrix*, hérit. du comté de Bourgogne.

20. HENRI VI, emp. 1190. E. *Constance*, hérit. de Sicile.

21. PHILIPPE, emp. 1197. E. *Irène l'Ange.* Trois aut. fils.

23. FRÉDÉRIC II, R. de Sicile, 1197; emp. 1212; † 1250.

24. CONRAD IV emp. 1250; † 1254.

Mainfroi, fils naturel. R. de Sicile; tué, 1266.

Conradin, D. de Souabe, décapité à Naples, 1268.
* * * * *
25. GUILLAUME de Hollande, élu emp. 1247; † 1256.

Constance. E. *Pierre III*, R. d'Aragon.
* * * * *
26. RICHARD de Cornouailles. élu emp. 1257; † 1272.

MAISON GUELFE OU D'EST.

Cette antique et noble famille descendait, suivant Muratori, d'Aldebert I, qui fut marquis de Toscane entre les années 847 et 875. Elle reçut un nouveau lustre par le mariage d'Albert Azon II avec Cunégonde d'Altorf, qui la rendit puissante dans l'Empire.

Albert Azon, marquis de Toscane; † 1097.
E. *Cunégonde d'Altorf.*

Welf I, créé duc de Bavière en 1071 par Henri IV; † 1101.

Foulque, tige de la maison de Modène.

Henri le Noir, D. de Bavière; † 1126. E. *Wilfide*, fille de Billung, duc de Saxe, et hérit. de Lunebourg.

Welf II, d'Est. E. la C.sse *Mathilde d'Est*, hérit. de la Toscane; † 1129.

Henri le Superbe, D. de Bavière; † 1139. E. *Gertrude*, fille de l'emp. Lothaire II, hérit. de la Saxe et de Brunswick.

Henri le Lion, D. de Bav. et de Saxe, déposé en 1180; † 1195.

Welf III, duc de Toscane.

22. OTHON IV, emp. † 1218.
* * * *
26. ALPHONSE X, empereur.

Guillaume de Lunebourg, premier duc de Brunswick; † 1213. Tige de la maison régnante d'Angleterre.

CHAPITRE IV.

De l'Italie après Frédéric II. — Avénement de la maison d'Anjou au trône de Naples. — Républiques maritimes.

§ I. — *Haute Italie.*

Après la mort de Frédéric II, la querelle des Guelfes et des Gibelins, changeant une seconde fois d'objet, n'est plus autre chose qu'une lutte entre les nobles et les plébéiens. Les podestats des villes tendent à l'hérédité.

Eccelin III *le Féroce,* podestat de Vérone, et son frère Albéric, podestat de Trévise, font d'abord triompher le parti gibelin au-delà de l'Adda. Mais le pape Alexandre IV ayant fait prêcher une croisade contre la maison de Romano, en 1255, la plupart des villes et des seigneurs se liguent sous la conduite du marquis d'Est. Les croisés sont reçus dans Padoue, et Eccelin punit cette ville de sa défection en faisant périr onze mille Padouans enrôlés sous ses drapeaux. Cette atroce exécution détache d'Eccelin ses plus puissans alliés ; il est vaincu et blessé à mort à la bataille de Cassano (1259). L'année suivante, Albéric est égorgé avec tous ses enfans. Quelques grandes familles s'enrichissent de la dépouille des Romano ; la maison d'Est devient toute-puissante à Ferrare, celle della Scala à Vérone, etc. Les villes libres se laissent opprimer insensiblement par leurs magistrats.

A Milan, les Torriani (della Torre) acquièrent un grand ascendant par leur popularité. Mastin, fils de Pagano, ajoute à la *seigneurie* de la ville celle de Lodi et de Novare. Son fils Philippe y réunit encore plusieurs cités, et exerce dans la Lombardie une influence qui n'est balancée que par celle du marquis Palavicino, podestat de Pavie, de Crémone et autres communes gibelines. Mais le pouvoir échappe à la famille della Torre, par le retour des Visconti exilés. L'archevêque Othon Visconti, vainqueur des Torriani en 1277, se fait proclamer *seigneur perpétuel*, et fonde ainsi la grandeur héréditaire de sa maison. Dès-lors Milan cesse d'être libre.

§ II. — *Toscane.*

Florence, long-temps obscure, n'avait paru sur la scène politique qu'après l'avénement de Frédéric II. Quatre grandes familles, les Buondelmonti et les Donati, les Amidei et les Uberti, y tenaient le premier rang. Les deux premières étaient à la tête des Guelfes, les deux autres avaient embrassé la cause des empereurs. Les Gibelins étaient les maîtres, lorsqu'une révolution populaire s'opéra dans Florence deux mois avant la mort de Frédéric II (1250). Les Guelfes s'emparèrent du gouvernement, secondés par Innocent IV ; et Silvestre de Médicis, chef d'une famille naguère ignorée, fit approuver par le peuple une constitution démocratique. Lucques, Pistoïa, Sienne, Volterra, Arezzo, suivirent l'exemple donné par les Florentins, et les Gibelins, chassés de Florence en 1258, et proscrits presque partout, ne conservèrent la supériorité que dans la république de Pise.

1260. — Après deux ans d'exil, les Gibelins de Florence, secourus par le roi de Sicile Mainfroi, entreprennent de reconquérir leur patrie. La victoire de l'Arbia ou de Monte Aperto leur en ouvre les portes. Mais trop faibles pour s'y maintenir, leurs chefs proposent de détruire Florence, lorsqu'un généreux citoyen, Farinata des Uberti, les détourne de cet horrible dessein. Les Gibelins sont bannis de nouveau en 1267, et les Guelfes, rétablis par Charles d'Anjou, alors seigneur de la république, doivent conserver long-temps la domination sous la protection des rois de Naples.

§ III. — *Établissement de la maison d'Anjou dans le royaume de Naples.*

Les grandes qualités de Mainfroi ne pouvaient effacer la tache de son usurpation. Ce prince avait ravi l'héritage de son neveu Conradin, et mécontenté le saint Siége, suzerain du royaume de Sicile. Les papes, ne pouvant lui opposer l'enfance du légitime héritier du trône, s'adressèrent à de plus puissans auxiliaires, et Urbain IV offrit la couronne à Charles de France, duc d'Anjou et comte de Provence, qu'il fit élire en même temps sénateur de Rome.

Bataille de Bénévent, 1266. — Charles, ayant devancé son armée, venait d'être couronné à Rome, lorsque la comtesse Béatrix, sa femme, lui amena trente mille hommes dont les Torriani avaient favorisé le passage. La croisade prêchée contre le roi de Sicile grossit l'armée provençale d'une foule d'aventuriers italiens. On en vient aux mains près de Bénévent ; Mainfroi, d'abord vainqueur, perd ensuite la victoire et la vie. Charles va prendre possession de Naples ; Messine se déclare en sa faveur, et lui ouvre la Sicile, que Montfort soumet au nouveau roi. La prise de Manfredonia achève la conquête du royaume et livre au cruel vainqueur toute la famille de Mainfroi, à l'exception d'une fille mariée au roi d'Aragon.

Bataille de Tagliacozzo, 1268. — Les exactions et les violences de Charles ayant soulevé tous les esprits, les Gibelins préparent le rétablissement de la maison de Souabe. Ils appellent le jeune Conradin, qui arrive en Italie avec Frédéric d'Autriche, frustré comme lui de ses États héréditaires. L'armée allemande, renforcée par les Gibelins, perd la bataille de Tagliacozzo, près d'Aquila. Livrés par un hôte infidèle à leur ennemi, Conradin et Frédéric ont la tête tranchée à Naples, et le supplice de ces infortunés met fin aux deux illustres maisons de Hohenstauffen et de Bamberg.

Charles d'Anjou, maître des deux Siciles et chef du parti guelfe, devient l'arbitre de l'Italie. Mais il aspire trop ouvertement à la seigneurie de toutes les villes lombardes, et ses efforts échouent à la diète de Crémone, par la résistance des Milanais et des Pavésans. Portant alors son ambition hors de l'Italie, il prend part à la seconde croisade de saint Louis, rend le roi de Tunis tributaire de sa couronne, et tourne ses vues vers Constantinople. Mais un événement imprévu vient changer sa fortune.

Vêpres Siciliennes, 1282. — Une conspiration, ourdie par Jean de Procida, médecin de Mainfroi, éclate à Palerme le lundi de Pâques. Tous les Français y sont massacrés, et cette exécution devient presque générale dans l'île. Les Siciliens appellent à leur secours Pierre d'Aragon, gendre de Mainfroi, et lui défèrent la couronne. Tous les efforts de Charles pour satisfaire sa vengeance et son ambition échouent contre les murs de Messine et dans les parages de Trapani. L'amiral Roger de Loria fait triompher partout le pavillon aragonais.

Traité d'Anagni, 1295. — A dater des Vêpres Siciliennes, le royaume des Deux-Siciles se trouve divisé entre les maisons d'Anjou et d'Aragon. La guerre éclate entre les deux princes rivaux, qui meurent la même année sans en avoir vu la fin (1285). Leurs successeurs, Charles II et Jayme Ier, la terminent par les traités de Tarascon et d'Anagni (1291 et 1295). Quoique la maison d'Anjou eût pour elle le pape et la France, elle ne put prévaloir contre celle d'Aragon, qui resta en possession de la Sicile, malgré les fréquentes tentatives des rois angevins pour reconquérir cette île.

§ IV. — *Républiques maritimes.*

VENISE. — L'industrie commerciale de cette république, antérieure aux croisades, reçut de ces expéditions une impulsion plus active et un champ plus vaste. Des intérêts mercantiles jetèrent les Vénitiens dans les guerres saintes, qui devaient leur ouvrir tous les ports de la Syrie, et leur donner une sécurité qu'ils n'auraient pu attendre des Infidèles. Ils avaient déjà des comptoirs, des magistrats, et une juridiction particulière dans les principales Échelles de l'Asie, lorsque l'empereur Manuel, renchérissant sur la faveur de ses devanciers, et surtout d'Alexis Comnène, leur accorda, par son *Chrysobole*, une immunité de commerce illimitée dans tous ses ports, à l'exception de ceux de Chypre et de Candie. Mais la troisième et la quatrième croisade les affranchirent de cette gêne. La dernière surtout acquit à la république, dans l'empire grec, un monopole universel et une souveraineté partielle (1204). Corfou, Candie, et la plupart des îles de l'Archipel passèrent sous sa domination, et la moitié de Constantinople devint une de ses colonies. Venise posséda dès-lors le commerce exclusif de la mer Noire, et établit ses principaux comptoirs à Tana.

Les ennemis les plus constans des Vénitiens furent les Hongrois, qui leur disputaient l'Illyrie. Les plus redoutables furent les Génois, que des rivalités de commerce mirent aux prises avec eux en 1264. Venise perdit alors son influence à Constantinople, et deux grandes défaites navales, en 1293 et 1298, forcèrent le doge Gradénigo à signer un traité qui interdisait aux vaisseaux de la république la navigation de la mer Noire et de la mer de Syrie (1299).

Cette époque, désastreuse pour la prospérité de Venise, ne fut pas moins funeste à ses anciennes institutions. Depuis long-temps le peuple avait renoncé à une partie de ses droits politiques, et le doge s'était vu dépouiller de ses plus belles prérogatives. Le pouvoir souverain résidait dans le Grand-Conseil, qui, en 1172, avait enlevé à l'assemblée générale l'élection du chef de l'État, ainsi que le choix des tribuns chargés chaque année de renouveler le Conseil par la nomination de nouveaux membres. Gradénigo fit faire un plus grand pas à l'aristocratie en restreignant l'éligibilité aux familles des sénateurs alors en exercice (1298); et enfin, sous le dogat de Jean Soranzo, le Grand-Conseil fut rendu héréditaire (1319), et le *Livre-d'Or* reçut les noms des familles restées en possession de cette noblesse nouvelle. Dans l'intervalle de ces deux changemens, l'esprit démocratique se manifesta par la conjuration de Marin Bocconio (1299) et celle de Bohémond Tiépolo (1310). Ces mouvemens populaires ne servirent qu'à fortifier l'aristocratie, qui se mit sous la garde du Conseil des Dix, mystérieux et formidable dépositaire de toute la puissance publique.

GÊNES. — Cette cité, commerçante et libre, fut considérée comme faisant partie du royaume d'Italie jusqu'à l'an 1238, où elle se réunit à la ligue lombarde. Long-temps inférieure à Venise dans les ports de l'empire grec, elle jouit d'une importance égale dans les Échelles de Syrie. Après avoir été gouvernée par des consuls jusqu'en 1190, elle se donna des podestats; puis en 1257, des capitaines du peuple, qui devaient être un jour remplacés par un doge (1339). Ces divers changemens ne portèrent aucun obstacle au développement de la prospérité publique. Dans la seconde moitié du treizième siècle, les Gênois firent rentrer Constantinople sous la domination des empereurs grecs, et les priviléges qu'ils y obtinrent les mirent en état de dicter la loi aux deux républiques de Venise et de Pise. Ils avaient disputé Candie aux Vénitiens, ils enlevèrent la Corse aux Pisans, et les condamnèrent à renoncer à la mer (1290).

PISE. — Toujours fidèle aux empereurs, cette république ne prit aucune part aux agitations intérieures de l'Italie. Elle s'était fait un territoire au milieu des eaux

en conquérant la Sardaigne sur les Sarrasins (1017, etc.).
La Corse, qu'elle disputa long-temps avec Gênes, fit
naître des haines implacables entre les deux peuples; et
cette île resta aux Génois après la bataille de la Mé-
liora, qui ruina la marine des Pisans et laissa leurs
rivaux maîtres de la mer Tyrrhénienne (1284). La
république, épuisée par ce grand revers, et privée de
l'appui de la maison de Souabe, tomba sous l'influence
des Guelfes; mais le comte Ugolin, leur chef, accusé
d'avoir voulu livrer la ville aux Florentins, expia par un
supplice horrible cette coupable pensée (1287). Les divisions intérieures ne firent qu'aggraver les malheurs de
Pise ; elle se vit réduite à conclure avec les Génois un
traité qui la condamnait à combler son port (1290).
C'était souscrire l'arrêt de sa ruine.

CHAPITRE V.

De la France et de l'Angleterre. — Première période de rivalité entre les deux couronnes, 1100-1270.

§ I. — *Depuis l'avénement de Louis VI et de Henri Ier jusqu'au divorce de Louis VII et à l'avénement des Plantagenets, 1100-1154.*

LES deux princes par qui va commencer la longue
lutte des deux nations montèrent sur le trône avec des
droits bien différens, mais également contestés. Louis VI,
dit le Gros, associé à la couronne par son père Philippe Ier, en 1099, trouva une véritable marâtre dans la
reine Bertrade, et des vassaux infidèles dans les seigneurs
de l'Ile-de-France et de l'Orléanais, qui, avant comme
après la mort de Philippe, arrivée en 1108, ne cessèrent

de susciter à son héritier des hostilités d'où il sortit toujours à son avantage.

En Angleterre, la couronne de Guillaume le Conquérant, déjà usurpée par Guillaume le Roux, son second fils, le fut ensuite par Henri Ier (1100) au préjudice de Robert, leur frère aîné. Ce duc de Normandie, trouvant au retour de la croisade ses droits encore méconnus, entreprit de les faire valoir; mais la bataille de Tinchebrai, en 1106, détruisit toutes ses espérances, et le condamna à finir sa vie en prison. Dès-lors le duché de Normandie fut véritablement réuni au royaume d'Angleterre.

Première guerre entre l'Angleterre et la France, 1113-1125. — La possession d'une petite ville allume cette grande querelle qui devait ébranler la monarchie française et détourner la nation anglaise des voies de prospérité que la nature a ouvertes devant elle. Gisors, objet de contestation entre les deux rois, et mis en séquestre, est envahi par Henri Ier. Louis VI réclame et prend les armes. Vainqueur à Néaufle, battu à Brenneville, il signe deux paix de courte durée, et provoque une troisième rupture en donnant des secours au prétendant de Normandie, Guillaume Cliton, fils de Robert. Le roi d'Angleterre met dans ses intérêts son gendre, l'empereur Henri V, qui entre en Champagne avec une nombreuse armée. Louis marche à sa rencontre à la tête de ses vassaux et des milices communales, appelées pour la première fois sous l'*oriflamme;* la guerre devient ainsi nationale. Les impériaux se retirent à l'approche des Français, et leur retraite oblige le monarque anglais à demander la paix (1125).

1127. — Les droits de Guillaume Cliton venaient d'être sacrifiés. Mais le comté de Flandre étant devenu vacant par l'extinction de ses anciens comtes, Louis investit de ce fief le prétendant de Normandie. Thierri d'Alsace réclame, et reste maître du pays après la mort de son compétiteur.

ÉTIENNE, *roi d'Angleterre,* 1135; Louis VII, *roi de France,* 1137.—Henri Ier étant mort sans enfant mâle, les droits de sa fille Mathilde sont méconnus, et les seigneurs donnent la couronne à Étienne de Blois, comte de Boulogne, petit-fils du Conquérant par sa mère. Le nouveau roi trouve un appui dans Louis le Jeune, qui accepte son fils Eustache pour beau-frère, et lui donne l'investiture de la Normandie.

Cependant la veuve de l'empereur Henri V, devenue l'épouse du comte d'Anjou, Geoffroy Plantagenet, revendique ses droits à la couronne de son père, et les fait appuyer par son oncle David, roi d'Écosse. Les Écossais sont défaits à la bataille de l'Étendard (1138); Étienne, vaincu à son tour, et fait prisonnier à Lincoln par le comte de Glocester (1141), est délivré bientôt après par Guillaume d'Ypres, qui bat à Winchester le général de Mathilde. Les hostilités ne se terminent qu'en 1153, lorsque Étienne, après la mort d'Eustache, son fils aîné, désigne pour lui succéder Henri Plantagenet, fils de Mathilde, et fait souscrire le traité de cession par son second fils Guillaume, comte de Boulogne. Le jeune comte d'Anjou avait hérité de la Normandie reconquise par sa mère, et il venait d'acquérir la Guyenne par son mariage avec Éléonore, que Louis le Jeune avait répudiée au retour de la Terre-Sainte. Sa puissance territoriale sur le continent surpassait dès-lors en étendue les domaines directs du roi de France.

Louis VII avait perdu par ce divorce tous les fruits d'un mariage qui devait avancer de plusieurs siècles les progrès de la puissance royale. On peut considérer cette faute comme un des résultats de la malencontreuse croisade qu'il avait entreprise, en 1147, à l'instigation de saint Bernard, et malgré l'opposition de l'abbé Suger, son ministre. (*Voyez* chap. Ier.)

§ II.—*Depuis l'avénement des Plantagenets jusqu'à la mort de Richard Cœur-de-Lion*, 1154-1199.

HENRI II, en succédant à Étienne, commença la dynastie angevine, qui a donné des rois à l'Angleterre jusqu'en 1485. L'époux d'Éléonore ne tarda pas à se prévaloir des droits de cette princesse; mais, heureusement pour la France, ses prétentions sur le comté de Toulouse n'eurent pas de suite.

Thomas Becket, 1164-1174. — Un parlement tenu à Clarendon, faisant revivre les anciennes coutumes du royaume, établit des statuts qui soumettent les clercs à la justice royale. Becket, archevêque de Cantorbéry, jure de les observer, et rétracte ensuite son serment. Henri II saisit son temporel et l'oblige de se réfugier en France; mais les menaces du pape Alexandre III décident le roi à rappeler le prélat. Becket est assassiné à son retour (1170). Henri, accusé de provocation à ce crime, ne peut se soustraire à l'anathême, et n'obtient son absolution qu'après une pénitence publique.

Conquête de l'Irlande, 1171. — En vertu d'une bulle déjà ancienne d'Adrien IV, qui avait cru pouvoir donner l'Irlande au roi d'Angleterre, Henri fait une descente dans cette île. Il débarque à Milford, s'empare d'une partie du pays, et reçoit, quelques années après, l'hommage féodal de Roderic O'Connor, roi supérieur d'Irlande.

Guerre avec la France, 1173-1177.—Henri Court-Mantel, à l'instigation de sa mère Éléonore, soulève l'Anjou et l'Aquitaine contre le roi son père. Les rois de France et d'Écosse embrassent la cause des rebelles. Louis prend Verneuil qu'il livre aux flammes; mais son armée est battue par Henri II.

Guillaume d'Écosse, vaincu à Alnwich, tombe au pouvoir des Anglais (1174), et ne recouvre la liberté qu'en soumettant sa couronne à la suzeraineté de l'Angleterre.

Les succès d'Henri II amènent la trève de Mont-Louis. Mais la paix ne fut conclue qu'en 1177, et la guerre recommença après la mort de Louis le Jeune et de Henri Court-Mantel.

Philippe-Auguste, *roi de France*, 1180.—Couronné du vivant de son père comme les premiers Carlovingiens et les premiers Capétiens, Philippe commence un règne glorieux qui devait affermir sa dynastie en agrandissant tout à la fois le domaine de la couronne et la prérogative royale.

Guerre avec l'Angleterre, 1186-1189. — Le roi de France réclame le Vexin, dot de sa sœur Marguerite, morte sans enfans de son mariage avec le prince Henri d'Angleterre. Les hostilités recommencent; Philippe envahit le Berri, et protége le comte de Toulouse. Il voit bientôt se joindre à lui le fils de son ennemi, Richard, duc de Guienne. Dès-lors Henri II ne peut plus tenir la campagne, et se trouve réduit à accepter le traité de la Colombière dont l'humiliation abrége ses jours.

Richard Coeur-de-Lion, *roi d'Angleterre*, 1189. — Le règne de ce prince aventureux devait commencer par une croisade. Richard l'entreprit avec Philippe, et ces deux princes, amis au départ, désunis pendant le voyage, ne reparurent dans leurs États qu'avec des sentimens de haine et de vengeance. (*Voy*. chap. Ier.)

Nouvelle guerre, 1193-1198.—Philippe, n'ayant pu obtenir d'Éléonore la remise de sa sœur Alix, délaissée par Richard, attaque la Normandie et échoue devant Rouen. Il favorise les projets d'usurpation de Jean, frère de Richard. Mais le roi d'Angleterre, sorti de sa prison, ressaisit ses droits et défend ses États. Philippe, battu à Fréteval, tour à tour vainqueur et vaincu à Gisors, se réconcilie avec Richard en 1198. Le roi d'Angleterre est tué l'année d'après devant le château de Chalus.

§ III.—*Conquêtes de Philippe-Auguste; guerre civile en Angleterre et en France*, 1199-1229.

Jean-sans-Terre, *roi d'Angleterre*, 1199.—Le droit de représentation, suivi dans les États féodaux, donnait la couronne à Arthur de Bretagne, fils de Geoffroy d'Angleterre (*Voyez le Tabl. généal.*). Ce jeune prince la redemande, et Philippe-Auguste se déclare en sa faveur.

Conquêtes de Philippe-Auguste, 1204.—La guerre avec les Anglais ne prend un caractère décisif qu'après le meurtre d'Arthur, commis par Jean-sans-Terre en 1203. Le coupable, en sa qualité de vassal de la couronne de France, est cité à la cour des pairs, et condamné par défaut. En vertu de l'arrêt qui confisquait ses fiefs, Philippe-Auguste s'en empare, et le domaine royal, déjà agrandi par ce prince de l'Artois et du Vermandois, se trouve alors doublé par la réunion de la Normandie, de l'Anjou, du Maine et du Poitou. Il ne reste aux Anglais que la Guienne. La Bretagne est assignée à une sœur d'Arthur, qui épouse, en 1212, Pierre de Dreux, arrière-petit-fils de Louis le Gros, et chef de la branche royale des ducs de Bretagne.

Guerre civile en Angleterre, 1207-1217.—D'autres malheurs, aussi bien mérités, affligèrent le roi Jean dans ses propres États. Des différends s'étant élevés entre ce prince et Innocent III, au sujet de la nomination au siége de Cantorbéry, le pontife offre la couronne à Philippe-Auguste, qui la refuse, tout en favorisant la révolte des Anglais contre leur oppresseur. Jean, menacé par le roi de France et par ses propres sujets, fait hommage de sa couronne au pape (1213). Les barons indignés prennent les armes; mais cette fois le monarque anglais triomphe des rebelles, et sa flotte bat celle de Philippe. Il se ligue ensuite avec Othon IV, empereur détrôné, et Fernand, comte de Flandre, dans le dessein de démembrer la France. La brillante victoire de Bouvines sauve le trône et la monarchie (1214).

Charte anglaise, 1215. — Une révolte presque générale ayant éclaté de nouveau en Angleterre, Jean est chassé de sa capitale, et obligé de souscrire la *grande charte*, cette base inébranlable des libertés anglaises. Cependant l'oubli de ses sermens donne lieu à une troisième insurrection, et les barons poussés à bout demandent pour roi le fils de Philippe, qui va prendre possession de la couronne. Mais la mort de Jean, en 1216, rallie les vœux de la nation au sang de ses rois, et Henri III est proclamé. Louis, battu à Lincoln, quitte l'Angleterre en 1217, et vient s'engager en France dans une autre guerre à la fois civile et religieuse.

Guerre des Albigeois, 1207-1229.—Le douzième siècle avait vu naître en France deux sectes souvent confondues, mais bien distinctes : les Vaudois, originaires de Lyon, et les hérétiques d'Albi. Ces derniers, accusés de manichéisme, s'étaient multipliés dans le Languedoc, lorsque le légat d'Innocent III, Pierre de Castelnau, forma, en 1207, une ligue de seigneurs pour les exterminer. Le comte de Toulouse, Raymond VI, ayant refusé de s'armer contre ses sujets, fut frappé d'excommunication.

1208-1224. — Le légat est assassiné, et on accuse Raymond de ce crime. Une croisade est prêchée contre lui, et le pape en donne le commandement à Simon de Montfort, qui défait les Albigeois à la bataille de Muret, où périt Pèdre II d'Aragon, allié du comte de Toulouse (1213). Raymond VI est tout à la fois trahi, excommunié et dépouillé de ses États que le pape transfère à Montfort (1215); mais ce vainqueur sanguinaire est tué trois ans après au siége de Toulouse. Son fils Amauri continue faiblement la guerre contre Raymond VI et Raymond VII, et cède ensuite ses prétentions sur le comté de Languedoc au roi de France Louis VIII.

Louis VIII, 1223-1226. — Philippe-Auguste avait refusé de prendre part à la guerre des Albigeois ; mais son fils, mal avisé, alla combattre les hérétiques avant d'être roi, et rechercha, après son avénement, l'occasion de les combattre encore. Au lieu de poursuivre ses succès contre les Anglais, et d'achever la conquête de la Guienne,' il aima mieux dissiper sa gloire dans une guerre injuste et désastreuse.

1226. — Louis VIII marche contre les Albigeois à la tête de deux cent mille hommes. Il se rend maître d'Avignon défendu par ses consuls, et de plusieurs villes du Languedoc; mais une contagion ravage son armée, et lui-même, atteint de ce fléau, va mourir à Montpensier en Auvergne.

Traité de Meaux, 1229. — La guerre de religion continue pendant la minorité de Louis IX, et se termine enfin par le traité de Meaux, qui transporte plusieurs seigneuries à la couronne, et stipule le mariage de Jeanne, héritière de Toulouse, avec Alphonse de Poitiers, frère du roi de France. Le Comtat Venaissin est cédé au pape, qui le restitue, et l'Inquisition est établie.

§ IV. — *Règnes de saint Louis et d'Henri III, 1226-1272.*

Ces deux princes montèrent sur le trône en bas âge, l'un en 1216, et l'autre en 1226. La minorité d'Henri III finissait lorsque Louis IX commença la sienne. Celle du roi d'Angleterre fut tranquille sous l'administration vigoureuse, en même temps qu'oppressive, de Hubert du Bourg; mais la guerre civile devait troubler la vieillesse de ce prince. Le contraire arriva en France.

Guerre de la régence en France, 1226-1234.—La reine Blanche, veuve de Louis VIII, s'étant emparée de la régence contre les coutumes de l'État, les princes et les barons français prennent les armes pour enlever le jeune roi à sa mère et mettre le comte de Boulogne, son oncle, à la tête des affaires. Mais Blanche, secondée par Matthieu de Montmorenci, détache de la ligue Thibaut de Champagne et les plus puissans feudataires, pendant qu'elle fait signer au comte de Toulouse le traité de Meaux (1229). La fureur des rebelles tombe alors sur

Thibaut, qui avait offensé le duc de Bretagne, Pierre Mauclerc. Ils lui opposent les prétentions d'Alix de Chypre sur la Champagne ; mais le jeune roi protége ce comté, et marche contre le Breton qui venait de reconnaître la suzeraineté du roi d'Angleterre. Mauclerc est ramené à l'obéissance par le traité de Compiègne, et Thibaut, qui venait d'hériter de la couronne de Navarre, vend au roi le comté de Blois, pour indemniser sa cousine Alix (1234).

1235.—Louis IX épouse Marguerite, fille de Béranger IV, comte de Provence. Béatrix, sœur de Marguerite, devait bientôt apporter ce comté en dot à Charles d'Anjou, frère du roi de France, qui ne parvint qu'à force d'astuce et de cruautés à faire accepter par les Marseillais la domination des Français du Nord.

Guerre avec l'Angleterre, 1241-1243. — Louis se met en devoir de châtier Hugues de Lusignan, comte de la Marche, qui avait refusé l'hommage au comte de Poitiers, son suzerain. Le vassal félon, menacé de perdre son fief, est secouru par Henri III. Les Anglais sont battus à Taillebourg et à Saintes, et Louis consent à la trève de Bordeaux, qui laisse la Guienne au roi d'Angleterre, sous la condition de l'hommage-lige. Cette trève fut convertie en paix définitive par le traité d'Abbeville conclu en 1259.

Croisades, 1248 et 1270. — Dans l'intervalle des deux traités, le roi de France entreprend sa première croisade, qui devait être suivie d'une autre également stérile et plus déplorable encore. (*Voyez* chap. II.)

Guerre civile en Angleterre, 1258-1265.—Henri III avait mécontenté toutes les classes de la nation par l'abolition de la grande charte et par ses actes de tyrannie. Les barons, soulevés par Simon de Monfort, comte de Leicester, le forcent de jurer les *statuts d'Oxford*. La violation de ce serment excite un soulèvement dans le royaume. Louis IX, choisi pour arbitre entre le roi d'Angleterre et ses barons, prononce un jugement équitable qui ne satisfait aucune des parties. La bataille de Lewes livre à Leicester la personne de Henri III et toute l'autorité publique (1264). Ce chef de parti établit dans chaque comté un *Conservateur* des priviléges de la nation, et fait admettre pour la première fois au parlement les députés des communes. En 1265, le prince Édouard, fils de Henri III, relève l'étendard royal, et réduit les rebelles par la victoire d'Evesham.

Croisade de 1270. — Édouard prend la croix en même temps que Louis IX, et va combattre seul les Infidèles en Palestine. Le roi de France venait de mourir devant Tunis, victime d'une croisade qui fut la dernière. (*Voyez* le chap. II.) Il suffit de dire, à la louange de ce prince, qu'il fut doué de toutes les vertus qui font les grands rois, les héros et les saints.

Gouvernement de saint Louis. — Ce prince réunit à la couronne ou fit entrer dans sa maison des provinces qui ne coûtèrent pas une goutte de sang à la nation. Les alliances de ses frères Alphonse et Charles préparèrent la réunion du Languedoc et de la Provence. Blois et Chartres furent acquis du comte de Champagne moyennant une somme d'argent; Nîmes et Carcassonne, par la renonciation à la suzeraineté de Barcelone (1258). Le traité d'Abbeville, en 1259, consolida la possession des conquêtes de Philippe-Auguste. Le désintéressement qui en dicta les conditions avait déjà éclaté par le refus de la couronne impériale que le pape offrait à Robert de France (1239). Médiateur incorruptible, saint Louis fut pris pour juge de toutes les grandes querelles de son temps, et s'efforça de réconcilier le duc de Bretagne avec le roi de Navarre, le roi de Navarre avec le roi d'Angleterre, Henri III avec ses barons, Grégoire IX avec Frédéric II. Dans ses relations avec la cour de Rome, il défendit avec une fermeté respectueuse les priviléges de sa couronne, et sa Pragmatique-Sanction fonda les libertés gallicanes en 1269.

Comme législateur, ce prince appellera ailleurs notre attention. Indiquons seulement ce qu'il fit pour le bien de l'État. Il poursuivit l'ouvrage de Philippe-Auguste, et s'appliqua à fortifier l'autorité royale et à restreindre celle des vassaux, tout en respectant des droits usurpés par la violence, mais consacrés par le temps. Pour la première fois, des députés de la bourgeoisie furent admis dans quelques assemblées publiques. La justice fut réformée par de sages ordonnances et par l'influence des *Établissemens;* la limite des deux juridictions bien déterminée par l'ordonnance de 1235 ; l'Université punie ou encouragée selon ses écarts ou ses services ; les communautés de métiers disciplinées par d'utiles réglemens. Enfin c'est à saint Louis que sont appliquées ces paroles d'un grand historien, étranger et protestant : « Ce furent les armes qui fondèrent l'empire des Francs, ce fut la vertu qui affermit la royauté en France. » (Müller.)

Ajoutons à cet hommage bien mérité le portrait qu'a tracé de Louis IX un grand écrivain qui s'attacha trop souvent à rabaisser la gloire des princes religieux. « Louis IX paraissait un prince destiné à réformer l'Eu-
« rope, si elle avait pu l'être; à rendre la France triom-
« phante et policée, et à être en tout le modèle des
« hommes. Sa piété, qui était celle d'un anachorète, ne
« lui ôta aucune vertu de roi. Une sage économie ne
« déroba rien à sa libéralité. Il sut accorder une poli-
« tique profonde avec une justice exacte ; et peut-être
« est-il le seul souverain qui mérite cette louange :
« prudent et ferme dans le conseil, intrépide dans les
« combats sans être emporté, compatissant comme
« s'il n'avait jamais été que malheureux ; il n'est pas
« donné à l'homme de porter plus loin la vertu. »
(Voltaire.)

ROIS D'ANGLETERRE. — MAISONS DE NORMANDIE ET D'ANJOU.

1. GUILLAUME *le Bâtard*, R. 1066. † 1087.
É. *Mathilde de Flandre.*

Robert, D. de Normandie, battu à Tinchebray, 1106; mort prisonnier au château de Cardiff en 1124.

2. GUILLAUME II, *le Roux.* R. 1087.

3. HENRI Ier. R. 1100.

Adèle, É. *Étienne* de Blois.

4. ÉTIENNE, R. 1135.

Mathilde, déclarée héritière en 1127.
É. 1. *Henri V*, emp. d'Allemagne. † 1125.
2. *Geoffroi Plantagenet*, C. d'Anjou. † 1151.

5. HENRI II, R. 1154.
E. *Éléonore de Guienne.*

Henri Court-Mantel. † 1183.
É. *Marguerite de France.*

6. RICHARD Ier, Cœur de Lion, R. 1189.
É. *Bérengère de Navarre.*

Geoffroi. † 1186.
É. *Constance de Bretagne.*

7. JEAN Sans-Terre, R. 1199.
É. *Isabelle d'Angoulême.*

Arthur, assass. 1203.

8. HENRI III, R. 1216.
É. *Éléonore de Provence.*

Richard de Cornouailles, R. des Romains en 1257. É. *Sancie de Provence.*

Éléonore.
É. 1. Guillaume de Pembroke.
2. Simon de Leicester.

9. ÉDOUARD Ier, R. 1272.
É. 1. *Éléonore de Castille.*
2. *Marguerite de France.*

Edmond le Bossu, chef de la première maison de Lancastre.

Marguerite.
É. Alexandre III, roi d'Écosse.

10. ÉDOUARD II, R. 1307.

(*Voyez la suite à la fin du* chapitre XIII.)

PREMIÈRE BRANCHE DES CAPÉTIENS.

HUGUES-CAPET, R. 987.

ROBERT II, R. 996.

HENRI Ier, R. 1031.

PHILIPPE Ier, R. 1060.

LOUIS VI, *le Gros*, R. 1108.

LOUIS LE JEUNE, R. 1137.	Robert le Grand,	Pierre.
É. 1. *Éléonore* de Guienne.	tige des maisons	É. Isabelle de
2. *Constance* de Castille.	de Dreux et de	Courtenai.
3. *Alix* de Champagne.	Bretagne.	

PHILIPPE II, Auguste, R. 1180.	*Marguerite.*	*Pierre,*
É. 1. *Isabelle*, hérit. de l'Artois.	É. Henri Court-	empereur de C. P.
2. *Agnès* de Méranie.	Mantel.	en 1216.

LOUIS VIII, R. 1223.	*Philippe,*	*Robert,* emp. de C. P.
É. *Blanche* de Castille.	comte de Boulogne.	en 1221.

LOUIS IX, R. 1226. É. *Marguerite de Provence.*	*Robert Ier,* tige de la branche d'Artois, éteinte en 1472.	*Alphonse,* comte de Poitiers. É. Jeanne, hérit. de Toulouse. † 1271.	*Charles,* comte d'Anjou. É. Béatrix de Provence; tige des rois de Sicile.
PHILIPPE III, *le Hardi,* R. 1270. É. 1. *Isabelle d'Aragon.* 2. *Marie de Brabant.*	*Robert,* comte de Clermont, tige des branches de Bourbon, de Vendôme et de Montpensier.	*Pierre,* comte d'Alençon.	*Blanche,* É. Ferdinand de Lacerda.
PHILIPPE IV, *le Bel,* R. 1285. É. *Jeanne,* héritière de Navarre et de Champagne.	*Charles,* tige des maisons de Valois et d'Alençon.	*Louis,* tige de la maison d'Évreux-Navarre.	*Marguerite,* É. Édouard Ier.
LOUIS X, *le Hutin,* R. 1314.	**PHILIPPE V**, *le Long,* R. 1316. É. *Jeanne de Bourgogne-Comté.*	**CHARLES IV**, *le Bel,* R. 1322. † 1328.	*Isabelle,* É. Édouard II.
JEAN Ier. Posthume.	*Jeanne,* héritière de la Navarre; É. Philippe d'Évreux.	*Jeanne,* héritière des comtés de Bourgogne et d'Artois; É. Eudes IV, duc de Bourgogne.	*Édouard III,* prétendant à la couronne de France.

CHAPITRE VI.

De la France et de l'Angleterre, depuis la mort de saint Louis et de Henri III jusqu'à l'avénement des Valois. — Seconde période de rivalité.

§ I. — *Agrandissement des deux Etats avant leur rupture,* 1270-1293.

PHILIPPE LE HARDI et ÉDOUARD Ier, montés presque en même temps sur les trônes de France et d'Angleterre (1270 et 1272), devaient observer la paix que saint Louis avait rétablie entre les deux pays. Au lieu de se disputer des provinces contestées, ils s'appliquèrent à étendre leurs domaines sans attenter à leurs droits respectifs ; Édouard Ier y réussit par les armes ; Philippe III et son fils Philippe IV y parvinrent plus sûrement par des héritages et des traités.

1° *France.* — La mortalité de la dernière croisade venait d'ouvrir au profit de la couronne de riches et nombreuses successions. Jean Tristan lui avait laissé le Valois et les Terres d'Auvergne ; le comté de Poitiers lui était dévolu par la mort d'Alphonse, et Jeanne de Toulouse, sa veuve d'un jour, n'ayant pas eu de postérité, le comté des Raymond revenait au domaine royal par la teneur du traité de Meaux. Le Comtat Venaissin, qui faisait partie de cet héritage, en fut encore une fois distrait en faveur du saint Siége. Enfin la contagion qui termina les jours de Thibaut II, au retour de l'expédition de Tunis, fit naître des circonstances dont la suite fut la réunion à la couronne de la Champagne et de la Navarre. Par l'acquisition de ce royaume et du comté de Toulouse, nos rois se trouvèrent tout à coup puissans au midi de la France, et leurs nouvelles possessions les mirent en contact avec la Castille, et surtout avec l'Aragon et la Provence, dont les souverains devaient bientôt s'engager dans une lutte compliquée à laquelle participèrent la plupart des puissances méridionales de l'Europe. Aussi toute la politique extérieure du règne de Philippe le Hardi et des premières années de Philippe le Bel se compose de guerres, d'alliances et de négociations relatives aux trois royaumes chrétiens d'Espagne.

Affaires de Navarre, 1274-1284. — Henri le Gras, fils de Thibaut II (V), n'ayant laissé qu'une fille âgée de trois ans, Philippe prend cette princesse sous sa protection, et fait occuper la Navarre par ses troupes sous le commandement de Robert d'Artois (1276). Les partis qui voulaient marier la jeune reine à un prince castillan ou aragonais, sont réduits à l'impuissance, et le roi de France destine la main de Jeanne à son fils Philippe le Bel. Cette union s'accomplit en 1284, et, par l'avénement de Philippe au trône l'année suivante, le royaume de Navarre se trouva annexé à la couronne de France aussi bien que le comté de Champagne, qui ne devait plus en être détaché.

Affaires de Castille, 1276-1288. — Pendant que Robert d'Artois prenait possession de la Navarre, Philippe le Hardi réclamait auprès du roi de Castille Alphonse X, en faveur des infans de Lacerda, que les cortès de Ségovie venaient d'exclure de la couronne au mépris du droit de représentation. La guerre éclate entre l'oncle maternel de ces jeunes princes et leur aïeul paternel. Mais l'armée française arrête sa marche à Salvatierra, et Robert d'Artois signe une trève avec le roi de Castille. Les Lacerda sont soustraits par leur mère Blanche de France à la surveillance de leur oncle Sanche, et trouvent un asile en Aragon. La cour de France ne cessa de réclamer pour eux; mais l'éloignement des lieux et des intérêts plus pressans laissèrent languir cette intervention. Philippe le Bel abandonna la cause de ses cousins lorsque, en 1288, il s'allia avec Sanche IV contre le roi d'Aragon.

Affaires d'Aragon, 1282-1295. — Les Vêpres Siciliennes avaient troublé la paix de l'Italie, de l'Espagne et de la France. Une querelle qui semblait devoir se vider dans un coin de l'Europe devint une guerre générale dans le Midi. Philippe crut qu'il était de son honneur d'accorder son appui à la branche capétienne qui régnait à Naples, et le pape l'intéressa de plus près à la cause de la maison d'Anjou en offrant la couronne d'Aragon à Charles de Valois, son second fils (1283). Jayme d'Aragon, roi de Majorque, se joignit aux ennemis de sa famille, et reçut les troupes de Philippe dans son comté de Roussillon. Mais tous les succès des armes françaises se bornèrent à la prise de Girone, et Roger de Loria battit trois fois les flottes combinées de Naples et de France sur la côte de Catalogne. Les hostilités furent suspendues en 1285, par la mort du pape et des quatre rois de France, de Naples, de Castille et d'Aragon.

1285. — Philippe le Bel, ayant succédé à son père, se trouva intéressé malgré lui dans une guerre qu'il ne poursuivit jamais avec vigueur, et dont il laissa tous les risques au roi de Majorque. Cependant les provocations de la flotte aragonaise le décidèrent à faire des levées en Navarre et en Languedoc, et à signer un traité d'alliance offensive avec le roi de Castille (1288). Mais la médiation d'Édouard Ier ayant fait rendre la liberté au nouveau roi de Naples, Charles II, il s'ensuivit bientôt deux traités (1291 et 1295) par lesquels Alphonse III, et ensuite Jayme Ier d'Aragon, renoncèrent à la Sicile, Charles de Valois à l'Aragon, et Charles II de Naples au duché d'Anjou, qui fut donné au comte de Valois.

2° *Angleterre.* — ÉDOUARD Ier avait rapporté de la croisade des idées de conquête qu'il se hâta de tourner vers des entreprises plus utiles à son royaume que la délivrance de Jérusalem. Les Gallois et les Écossais avaient su défendre leur indépendance contre les Saxons et les Normands ; Édouard résolut de les soumettre.

Réunion du pays de Galles, 1283. — Les Anglais envahissent les terres des Gallois et forcent leur prince Léolyn à se reconnaître vassal du roi d'Angleterre (1277). Mais cette soumission est bientôt rétractée. Édouard reprend les armes et bat les montagnards de la Cambrie à la bataille de Snowdon, où périt le malheureux Léolyn dont la tête fut promenée en triomphe dans Londres (1282). Son frère David essaie de défendre la liberté galloise, mais il tombe au pouvoir du roi d'Angleterre, qui le condamne à un horrible supplice (1283). Édouard, pour assurer sa conquête, fait massacrer les bardes dont les chants patriotiques entretenaient dans les cœurs l'amour de l'indépendance. Alors, comme le disait un de ces poètes guerriers, les Gallois eurent tout perdu, excepté leur nom, leur langage et leur Dieu.

Affaires d'Écosse, 1286-1292. — La mort du roi Alexandre III, en 1286, et celle de sa petite-fille Marguerite, *la Vierge de Norwége*, en 1291, offrent à Édouard une occasion favorable de s'ingérer dans les affaires de ce royaume. La couronne y était briguée par douze prétendans, entre autres par Jean Baillol et Robert Bruce, qui descendaient du roi David Ier par les femmes. Le roi d'Angleterre, pris pour arbitre, se fait d'abord reconnaître, au parlement de Norham, pour seigneur suzerain de l'Écosse, et prononce ensuite en faveur de Baillol, qui lui rend hommage de sa couronne (1292). Mais l'ambitieux Édouard ayant voulu soumettre son vassal à une obéissance servile, Baillol en appela au courage de la nation, et une guerre sanglante éclata entre les deux royaumes.

§ II. *Guerre entre la France et l'Angleterre. Affaires d'Écosse et de Flandre, 1293-1307.*

La paix que saint Louis avait rétablie entre les deux couronnes par son désintéressement fut entretenue avec soin par Édouard Ier. Elle durait depuis trente-cinq ans, lorsqu'une circonstance imprévue amena une rupture que Philippe le Bel désirait et provoquait depuis long-temps, dans l'espoir d'y gagner le duché de Guienne.

1292. — Une rixe de deux matelots, l'un anglais, l'autre normand, donne lieu à des hostilités privées entre les navires des deux nations. Les pertes éprouvées par les Normands et le pillage de La Rochelle irritent le roi de France, qui fait deux fois citer Édouard devant la cour des pairs (1293). Sur son refus de comparaître en personne, la cour prononce la confiscation de la Guienne, et le connétable de Nesle reçoit l'ordre de se saisir des places fortes de ce duché. Le roi d'Angleterre déclare la guerre à la France, et s'allie contre elle avec l'empereur Adolphe de Nassau, qui réclamait le royaume d'Arles, et plus tard avec le comte de Flandre, Gui de Dampierre, dont Philippe retenait la fille en ôtage(1297). Le duc de Brabant et le comte de Savoie entrent dans cette ligue. Le roi de France, de son côté, se donne pour auxiliaire le roi d'Écosse (1295).

1294-1296. — Avant que le comte Gui eût abjuré la suzeraineté de la France, les hostilités avaient eu la Guienne pour théâtre. Le comte de Richemont ne put long-temps tenir la campagne contre Charles de Valois et Robert d'Artois. La levée de boucliers du comte de Flandre obligea Philippe de tourner ses principales forces contre ce vassal, et le comte d'Artois battit les Flamands à Furnes (1297). Cette victoire fut suivie d'une suspension d'armes de deux ans entre les parties belligérantes.

Bataille de Falkirk, 1298. — Édouard profita de la trève pour aller combattre les Écossais, déjà vaincus à la bataille de Dumbar, où le roi Baillol avait été fait prisonnier (1297). Une insurrection générale venait d'éclater dans le High-Land, et Wallace, proclamé régent, avait chassé les Anglais du royaume. Édouard remporta sur les Écossais la victoire de Falkirk (1298). Maître de l'Écosse pour la seconde fois, il y exerça une domination tyrannique souvent inquiétée par les incursions des montagnards sous les ordres de Wallace.

Pendant ce temps, Charles de Valois reconquérait la Flandre, et le comte Gui, captif au Louvre, partageait le destin du roi Baillol. Une même oppression accablait les Flamands et les Écossais; et les deux rois, ennemis ou alliés des vaincus, jouaient tout à la fois les rôles de tyrans et de libérateurs. Dans les deux pays l'abus de la force fit éclater une révolte formidable en 1302.

Bataille de Courtray, 1302. — Les corporations des métiers, humiliées et rançonnées par Jacques de Châtillon, gouverneur de la Flandre, se révoltent sous Pierre Kœnig, consul des tisserands, et massacrent les Français à Bruges. Les fils de Gui se mettent à la tête de l'insurrection, et remportent sur Robert d'Artois la victoire de Courtray, si désastreuse pour la France.

Paix entre la France et l'Angleterre, 1303. — Ce grand revers décide le roi de France à faire la paix avec le roi d'Angleterre, qui, de son côté, venait de perdre trois armées en Écosse. En vertu du traité signé à Paris, la Guienne est restituée aux Anglais, et Isabelle, fille de Philippe, épouse l'héritier de la couronne d'Angleterre. Les deux rois, par cette paix honteuse, se livrent réciproquement leurs alliés.

Bataille de Mons-en-Puelle, 1304. — Philippe le Bel, après une première campagne sans résultat, bat les Flamands, commandés par trois fils du comte Gui, pendant que les Génois, au service de France, détruisent une flotte ennemie à Zerikzée. Mais ces victoires ne sont suivies d'aucun avantage, et, quelques jours après, soixante mille Flamands viennent demander au roi la bataille ou une paix honorable.

Paix avec les Flamands, 1305.— Philippe consent à déposer les armes, et reconnaît l'indépendance du comté de Flandre, qui est donné à Robert de Béthune, fils aîné de Gui de Dampierre. Les communes flamandes promettent de payer au roi une contribution de guerre, et donnent en gage la Flandre française.

Délivrance de l'Écosse, 1302-1307. — Deux expéditions, dirigées par Édouard en personne, n'avaient pu réduire les Écossais, lorsque la trahison lui livre le brave Wallace, qui va subir à Londres le sort du dernier prince de Galles (1305). Cette horrible exécution ne fait qu'exaspérer les Écossais. Les chefs de clan décernent la couronne à Robert Bruce, fils du prétendant de ce nom (1306), et le nouveau roi justifie la confiance de la nation, en l'affranchissant du joug étranger. Édouard furieux se préparait à de cruelles vengeances, lorsque la mort vint le surprendre à Carlisle, sur la frontière d'Écosse (1307).

Résultats de ces guerres. — Quatorze ans d'hostilités presque continues dans trois contrées différentes ne changèrent rien à l'ordre politique de l'Europe occidentale. L'Écosse ne cessa pas d'être un royaume indépendant ; le roi d'Angleterre conserva la Guienne ; les Flamands restèrent libres, industrieux et opulens. Il ne résulta de cette guerre que des amitiés politiques ou des haines nationales entre les peuples qui y prirent une part nécessaire. L'Écosse se dévoua à la France, dont les Flamands redoutaient la protection, et l'Angleterre acquit des alliés fidèles qui devaient un jour seconder ses entreprises sur ce dernier royaume.

Philippe et Édouard épuisèrent dans les frais de la

guerre toutes leurs ressources légitimes , et furent forcés de recourir à des expédiens oppressifs ou même criminels. Édouard dépouilla les marchands anglais ; Philippe ruina les Juifs et les Lombards, altéra les monnaies par des fraudes scandaleuses, et ne respecta pas les immunités du clergé. Les mêmes besoins menant au même résultat ; les deux rois s'adressèrent directement au peuple pour en obtenir des secours. Édouard admit les représentans des communes au parlement, en 1295; Philippe appela les députés du tiers-état à l'assemblée des barons, en 1302.

§ III. — *Différend de Philippe le Bel avec Boniface VIII. Translation du saint Siége à Avignon. Abolition des Templiers,* 1295-1314.

Des offenses réciproques et des intérêts contraires firent naître de vives altercations entre le souverain pontife et le roi de France. Boniface VIII , aussi jaloux des priviléges de la tiare que Grégoire VII et Innocent III , avait institué un siége épiscopal à Pamiers sans la participation du roi (1295). Philippe avait levé des décimes sur le clergé sans la permission du pape, et il se déclara le protecteur des Colonnes, que le pontife venait d'excommunier et de bannir de Rome. Boniface publia la bulle *Clericis laicos* pour défendre aux clercs de payer aucune aide aux princes séculiers (1298); et Philippe défendit l'exportation du numéraire, afin de frustrer la cour de Rome des revenus qu'elle tirait du royaume. Enfin certains droits féodaux disputés par la couronne aux églises de Narbonne et de Maguelone furent une autre source de querelles entre le roi et le souverain pontife.

1301-1303. — Le nouvel évêque de Pamiers, Bernard Saisset, est envoyé à Paris en qualité de légat, pour terminer ces diverses contestations. La présence du prélat intrus ayant irrité Philippe, ce prince le fait arrêter, après sa mission, sous divers prétextes, et refuse de le relâcher. C'est alors que Boniface VIII fulmine la bulle *Ausculta, Fili*, que le roi de France fait brûler publiquement, et qui donne lieu à la première réunion des trois États du royaume (1302). Cette assemblée proteste vivement contre la supériorité que le saint Siége semblait affecter dans cet acte sur la couronne de France. Dans une autre réunion de barons et d'évêques, Philippe appelle au futur concile de l'anathême lancé contre lui, et son procureur, Guillaume de Nogaret, accusant le pape d'hérésie et de simonie, conclut à son emprisonnement. Ce magistrat se met en devoir d'exécuter la sentence qu'il venait de dicter, et, secondé par Sciarra Colonna, il va arrêter Boniface VIII dans la ville d'Anagni. Le pontife est délivré par le peuple des mains des Français, et se réfugie à Rome, où il meurt bientôt prisonnier d'une faction (1303). Son successeur Benoit XI ne règne pas assez long-temps pour achever, entre le siége pontifical et la couronne de France, une parfaite réconciliation.

1305. — Le conclave de Pérouse, long-temps divisé pour le choix d'un nouveau pape, élut enfin l'archevêque de Bordeaux, Bertrand de Goth (Clément V), par l'influence du parti français. Mais Philippe le Bel avait eu soin de s'assurer d'avance des dispositions de ce prélat, à l'entrevue de Saint-Jean-d'Angély, et d'en obtenir d'importantes promesses, entre autres sa résidence à Avignon, la condamnation de la mémoire de Boniface et l'abolition des Templiers.

Saint Siége à Avignon, 1309. — Clément V se décida sans peine à fixer en-deçà des monts le siége de la puissance pontificale. Sans quitter sa patrie, il restait dans ses États du Rhône, et ne s'exposait pas aux affronts ou même aux dangers que Rome républicaine prodiguait depuis long-temps à ses pontifes. Six papes, tous Français, imitèrent l'exemple de Clément V, et leur autorité spirituelle ne reçut aucune atteinte de leur absence de Rome. Mais cette *captivité de Babylone*, comme l'ont appelée les Italiens, préparait cependant un schisme dans l'église. Il éclata après la mort de Grégoire XI, qui, en 1377, rendit à Rome son ancienne et légitime suprématie.

Concile de Vienne, 1312. — Suivant le vœu de la cour de France, Clément V avait assemblé à Vienne en Dauphiné un concile œcuménique. Il y releva Philippe des censures qu'il avait pu encourir; Boniface VIII fut absous d'hérésie, et, sans prendre l'avis de l'assemblée, le pape prononça la suppression de l'ordre du Temple, dont les biens immenses furent adjugés aux Hospitaliers.

Abolition des Templiers, 1307-1314. — Déjà Philippe avait fait arrêter le grand-maître Jacques de Molay et les autres Templiers français, dont les richesses tentaient son avidité. Des accusateurs subornés imputèrent à l'Ordre des vices et des impiétés dont quelques membres avaient pu se rendre coupables, et la torture arracha des aveux dont abusèrent des juges serviles. Plusieurs chevaliers furent brûlés à Paris en 1310, et lorsque le pape eut déclaré l'Ordre aboli, le grand-maître et les principaux dignitaires subirent à leur tour le supplice du feu (1314). Philippe, déjà couvert du sang des hérétiques, remplit par des exécutions les derniers momens de son odieuse tyrannie.

§ IV.— *Règne d'Edouard II et des fils de Philippe le Bel, 1314-1328.*

Édouard II, 1307-1327. — Ce prince, incapable de gouverner l'État et de se conduire lui-même, s'abandonne aux complices de ses honteuses débauches; Gaveston et le jeune Spencer le dominent et le rendent odieux à ses sujets. La noblesse anglaise, irritée du crédit de Gaveston, oblige le roi à l'éloigner et à livrer toute l'administration du royaume à une commission du parlement (1310). Le rappel du favori occasione, en 1312, une seconde révolte, qui se termine par son supplice.

Guerre d'Ecosse. —Édouard, réconcilié avec ses barons, reprend les desseins de son père contre ce pays ; mais la défaite des Anglais à Bannock-Burn assure l'indépendance à la nation écossaise et le trône à Robert Bruce (1314). Quelque temps après, la bataille de Blackmor, que le roi d'Angleterre perdit en personne, amena une trève signée en 1323. Les années suivantes réservaient à Édouard plus de honte et plus de malheurs.

France, 1314-1328. —Louis X, *le Hutin,* réunit à la couronne de France celle de Navarre, qui appartenait à sa mère, et que doivent porter ses deux successeurs. Le même esprit d'opposition qui animait la noblesse anglaise se manifeste parmi les barons français, qui réclament leurs anciens priviléges. Pour satisfaire à toutes les plaintes, Louis rend les droits régaliens et autres aux seigneurs de la Langue d'Oil, et accroît les libertés générales dans les provinces de la Langue d'Oc. D'autres concessions, telles que l'affranchissement de tous les serfs de la couronne, sont nécessitées par l'épuisement des finances. Louis y ajoute le rappel des Juifs exilés, la spoliation des marchands lombards et le supplice du surintendant Marigny. Les ressources que ces mesures lui procurent vont se perdre dans une expédition en Flandre, d'où il revient sans avoir combattu.

PHILIPPE V, dit *le Long,* 1316-1322. — Louis X laissait une fille, nommée Jeanne, et sa veuve enceinte. Philippe, son frère, prend d'abord le titre de *gouverneur du royaume.* Aussitôt après la mort du roi nouveau-né, il se fait couronner à huis clos, et convoque les trois États, qui, par une interprétation forcée de la loi salique, déclarent les femmes exclues de la couronne de France. Eudes IV, duc de Bourgogne, réclame d'abord en faveur de sa nièce Jeanne; mais la main de la fille du roi avec la Franche-Comté pour dot le décide à renoncer aux droits héréditaires de la fille de Louis X. Une autre fille de Philippe V épouse, en 1320, l'héritier du comté de Flandre, Louis de Rethel, et la paix est rétablie entre le roi de France et les marchands de Bruges.

Philippe le Bel avait mis les supplices à la mode; ses fils imitèrent cet exemple. Philippe le Long sévit avec une barbare et absurde rigueur contre les hérétiques, les sorciers, les Juifs et les lépreux. Ce même prince publia des ordonnances remarquables par leur sagesse. Elles contenaient des réglemens de justice, d'administration et de finances. La plus importante fut celle qui déclarait inaliénable le domaine de la couronne.

CHARLES IV, *le Bel*, 1322-1328. — La loi que Philippe V avait invoquée contre sa nièce est appliquée à ses filles, et son frère Charles IV prend la couronne sans opposition. A peine sur le trône, il se porte pour médiateur entre les Flamands et leur comte prisonnier à Bruges. Louis de Rethel recouvre la liberté en jurant de respecter les franchises des villes et des corporations.

Guerre avec l'Angleterre, 1324-1327. — Le roi, à l'instigation de la reine d'Angleterre, sa sœur, envoie une armée en Guienne sous les ordres de Charles de Valois, qui, pour dernier exploit d'une vie ambitieuse et aventurière, se rend maître de l'Agénois. Isabelle vient en France sous prétexte de négocier un accommodement, et, en réalité, pour faire des préparatifs de guerre contre Édouard, qui l'avait délaissée. Cette princesse descend en Angleterre et soulève la nation contre son mari, qu'elle fait déposer par un arrêt du parlement. Les deux Spencer sont condamnés au supplice, et Édouard lui-même périt d'une mort horrible (1327).

Son fils et successeur Édouard III signe la paix avec Charles le Bel, qui meurt l'année suivante.

La mort de Charles le Bel mettait fin à la première branche des Capétiens. Elle transmettait à la branche des Valois un magnifique héritage acquis par les armes ou par la politique des successeurs directs de Hugues Capet. Cette succession comprenait le duché de France augmenté du Vexin, du Berry, du Vermandois, de la Normandie, de la Touraine, du comté de Blois, du Mâconnais, du Poitou, du Languedoc, du Lyonnais, de la Champagne, et de plusieurs autres fiefs enclavés dans les États des grands vassaux. Toutes ces réunions furent mises sous la sauve-garde d'une loi rendue sous Philippe VI, qui rendait le domaine royal inaliénable.

CHAPITRE VII.

De l'Espagne, depuis la fin du onzième siècle jusqu'à la réunion de l'Aragon et de la Castille. — Guerres entre les Espagnols chrétiens et musulmans. Agrandissement des royaumes de Castille et d'Aragon. — Fondation du royaume de Portugal.

VERS le milieu du onzième siècle l'Espagne était partagée en quatre royaumes chrétiens et dix États musulmans. La lutte politique et religieuse entre les deux nations avait pris un plus grand caractère, et la division récente du khalifat de Cordoue donnait déjà l'avantage aux princes chrétiens. Ces derniers, limitrophes de la France, recevaient le secours de ses guerriers avant même que les croisades eussent tourné contre les Infidèles le courage de la chevalerie européenne. Les Musulmans, voisins de l'Afrique, avaient sous leur main des auxiliaires formidables par leur nombre et leur fanatisme, mais plus dangereux pour eux-mêmes que

pour les Chrétiens. Parmi les États démembrés du khalifat, les uns seront absorbés par la conquête et réunis
à l'Aragon, à la Castille ou au Portugal ; les autres su-
biront la loi de deux nouvelles nations africaines, les
Almoravides et les Almohades, dont l'invasion en Espagne doit compromettre l'existence des royaumes chrétiens, et prolonger, dans un coin de la Péninsule, la
durée de la domination musulmane.

Dans l'Espagne chrétienne, les trois branches de la
maison de Bigorre se présentent d'abord avec leurs trois
couronnes de Navarre, d'Aragon et de Castille, qui sont
un moment réunies par le mariage d'Alphonse Ier le Ba-
tailleur avec l'héritière d'Alphonse VI (1109). Toutes
trois doivent tomber en quenouille, et faire passer par
les femmes la Castille à la maison de Bourgogne, l'Aragon à celle de Barcelone, la Navarre aux comtes de
Champagne et aux rois de France. Une quatrième princesse de la race d'Aznar va porter à un prince français
des droits qui donneront naissance au royaume de Portugal. A l'exception de cette nouvelle monarchie, tous
les autres royaumes espagnols sortiront de la sphère
étroite où les renfermaient la mer et les Pyrénées, et se
mêleront à la politique de l'Europe méridionale, la Navarre et la Castille par leurs alliances avec la maison de
France, l'Aragon par sa domination en Provence, et surtout par sa puissance navale, qui lui livrera les îles Baléares, la Sicile, et plus tard la Sardaigne.

Dans une si grande complication d'États, d'alliances,
de guerres et de conquêtes, nous allons nous attacher
à faire ressortir les principaux traits historiques de chaque royaume en particulier.

§ I. — *Navarre.*

Ce royaume ne doit pas s'agrandir, comme la Castille
et l'Aragon, aux dépens des Musulmans, qui ne se trouvent pas en contact avec son territoire. Resserré du côté

de la France par les Pyrénées, et hors d'état de balancer en-deçà des monts la puissance des ducs d'Aquitaine et des comtes de Toulouse, il est condamné à se tenir renfermé dans ses premières limites, qui ne doivent changer que pour se rétrécir encore. C'est ainsi qu'après avoir été réuni pendant cinquante-huit ans à la couronne d'Aragon, il perd, en 1200, ses provinces de Biscaye, d'Alava et de Guipuzcoa, qui conservent, sous l'autorité des rois de Castille, les antiques libertés dont elles sont encore aujourd'hui si jalouses. Ce démembrement partiel s'opère pendant le règne de Sanche VII, dernier roi de la race d'Aznar, mort en 1234.

Dès ce moment la couronne de Navarre n'est plus destinée qu'à des étrangers. D'abord c'est le comte de Champagne Thibaut IV qui en hérite du chef de Blanche, sa mère. Ce prince commence une dynastie qui, par le mariage de sa petite-fille Jeanne avec Philippe le Bel, doit se perdre dans la maison royale de France (1284), et revivre ensuite sans gloire dans celle d'Évreux par le mariage d'une autre Jeanne avec un petit-fils de Philippe le Hardi (1328-1425).

§ II. — *Aragon.*

Ce pays sembla de bonne heure destiné à donner des rois à toute l'Espagne chrétienne. Sanche Ier ayant joint la Navarre à ses États en 1076, Alphonse Ier y réunit, en 1109, les royaumes de Castille et de Léon par son mariage avec Urraque, et devint aussi suzerain du comté de Portugal. Mais ce prince, plus guerrier que politique, ne sut pas conserver les avantages de cette alliance, et, s'il remporta de brillantes victoires sur les Maures de l'Èbre et sur les Almoravides, sa défaite à Fraga, suivie de sa mort, fit perdre un moment à l'Aragon toute son importance, et la Navarre recouvra ses rois (1134). Un frère d'Alphonse Ier, Ramire le Moine, ne fut tiré du cloître que pour marquer par son abdication la fin de la dynastie aragonaise d'Aznar (1137).

Maison de Barcélone, 1137-1410. — Au moment où le royaume d'Aragon semble toucher à sa ruine, une nouvelle famille de rois vient en relever la gloire. Pétronille, fille du *Prêtre-Roi*, porte ses droits à Raymond-Bérenger, comte de Barcelone, et, par la réunion de l'industrieuse Catalogne, l'Aragon commence à balancer la puissance de la Castille, et devient redoutable aux Musulmans. Il étend son influence hors de la Péninsule par l'acquisition de la Provence et du Roussillon, tandis que la possession de Marseille et de Barcelone lui assure l'empire dans la Méditerranée occidentale. Redoutables aux Musulmans sur terre et sur mer, les successeurs de Raymond Bérenger profitent mieux que leurs voisins de la ruine des Almohades, dont la grande défaite à Tolosa, en 1212, prépare la grandeur de Jayme Ier le *Conquérant* (1213-1276).

Ce grand monarque, contemporain de Ferdinand III de Castille, s'agrandit comme lui de la dépouille des Maures. Il enlève l'île de Majorque aux princes Zéirides de Tunis (1229), et, par la conquête du royaume de Valence, en 1238, acquiert sur le continent une importance égale à sa puissance navale. Trente-trois batailles livrées, deux royaumes conquis, le comté de Barcelone affranchi de la suzeraineté du roi de France, sont les principaux titres de gloire de Jayme Ier. Son fils, Pèdre III, surnommé le Grand, ajouta la Sicile aux domaines de sa maison (1282) (*voy.* chap. IV), et la guerre où cette conquête l'engagea avec deux puissans royaumes n'empêcha pas son successeur, Alphonse III, de se rendre maître de Minorque sur les Musulmans. Les Vêpres siciliennes avaient livré la Sicile aux Aragonais; le massacre des Pisans les rendit maîtres de la Sardaigne (1325), dont la possession, subordonnée à la suzeraineté du saint Siége, fut une source de guerres avec les Génois maîtres de la Corse. Pèdre IV sut la défendre contre le prince-juge d'Arborée, avec le secours des Vénitiens, et surtout en s'attachant ses nouveaux sujets par de libérales institutions (1355), vers le même temps où il enlevait les îles Baléares à une branche cadette de sa maison (1349). Soixante ans après, Martin eut à réduire les Sardes armés pour leur indépendance. Ce prince, ayant hérité du royaume de Sicile par l'extinction d'une autre branche aragonaise, descendit dans la tombe chargé de quatre couronnes, et la race illustre de Barcelone périt avec lui au moment de sa plus grande puissance (1410).

MAISON DE CASTILLE, 1412. — La descendance mâle de Raymond-Bérenger étant venue à manquer, une commission électorale de neuf membres défère la couronne au régent de Castille, Ferdinand le Juste, petit-fils de Pèdre IV par sa mère Éléonore. Ce nouveau roi fut le père, 1° d'Alphonse V le Magnanime, dont les victoires acquirent le royaume de Naples à la maison d'Aragon ; 2° de Jean II, qui annexa un moment le royaume de Navarre à celui d'Aragon ; il fut l'aïeul de Ferdinand le Catholique, qui, par son mariage avec Isabelle, prépara la réunion définitive des couronnes d'Aragon et de Castille (1474).

§ III. — *Castille et Léon.*

Les royaumes de Léon et de Castille, réunis par Ferdinand Ier en 1037, et divisés après sa mort, se trouvèrent réunis de nouveau sous le sceptre d'Alphonse VI (1073). Ce grand monarque, marchant sur les traces de son père, et secondé par la valeur du Cid, plaça la Castille au premier rang des États chrétiens d'Espagne, tant par l'étendue de ses domaines héréditaires que par ses conquêtes sur les Maures. Sa plus importante acquisition fut sans contredit celle de Tolède, qu'il enleva aux Infidèles, avec le secours de Mohammed II Ben-Abad, roi musulman de Séville, de Cordoue et de Malaga (1085). Cette riche cité devint alors la capitale de la Castille, et le siége d'une cour brillante.

Invasion des Almoravides, 1086. — La division s'étant mise entre Alphonse VI et Ben-Abad, celui-ci appelle à son secours les Almoravides d'Afrique, sectaires fanatiques et guerriers qui reconnaissaient pour khalife Yousef-ben-Taschfyn, fondateur de la ville et de l'empire de Maroc (1069). Dans le même temps, les ulémas et les imans de Cordoue proclament la *Gacie* ou guerre sainte contre les Chrétiens. Le roi de Castille, de son côté, fait un appel à tous les guerriers espagnols et aux seigneurs français. Alphonse perd une grande bataille à Zélaka; mais la retraite inopinée de Yousef sauve l'Espagne chrétienne.

1090 - 1108. — Les Almoravides reparaissent en Espagne, et, n'ayant pu s'emparer de Tolède, ils tournent leurs armes contre les Musulmans. Yousef détrône Ben-Abad, vainement soutenu par son gendre Alphonse VI, et met fin au puissant royaume de Séville (1091). Les États indépendans d'Almérie, de Cordoue, de Grenade, de Murcie et de Valence, tombent en son pouvoir, pendant que son général Schyr-ben-Abou-Bekre lui soumet Lisbonne et la plus grande partie de la Lusitanie. Deux héros soutiennent l'honneur des armes castillanes : Henri de Bourgogne enlève aux Musulmans le comté de Portugal, et le Cid se console par la prise de Valence, d'une disgrâce non méritée (1094). Cette dernière conquête, moins heureuse que celle de Porto, retombe bientôt au pouvoir des Almoravides, et les îles Baléares subissent le même sort. Alphonse lève une nombreuse armée contre les Africains; mais un grand revers doit terminer son glorieux règne. Les Chrétiens sont battus en 1108, à Uclès, où périssent le fils d'Alphonse VI et son gendre Raymond de Bourgogne. Les Almoravides restent maîtres de toute l'Espagne musulmane.

Maison de Bourgogne, 1126-1504.—Avant que d'épouser Alphonse Ier d'Aragon, l'infante Urraque avait eu de Raymond un fils qui commence une dynastie nouvelle sous le nom d'Alphonse VIII. Sous le règne de ce prince, les Musulmans de l'Algarve et de l'Andalousie se révoltent contre la domination oppressive des Almoravides, pendant que de nouveaux sectaires la détruisaient en Afrique (1145).

Invasion des Almohades, 1146, etc. — Les Almohades ou Unitaires reconnaissaient pour fondateur de leur secte Mohammed-al-Mahadi. Leur second khalife, Abd-el-Moumen, s'empare de Maroc en 1147, et élève une nouvelle puissance sur les ruines des Almoravides. Comme les autres dominateurs de l'Afrique mauritanienne, il exige l'obéissance des Maures d'Espagne et envoie ses généraux pour les soumettre. Les derniers Almoravides, assaillis par les Maures espagnols et par les Almohades, abandonnent la Péninsule, et leurs débris sont recueillis dans les îles Baléares par le wali de Cordoue, Ben-Ghania. Abd-el-Moumen reste maître d'une grande partie de l'Espagne musulmane, et fait bâtir la ville de Gibraltar pour s'assurer le libre passage du détroit.

Les rois chrétiens, voulant opposer au fanatisme des Almohades l'exaltation chevaleresque des guerriers chrétiens, instituent les ordres religieux et militaires d'*Alcantara*, de *Calatrava*, de *Saint-Jacques* et d'*Avis*, qui devaient rendre des services signalés à la cause commune.

1170-1198. — La division des royaumes de Castille et de Léon à la mort d'Alphonse VIII (1157), et les querelles des puissantes maisons de Lara et de Castro, ayant affaibli les Chrétiens, les Almohades passent de nouveau la mer sous les ordres de leur miramolin Yousef, et font la conquête de l'Espagne orientale (1172). Dans une seconde expédition, Yousef dirige toutes ses forces contre le Portugal, et périt à la sanglante bataille de Santarem, qui est également funeste aux deux partis (1184). Son fils Yacoub venge sa mort par la victoire d'Alarcos (1195), à la suite de laquelle il va assiéger Tolède, et s'avance jusque dans les montagnes des Asturies.

Bataille de Tolosa; 1212. — Sous le règne d'Alphonse IX, l'invasion plus formidable encore de Mohammed-el-Naser jette l'alarme dans la chrétienté. Innocent III publie une croisade contre les Infidèles, et les troubadours appellent les chevaliers chrétiens sous la bannière sainte. L'armée du miramolin est taillée en pièces dans une grande bataille livrée près des Navas de Tolosa, où combattent avec une même bravoure les rois de Castille, d'Aragon et de Navarre. Les Chrétiens s'emparent de quelques villes pour tout fruit d'une victoire qui venait de frapper de mort la puissance des Almohades. Mais les Maures vont bientôt s'insurger de toutes parts contre les walis du roi de Maroc.

Règne de saint Ferdinand, 1217-1252. — Héritier des couronnes de Léon et de Castille, ce grand monarque les réunit, en 1230, pour n'être plus séparées. Son règne, mémorable par cet événement, l'est surtout par le souvenir de ses vertus et par ses utiles conquêtes sur les Musulmans divisés.

Chute des Almohades, 1228-1269. — Deux insurrections éclatent presque en même temps contre les Africains, l'une dans les Alpujarras, l'autre à Valence. Les rois d'Aragon et de Castille profitent des discordes de leurs ennemis, et se déclarent contre le brave Ben-Houd, qui avait entrepris de relever l'islamisme en Espagne sous l'autorité des khalifes de Bagdad. Jayme Ier se fait céder, par Abou-Saïd détrôné, ses droits sur Valence; Ferdinand III stipule avec le roi de Maroc, son allié, la liberté de culte pour les Chrétiens d'Afrique, et la cession des places à sa convenance. Il s'empare ensuite de Cordoue (1236); et pendant que le roi d'Aragon se rend maître de Valence et de Denia, Ferdinand réunit à ses États le royaume de Murcie et la ville de Jean (1245). La mort récente de Ben-Houd avait dissipé les espérances des Musulmans indigènes; il ne leur restait plus qu'un chef indépendant, Mohammed-ben-Ahmar, chef de la dynastie des Nasérides, qui venait de fonder le florissant royaume de Grenade, ce dernier asile de l'islamisme en Espagne (1238).

Mohammed, forcé de se joindre aux Castillans pour combattre les Almohades, aide Ferdinand III à se rendre maître de Séville et de Cadix (1248); et, après la mort de ce monarque, il seconde son fils Alphonse X dans la conquête de l'Algarve.

Alphonse X, 1252-1284. — Ce prince, surnommé le *Sage* ou plutôt le *Savant*, commence avec éclat un règne d'ailleurs rempli de troubles et de factions aristocratiques. La prise de Xérès, et surtout celle de Niebla en 1257, entraînent la soumission de l'Algarve, et, la même année, Alphonse ajoute à ses titres, sinon à sa puissance, la dignité impériale que lui conteste Richard d'Angleterre. La conquête de l'Algarve anéantit en Espagne la domination almohade, qui allait faire place, en Afrique, à la dynastie des Mérinides déjà maîtres de la plus grande partie du Magreb, et bientôt après de la ville de Maroc (1269).

Invasion des Mérinides, 1267-1344. — Les Musulmans de Murcie et de quelques autres provinces s'étant révoltés sous la protection du roi de Grenade et des Mérinides d'Afrique, les Castillans sont chassés, et ensuite rétablis. L'invasion du roi de Fez, Abou-Jousouf-Yacoub, en 1275, semblait annoncer à l'Espagne de nouveaux dominateurs; mais le courage de l'infant Sanche le Brave la sauva du danger.

1276. — Sauveur de sa patrie, Sanche aspire à la succession royale que le droit de représentation réservait aux enfans de son frère aîné, Ferdinand de Lacerda, et les cortès de Ségovie se prononcent en sa faveur. La protection due aux jeunes infans par leur oncle maternel Philippe le Hardi fait naître, entre les couronnes de France et de Castille, des démêlés qui restèrent sans résultat. L'ambition impatiente de Sanche remplit de chagrins la vieillesse d'Alfonse, prince plus habile à rédiger des lois qu'à les faire respecter.

1284-1344. — Depuis la mort d'Alfonse X jusqu'à la prise d'Algésiras en 1344, il s'écoula soixante ans qui furent la dernière période de guerre entre les Chrétiens d'Europe et les Musulmans d'Afrique. Sanche IV enleva Tarifa au miramolin Yousouf, et par cette importante conquête il détourna pour long-temps les Mérinides de toute tentative d'invasion. Mais les factions des Lacerda, des Haro, des Lara, qui troublèrent les minorités de ses deux fils, Ferdinand IV et Alfonse XI, ayant affaibli la monarchie castillane, les Maures de Grenade s'allièrent aux Mérinides de Maroc dans l'espoir de rétablir dans la Péninsule la prépondérance des Musulmans. Le miramolin Aboul-Haçan et le roi de Grenade Aboul-Hedjadj vinrent mettre le siége devant Tarifa, qui résista à leur artillerie et donna le temps aux rois de Castille et de Portugal d'arriver au secours de la place. La victoire des Chrétiens sur les bords du Salado, en 1340, fut suivie, quatre ans après, de la prise d'Algésiras, et dès ce moment l'Afrique ne se trouva plus en guerre avec la Péninsule que pour sa propre défense.

L'Espagne cesse d'inspirer de l'intérêt dès qu'elle n'est plus menacée par les Infidèles ; avec ses dangers finit sa gloire, et le peuple perd ses libertés à mesure que s'affermit l'indépendance nationale. Toute l'énergie espagnole s'épuise dans des divisions intestines de royaume à royaume et de famille à famille. C'est en vain qu'Alfonse XI détruit une cause de dissensions en cédant aux Lacerda les Canaries, récemment découvertes. Les violences de Pierre le Cruel soulevèrent de nouvelles haines dans la maison royale, et Henri de Transtamare, avec le secours des Français et du connétable Du Guesclin, venge, par la mort de ce tyran, la mort de dix victimes royales.

Branche batarde, 1368. — Henri II de Transtamare s'étant emparé du trône d'où l'excluait la tache de sa naissance, toutes les maisons royales d'Espagne réclament pour elles-mêmes la légitimité de la succession de Castille. Ces prétentions diverses, soutenues par les armes, compliquent encore l'état anarchique du royaume. Viennent ensuite les longues minorités, la tyrannie du connétable Alvarez de Luna sous Jean II, et les factions provoquées par la faiblesse de Henri IV, jusqu'à ce qu'enfin une femme rende la paix à la nation, et que, par le mariage d'Isabelle de Castille avec Ferdinand d'Aragon (1469), une ère nouvelle commence pour l'Espagne.

§ IV. — *Portugal.*

L'établissement du royaume de Portugal fut un résultat immédiat de la guerre contre les Maures. Comme tant d'autres États, il naquit de la conquête, mais d'une conquête dont la force ne faisait pas l'unique droit. Pendant que les chevaliers normands fondaient un royaume en Italie aux dépens des Sarrasins, un prince français combattait les Musulmans d'Espagne et se créait un apanage avec son épée.

Comté de Portugal, 1094-1139. — Henri de Bourgogne, arrière-petit-fils du roi Robert de France, était accouru, avec d'autres chevaliers, sous les drapeaux d'Alfonse VI de Castille. Son courage, déjà éprouvé à la prise de Tolède, se signala par de nouveaux exploits contre les Maures du Duero, dans cette partie de la Galice qui portait dès long-temps le nom de *Portugal,* dérivé de Porto-Calé. Le roi de Castille donna à l'illustre étranger la main de Dona Thérèse, sa fille naturelle, et lui abandonna les terres qu'il pourrait conquérir. Dix-sept batailles livrées aux Sarrasins rendirent

Henri maître des pays situés entre le Duero et le Minho. Après sa mort, Dona Thérèse affermit et agrandit l'héritage de son fils Alfonse, et ce prince acheva ce que son père avait commencé.

Royaume de Portugal, 1139. — Alfonse Henriquez, surnommé *el Conquistador*, s'étant fait proclamer roi avant la bataille d'Ourique, remporte une victoire complète sur cinq princes maures. Les cortès de Portugal, assemblées à Lamégo en 1143, sanctionnent l'élection militaire d'Alfonse, et décrètent la loi fondamentale du nouveau royaume, laquelle n'avait pour objet que de régler le mode de la succession royale et de retenir la couronne dans une famille nationale.

La soumission du Beira et de l'Estramadure avait été la suite de la bataille d'Ourique. Lisbonne succomba, quelques années plus tard, après l'arrivée d'une flotte anglaise, qui apportait au Conquistador le secours d'une armée de croisés (1147). Alfonse choisit cette ville pour capitale du royaume. Ce grand prince touchait au terme de sa longue vie, lorsque l'invasion du miramolin Yousef, en 1184, menaça l'existence du Portugal. Mais la victoire de Santarem affermit l'ouvrage de la journée d'Ourique. Dans le siècle suivant, Sanche Ier ajouta la province d'Alentéjo aux conquêtes de son père (1203), et sous les règnes de Sanche II et d'Alfonse III, la soumission des Algarves donna au Portugal les limites qu'il conserve encore.

Ces limites étaient le royaume de Castille et l'Océan. Aussi, depuis qu'il les eut atteintes, le Portugal cessa-t-il de s'agrandir. Dans ses relations hostiles avec les Castillans, tout ce que la nation portugaise pouvait espérer, c'était le maintien de son indépendance et de ses frontières : elle y réussit par la victoire d'Aljubarotta, qui plaça sur le trône la branche bâtarde d'Avis, dans la personne de Jean le Grand (1385).

Si le voisinage d'un État plus puissant arrêta le Portugal dans ses étroites bornes, la mer ouvrit un vaste champ à l'audace de ses navigateurs et aux entreprises de ses guerriers. Jean Ier et ses successeurs, poursuivant les Musulmans jusque sur leurs propres rivages, firent trembler plus d'une fois les souverains de Maroc, et, par la conquête de plusieurs ports importans sur la côte d'Afrique, donnèrent un plus libre essor à ces découvertes maritimes qui préparaient la grandeur de la monarchie portugaise.

CHAPITRE VIII.

Progrès des institutions politiques dans les États de l'Europe féodale, et surtout en France, pendant les onzième, douzième et treizième siècles.

CETTE période historique, si féconde en grands événemens et en grands résultats, se distingue surtout par un perfectionnement progressif dans les différentes classes de la société. Toutes y arrivent à une meilleure existence, à des habitudes plus sociales, à une morale plus pure : le clergé par les lumières de l'esprit, la noblesse par la chevalerie et le sentiment de l'*honneur*, le peuple par le bienfait de la liberté et de l'industrie avec toutes leurs conséquences.

Les améliorations morales sont faciles à déduire ; les développemens de l'industrie et du commerce ont été rattachés aux croisades. Il nous reste à présenter l'ensemble des progrès du gouvernement et des lumières.

Les changemens survenus dans l'état civil et politique des nations peuvent être classés sous cinq chefs principaux : 1° l'ordre public ; 2° les affranchissemens ; 3° les communes ; 4° les états-généraux ; 5° les institutions judiciaires et la législation générale.

§ I. — *Ordre public.*

La nécessité de réprimer les guerres privées se fit d'a-
bord sentir pendant l'anarchie du dixième siècle. Les rois
étaient trop faibles pour l'entreprendre ; mais l'Église fit
servir son autorité spirituelle au rétablissement de la
tranquillité. A la suite de la grande épidémie qui désola
la France en 994, le duc et les seigneurs d'Aquitaine
jurèrent un *Pacte de paix,* à l'instigation de l'évêque
de Limoges, et cet exemple fut imité. Plus tard on imagina la *Trève de Dieu,* qui défendait tout acte d'hosti-
lité depuis le mercredi jusqu'au lundi. Il en est fait mention pour la première fois dans les canons du concile de
Toulujes en 1041. La plupart des conciles postérieurs
en prescrivirent l'observation. Il se forma plus tard des
associations qui, comme la *Confrérie de Dieu,* instituée en 1183, s'engagèrent à défendre la paix publique.

En France, les rois se joignirent au clergé pour pro-
curer la paix intérieure (assemblée de 1155). Plusieurs
ordonnances restreignirent le droit de guerre particulière, et en préparèrent l'abolition. Saint Louis imagina
la *Trève du roi* (1245), et publia l'édit de 1257, qui
défendait les hostilités privées pendant les guerres royales. Philippe le Bel et ses successeurs renouvelèrent cette
défense (1312, 1318, etc.). Peu à peu le droit de guerre
fut enlevé aux seigneurs subalternes, et resta le privilége des grands vassaux.

Le progrès de la justice royale contribua puissamment
au maintien d'une bonne police.

En Angleterre, Guillaume le Conquérant avait interdit les guerres privées à tous ses sujets tant normands
que saxons, ce qui n'empêcha pas le clergé d'y prêcher
la Trève de Dieu dès l'an 1180.

En Italie, les villes libres se liguèrent contre les gentilshommes et les assujettirent à la loi commune.

En Allemagne, les villes et la noblesse inférieure formèrent des associations sous les noms de *Hanse teutonique, Ganerbinats, Confédération du Rhin*, etc., pour se garantir mutuellement des brigandages publics. La diète d'Aix-la-Chapelle, tenue sous Frédéric II, en 1215, exigea des gentilshommes le serment de ne plus dépouiller les marchands et les voyageurs sur la voie publique.

En Espagne, l'Église fit des efforts pour rétablir la tranquillité intérieure (concile de Compostelle, 1215). Les communes s'allièrent entre elles pour s'opposer aux *Hidalgos* (fils des Goths), qui infestaient les grands chemins. C'est là l'origine de la Sainte-Hermandad établie en Castille l'an 1260.

§ II. — *Affranchissemens.*

L'abolition de la servitude fut long-temps retardée par les intérêts privés. Mais la puissance royale, de concert avec l'autorité ecclésiastique (Bulle d'Alexandre III en 1167), travailla à rendre à tous les hommes la liberté personnelle; et la classe intermédiaire des hommes libres se recomposa graduellement.

Nous pouvons distinguer trois sortes d'affranchissemens:

1° Les *affranchissemens individuels* ou *manumissions*, par acte authentique, dans diverses circonstances de la vie, telle qu'une naissance, un mariage, un décès, etc.;

2° Les *affranchissemens collectifs* ou *bourgeoisies*, lorsque le roi ou un seigneur déclaraient libres les habitans d'un bourg, les hommes de certaines professions, etc.;

3° Les *affranchissemens généraux*, qui s'étendaient à toute une classe de sujets ou à tous les serfs d'un pays.

L'empereur Henri V accorde la liberté à tous les artisans des villes; Bologne, à tous les laboureurs de son territoire; l'empereur Frédéric II renonce au droit de main morte à la diète de Francfort en 1220. Le duc de Brabant, Henri II, l'abolit par son testament en faveur de tous les paysans (1248). En France, Louis VII affranchit tous les esclaves d'Orléans à cinq lieues à la ronde (1180) et donne un exemple qui fut suivi par le Chapitre de cette ville, en 1224. Philippe le Bel donne la liberté à tous les serfs du Languedoc moyennant une redevance (1296); et Louis le Hutin affranchit tous ceux de ses domaines (1315). Cependant la servitude se maintint en France hors du domaine royal. Les derniers serfs ont été affranchis par Louis XVI.

§ III. — *Communes.*

L'administration municipale des Romains s'était conservée dans la plupart des cités du midi de la France; quelques villes du nord, telles que Paris et Reims, en conservaient des vestiges. Dans le onzième siècle, on vit se former les premières *communautés* qui se levèrent en armes pour se défendre contre les déprédations des seigneurs voisins ou les exactions de leurs propres seigneurs; Cambray et Le Mans en donnèrent les premiers exemples connus (1024 et 1070). Les seigneurs suzerains rendirent aux bourgs les immunités de la *bourgeoisie* ou de la *commune*. La sûreté des personnes et des propriétés, la garantie solidaire de chacun des membres de l'association, l'élection des magistrats municipaux et leur juridiction particulière, sont les bases de toute charte d'incorporation communale.

Louis le Gros accorda les premières chartes connues. Sous Louis le Jeune, les villes seigneuriales du domaine royal, érigées en municipalités, passèrent sous l'autorité immédiate du roi. Les successeurs de ces princes multiplièrent les communes. Ainsi s'accrut la puissance royale à mesure que s'affaiblissait celle des vassaux.

En Angleterre, l'origine des communes est obscure et peut-être antérieure à la conquête. Les chartes d'incorporation (*firma burgi*) y remontent à Guillaume le Roux ; Henri Ier accorda celle de Londres en 1100. Sous Jean-sans-Terre les communes obtinrent le droit d'élire leurs *aldermen*.

En Italie, les communes de Lombardie et de Toscane, nées sous les empereurs saliques, se constituèrent en républiques sous les empereurs souabes, et devinrent, pour la plupart, des principautés souveraines à la fin du treizième siècle.

En Allemagne, Frédéric Ier accorda les premières franchises municipales authentiques, afin d'élever une nouvelle puissance contre celle des grands vassaux. La ligue hanséatique se forma sous Frédéric II, et les villes *impériales* s'assimilèrent aux principautés immédiates.

En Espagne, les priviléges des communes furent une conséquence de la guerre contre les Maures. La charte ou *fuero* de Léon est du commencement du onzième siècle. Les *regidors* et les *alcades* furent élus et investis de la juridiction, comme les maires et les consuls de France.

§ IV. — *États-Généraux*.

Les communes françaises acquérant tous les jours plus d'importance, Louis IX sembla vouloir introduire dans l'Ile-de-France les assemblées d'États qu'il avait trouvées en usage, depuis un temps immémorial, dans ses nouveaux domaines du Languedoc (états provinciaux de Saint-Gilles, 1254). Il appela les députés de quelques villes au conseil des barons, en 1256 et en 1262. Ainsi ce grand roi peut être compté parmi les fondateurs des libertés publiques. La représentation des communes devint générale dans les provinces royales, sous Philippe le Bel, qui convoqua les premiers états-généraux du royaume (1302). (*Voyez* chap. VI.)

En Angleterre, le grand-conseil ou parlement, composé des évêques et des barons, arracha à la couronne différentes immunités. La Grande Charte, imposée au roi Jean en 1215, garantit à la nation, représentée par le clergé et la noblesse, la liberté des personnes et des propriétés, le libre vote de l'impôt, etc. Sous Henri III, la guerre civile ouvrit le parlement aux députés des comtés (1264). La Chambre des Communes commença à se constituer, et son consentement devint indispensable pour l'imposition des taxes publiques, sous Édouard Ier (1295). (*Voyez* chap. V.)

En Allemagne, les États de l'Empire ou diète générale, composés des évêques et de tous les ordres de la noblesse, admirent dans leur sein les députés des villes immédiates, qui, sous le règne d'Adolphe de Nassau, exercèrent le droit de suffrage (1293).

Dans quelques parties de l'Empire, et surtout dans les cantons ruraux de l'Helvétie et de la Souabe, les hommes libres étaient admis aux assemblées provinciales. C'est ainsi qu'à Glaris les nobles et les paysans faisaient des lois en commun dès le Xe siècle.

En Italie, les cités libres avaient leurs magistrats électifs, leur conseil souverain et leurs assemblées du peuple. Dans le royaume des Deux-Siciles, Frédéric Ier (II) appela les députés des villes à l'assemblée des barons tenue à Melfi en 1231.

En Espagne, le gouvernement représentatif était dans toute sa force pendant qu'il s'introduisait péniblement et avec lenteur dans les autres royaumes. Les communes faisaient partie des États ou *Cortès* d'Aragon, en 1130, et de ceux de Castille, en 1169. Quatre ordres composaient les premiers : 1° les prélats; 2° les grands (*ricos hombres*); 3° les chevaliers (*infanzones* ou *caballeros*); 4° les députés (*procuradores*). En Castille, la noblesse inférieure était représentée par les *ricos hom-*

bres. La convocation des Cortès, irrégulière en Castille, fut tour à tour annuelle et biennale en Aragon. Dans les deux royaumes, les Cortès votaient l'impôt, exerçaient le pouvoir législatif et empiétaient sur la puissance royale.

§ V. — *Institutions judiciaires et législatives en France.*

A la tête de l'ordre judiciaire se trouvait la cour des pairs ou des barons, destinée à juger les contestations du roi avec les grands vassaux, et celles des grands vassaux entre eux. Dans chaque grand fief, la cour de justice était aussi composée de pairs subalternes, qui sont représentés aujourd'hui par nos jurés. La cour du roi recevait les appels des justices seigneuriales du domaine, mais seulement dans les cas de *défaut de droit* ou *déni de justice,* et de *faux jugement.* Philippe-Auguste établit, avant l'an 1190, quatre grands baillis qui tenaient leurs assises tous les trois mois comme les *missi dominici,* et supprima la dignité du grand-sénéchal, chef de la justice. Saint-Louis créa un parlement ambulatoire vers 1251. Il y admit des *conseillers clercs* ou *chevaliers de justice,* et institua le ministère public. Philippe le Bel fixa le parlement à Paris (1302), et le distribua en *chambre des enquêtes* et *chambre du plaidoyer.*

Depuis le règne de Philippe-Auguste la justice royale fit chaque jour de nouveaux progrès, et la juridiction féodale déclina en proportion. Louis IX se réserva les *cas royaux.* Plus tard, le parlement introduisit l'appel ordinaire et l'*appel comme d'abus.* Par là s'établit, en pratique, la maxime que toute justice émane du roi.

Les coutumes féodales qui régissaient la France furent successivement réformées par les ordonnances des rois, ou remplacées par la loi romaine, enseignée en Italie depuis le douzième siècle. L'étude du droit romain, encouragée par les empereurs et les rois, fut introduite dans les écoles françaises. Saint-Louis emprunta aux codes de Justinien les principales dispositions de ses *Etablissemens*. Les formes de la procédure romaine s'introduisirent peu à peu dans la jurisprudence féodale, et cette innovation donna naissance à une magistrature de légistes qui devait bientôt supplanter les juges d'épée. Les ordonnances de Louis IX abolirent dans la procédure civile le combat judiciaire, déjà supprimé en Angleterre (1218) et dans la plupart des communes de France, pour y substituer la preuve écrite et celle par témoins. Néanmoins, les anciennes coutumes continuèrent d'être en vigueur dans les provinces du nord, qui formaient le *Pays coutumier*. Au midi, la plupart des provinces suivaient le droit romain, et formaient le *Pays de droit écrit*.

CHAPITRE IX.

Progrès des lettres et des arts pendant les onzième, douzième et treizième siècles.

L'ACTIVITÉ des esprits, éveillée par un heureux concours de circonstances, se porta vers les arts du raisonnement et de l'imagination, comme sur ceux de première nécessité. L'aisance et la sécurité firent sortir les hommes de leur état d'isolement, les idées se communiquèrent, et les découvertes du génie ne périrent plus avec lui.

§ I. — *Des écoles publiques, des universités et de la philosophie scholastique.*

On peut diviser en deux grandes époques l'histoire des études, depuis Charlemagne jusqu'à la renaissance des lettres.

1° *Anciennes écoles.* — Les écoles monastiques de France, d'Italie, d'Angleterre, de Suisse, étaient les plus renommées. Parmi les écoles séculières, on distinguait celle de Salerne, célèbre dès le temps des princes lombards par l'étude de la médecine; celle de Pavie, qui pouvait rapporter son origine à Charlemagne; celle de Paris, florissante depuis le XIe siècle; celle d'Oxford, dont la fondation est attribuée au grand Alfred; celle de Bologne, berceau du droit Justinien au commencement du douzième siècle; enfin, celle de Montpellier, qui réunissait l'enseignement de Salerne et celui de Bologne.

La réputation de ces écoles ne tenait le plus souvent qu'au mérite d'un professeur habile. Elles acquirent plus de consistance et une célébrité plus soutenue lorsqu'elles eurent été transformées en universités.

2° *Universités.* — La France revendique à juste titre la gloire d'avoir vu naître ces institutions savantes qui tirèrent la science de la prison du cloître pour la produire au grand jour, suppléèrent à la rareté des livres par un enseignement accessible à toutes les conditions, préparèrent la renaissance des lettres classiques et commencèrent le grand travail de l'émancipation intellectuelle.

Dès le douzième siècle, les professeurs libres de Paris furent formés en corporation sous le nom d'*Université*. Ils reçurent une charte de Philippe-Auguste, en 1200, et leurs premiers statuts en 1215. C'est aussi vers ce temps que furent établis les premiers colléges (collége des Danois, en 1147), et qu'on imagina les titres académiques. La plupart des universités de l'Europe empruntèrent leurs réglemens de celle de Paris, qui fut long-temps le foyer des lumières européennes et le centre d'activité de l'intelligence. Toutes obtinrent comme elle de nombreux priviléges et une juridiction indépendante (Constitution de Frédéric Barberousse, 1158).

Universités du XIIIe siècle.

Paris, ... fondée en 1200	Cambridge. 1231
Oxford. . . . . vers 1206	Vienne. 1236
Palencia. 1208	Upsal. 1240
Toulouse. 1215	Montpellier 1283
Salamanque. 1223	Orléans. 1305
Naples. 1224	Coïmbre. 1308

L'établissement des universités donna lieu à la création des *ordres* dits *mendians*, qui devaient se livrer à l'enseignement et se charger ainsi d'un soin que de trop grandes richesses avaient fait négliger aux moines de St-Benoît (1).

Dans les universités, ainsi que dans les monastères, l'ensemble des études élémentaires réunissait, comme auparavant, les *sept arts libéraux*, que Boëce avait divisés en deux parties : 1° le *trivium*, qui comprenait la grammaire, la rhétorique et la dialectique; 2° le *quadrivium*, qui embrassait la musique (chant d'église), l'arithmétique, la géométrie et l'astronomie alors confondue avec l'astrologie. Toutes ces sciences eurent un interprète fidèle dans le dominicain Vincent de Beauvais, auteur du *Speculum majus*, vaste composition encyclopédique publiée dans le treizième siècle.

Les mathématiques, la physique, et surtout la chimie, encore dans l'enfance, étaient enseignées comme des connaissances occultes. Cependant cette période est remarquable dans l'histoire des sciences : elle commence par Gerbert, qui appliqua la vapeur à des instrumens de musique et à qui nous devons la numération des Arabes; elle se termine par Roger Bacon, précurseur homonyme de l'illustre chancelier d'Angleterre qui ouvrit à la science une plus large voie par la publica-

---

(1) Les *Chartreux*, institués en 1086. — Les *Bernardins*, 1098. — Les *Trappistes*, 1140. — Les *Mathurins*, 1197. — Les *Carmes*, 1205. Les *Franciscains* ou *Cordeliers*, 1208. — Les *Dominicains* ou *Jacobins*, 1215. — Les *Célestins*, 1270. — Les *Augustins*, 1276.

tion du *Novum organum scientiarum*. Disciple d'Albert le Grand, Bacon ne se borna pas, comme son maître, à acquérir toutes les notions que l'antiquité avait transmises au moyen âge sur la philosophie naturelle ; il essaya d'agrandir la science et de lui imprimer une lumineuse direction en lui donnant pour base l'observation (*opus majus*). Dans les cours qu'il fit à Paris et à Oxford, il s'attacha à combattre la magie, et enseigna que les phénomènes surnaturels n'étaient que le résultat de lois physiques encore inconnues. Enfin il indiqua dans ses ouvrages des instrumens et des agens dont la physique moderne a multiplié et fécondé les applications. Toutefois, Roger Bacon crut à la transmutation des métaux et à la panacée universelle, ces deux erreurs capitales de la science hermétique.

Avant la création des universités, le droit civil et canon, ainsi que la médecine, eurent quelques écoles particulières. On n'enseigna d'abord le droit romain qu'à Pavie, d'où Lanfranc l'apporta en France ; mais la découverte des Pandectes à Amalfi, en 1137, opéra une révolution dans cet enseignement, qui donna tant d'importance à l'école de Bologne. Les empereurs et les rois le protégèrent dans l'intérêt de leur puissance, et on en étudia les principes dans la *Somme* d'Azon, qui prit la place du *Brachylogus,* ouvrage d'un auteur inconnu.

Toutes ces connaissances étaient considérées comme les préliminaires, le complément ou les auxiliaires de la Philosophie scholastique.

Philosophie scholastique. — On donna ce nom à une science qui eut pour objet l'application de la dialectique à la théologie, et par suite la démonstration logique des dogmes chrétiens, de manière à donner à leur ensemble systématique la clarté et la certitude d'une science rationnelle. La scholastique eut donc à s'exercer sur des vérités mises hors de question, et l'activité intellectuelle se trouva renfermée dans un cercle qu'il lui fut défendu de franchir. Réduite à s'agiter dans ces étroites limites, elle s'épuisa en controverses, « et cet esprit de subtilité, dit Tennemann, crut avoir trouvé de quoi satisfaire à tous les besoins de la pensée, à l'aide de pures formules et d'une sorte de jeu appliqué au maniement des idées (1). »

L'enseignement de la scholastique, d'abord basé sur les traités insuffisans de Boëce, de Marcianus Capella, de Cassiodore, de Bède et d'Alcuin, acquit plus d'étendue et de consistance lorsque les Arabes espagnols eurent fait connaître à l'Europe, à l'aide d'informes traductions et d'obscurs commentaires, la philosophie aristotélique, qui domina bientôt dans les écoles.

Nous diviserons, avec le savant Allemand que nous venons de citer, l'histoire de la scholastique en quatre époques.

Première époque. — Depuis Alcuin jusqu'à Roscelin de Compiègne (du VIII_e au XIe siècle).

Pendant cette période, les essais philosophiques appliqués à la théologie restèrent isolés comme le furent, par leur position et par l'époque de leur vie, les hommes de génie qui les tentèrent. La philosophie fut plus que jamais l'auxiliaire, ou, comme on s'exprimait alors, *la servante de la théologie.*

S'il est vrai qu'en Orient, Origène, et long-temps après lui Saint-Jean Damascène, eussent les premiers appliqué la dialectique à la démonstration des vérités révélées, et créé par ce moyen un système de théologie rationnelle, l'Occident reconnaît pour fondateurs de la scholastique l'Anglais Alcuin, qui ouvrit la voie à cet enseignement comme à tous les autres, et l'Irlandais Jean Scot, homme supérieur à son siècle par la hauteur et l'indépendance de son génie. Après eux, le Français Gerbert (Sylvestre II) alla le premier étudier en Espagne

(1) Manuel de l'Histoire de la Philosophie, traduit de l'allemand par Victor Cousin.

les sciences des Arabes, et en rapporta la connaissance de la philosophie d'Aristote, qu'il enseigna dans divers monastères de France et d'Italie. Bérenger de Tours se distingua surtout par une grande liberté de penser, qui l'entraîna dans des opinions hétérodoxes sur la transsubstantiation; Lanfranc, son adversaire, contribua puissamment à fortifier le principe de l'autorité et sa domination dans les écoles. Un autre Italien, Anselme, archevêque de Cantorbéry, s'éleva au-dessus de ses contemporains et créa la métaphysique scholastique dans son livre intitulé : *Monologium*, où il essaya de développer systématiquement la science de Dieu et des choses divines d'après des principes rationnels. Il fut égalé par Hildebert de Tours, qui eut même plus de savoir, de clarté et d'indépendance.

2ᵉ ÉPOQUE. — Depuis Roscelin jusqu'à Alexandre de Hales au commencement du XIIIᵉ siècle. Débat du réalisme et du nominalisme, terminé par la victoire du réalisme.

L'école *réaliste* d'Alcuin regardait les idées de genres et d'espèces comme des choses réelles et des types pré-établis, existant en dehors de notre intelligence, *universalia ante rem*. Roscelin soutint le premier, au sujet des idées générales, des genres et des espèces, « qu'elles ne sont rien que des noms et des mots au moyen desquels nous désignons les qualités communes que nous observons entre les divers objets individuels, *universalia in re* ou *post rem*. » Il fut le chef de l'école *nominaliste*.

Le premier débat au sujet de ces deux doctrines eut lieu entre deux professeurs célèbres de l'école de Paris, Guillaume de Champeaux et son élève Abailard. Ce dernier, qui jeta un si grand éclat par son enseignement oral, plus encore que par ses écrits, appela sur lui de nombreuses persécutions, et ses égaremens ne donnèrent que trop de prise à l'envie.

Un grand nombre de bons esprits voulurent suivre les traces d'Abailard. Nous ne citerons que Pierre Lombard, fameux par son livre des *Sentences*, qui fut long-temps le type, la règle et l'arsenal de la théologie.

3e Époque. — Depuis Alexandre de Hales et Albert le Grand jusqu'à Occam (1240-1400). — Domination exclusive du réalisme ; intime alliance de la théologie et de la philosophie d'Aristote.

L'autorité du philosophe de Stagyre avait pris un si grand ascendant, que l'Église en conçut de vives alarmes. Un concile tenu à Paris, en 1209, condamna ses livres au feu et en défendit la lecture. Cet anathême, plusieurs fois renouvelé, n'empêcha pas la doctrine aristotélique d'acquérir son plus haut degré d'importance dans la première moitié du XIIIe siècle. On la connaissait mieux depuis que les relations avec les Arabes d'Espagne étaient devenues plus fréquentes et plus régulières. Toutefois les docteurs de Bassorah et de Cordoue ne la transmirent pas sans mélange à l'Europe chrétienne ; ils l'avaient reçue des Alexandrins, altérée par l'alliance des rêveries néo-platoniciennes, et la nécessité de la mettre d'accord avec les dogmes du Koran n'avait pas peu contribué à la dénaturer encore. Cette scolastique musulmane envahit la scolastique chrétienne.

Les Juifs servirent d'intermédiaires entre les écoles de France et d'Espagne, tant par leurs traductions que par des communications orales. Ce peuple de proscrits trafiquait de la science comme de toutes choses. Toutefois les rabbins gardèrent long-temps le secret de leurs doctrines *cabalistiques*, qui ne furent connues des chrétiens qu'au XVe siècle (1).

(1) « La *Cabale*, ou transmission orale, est une prétendue sagesse divine perpétuée et propagée parmi les Juifs par une tradition secrète dont l'histoire est enveloppée de fables. » (Tennemann.) Cette science fut imaginée par le rabbin Akhibah et son disciple Siméon Ben Jochaï, dans les premiers siècles du christianisme.

Alexandre de Hales fut le premier qui fit usage des travaux des Arabes, parmi lesquels on distinguait surtout les Commentaires dont Averroès venait de charger les ouvrages d'Aristote. Cet exemple fut suivi par quelques grands hommes qui dissipèrent, dans les luttes de la scolastique, une puissance de génie trop tôt apparue au genre humain. Tels furent au XIVe siècle Albert le Grand, saint Jean Bonaventure, saint Thomas d'Aquin, Duns Scot, Roger Bacon et Raymond Lulle.

Le dominicain Albert assura l'empire d'Aristote qu'il commenta, et dont il s'efforça de concilier les doctrines avec celles des néo-platoniciens. Le mystique Jean Bonaventure entreprit la même œuvre avec plus de talent, mais moins de savoir. Riche d'autant de connaissances, et doué d'un génie plus vaste, saint Thomas d'Aquin effaça la gloire d'Albert en marchant dans la même voie, et sa *Somme théologique*, premier essai complet d'un système de théologie et de morale, devint l'oracle des écoles. Ses nombreux partisans reçurent le nom de *Thomistes*. Aux *Thomistes* furent opposés les *Scotistes*, qui reconnurent pour chef le franciscain Duns Scot, surnommé le *docteur subtil*, et qui communiqua à ses sectateurs l'esprit d'argutie et de dispute. L'un d'eux, Mayronis, donna le premier exemple de ces *Actes de Sorbonne* qui furent le dernier refuge de la scolastique. Un autre plus célèbre, Durand de Saint-Pourçain, prépara la chute du réalisme qu'il avait d'abord défendu.

Roger Bacon et Raymond Lulle n'appartinrent à aucune des deux sectes scolastiques de leur temps. Ils entreprirent de réformer la philosophie par les sciences ; mais ils arrivaient trop tôt pour consommer cette œuvre difficile.

4e ÉPOQUE. — Depuis Occam jusqu'à la fin du XVe siècle.—Nouvelle lutte entre les nominalistes et les réalistes à l'avantage des premiers. Décadence de la scolastique.

La guerre déclarée au réalisme par Durand de Saint-Pourçain fut vigoureusement poursuivie par le scoliste Guillaume d'Occam, qui combattit le despotisme des doctrines dominantes et défendit contre la cour de Rome les droits de l'Empire et de la couronne de France. Il soutint que les idées générales n'ont aucune réalité hors de l'intelligence, et qu'elles ne sont que des êtres abstraits. Cette doctrine prévalut en France et en Allemagne, soutenue par Pierre d'Ailly, Nicolas Oresme, Gerson, Nicolas de Clémanges et l'Allemand Gabriel Biel qu'on regarde comme le dernier des scolastiques.

Il résulta de ce triomphe des *Nominaux* une séparation plus marquée entre la théologie et la philosophie, le discrédit des disputes captieuses et passionnées, et un esprit d'indépendance qui tendait à secouer le joug de l'autorité. La réforme religieuse du XVIe siècle devait sortir de la réforme philosophique (1).

SCOLASTIQUES ET DOCTEURS DE L'ÉGLISE.

Gerbert, d'Aurillac.	1002	Gilbert de la Porée, Français.	1154
Pierre Damien, de Ravenne.	1072	Pierre Lombard, de Novare.	1164
Bérenger, de Tours.	1088	Jean de Salisbury.	1180
Lanfranc, de Pavie.	1089	Pierre de Blois.	1200
Roscelin, de Compiègne.	1090	S. François d'Assises.	1226
S. Bruno, de Cologne.	1101	S. Antoine de Padoue, Portug.	1231
S. Anselme, d'Aoste.	1109	Gersen, de Cavaglia.	1237
Yves, év. de Chartres.	1113	Alexandre de Hales.	1245
Guillaume de Champeaux.	1120	Vincent de Beauvais.	1264
Hildebert, de Lavardin.	1134	S. Th. d'Aquin, de Rocca-	
Abailard, du Pallet.	1142	Sicca.	1274
S. Bernard, Français.	1152	S. Bonaventure, de Bonarea.	1274

(1) Je me suis un peu étendu sur la philosophie scolastique, parce que les ouvrages qui traitent de cette matière ne sont pas à la portée des jeunes gens auxquels ce précis est destiné. Il importait aussi de continuer cet historique jusqu'à la chute de la scolastique, dont l'époque coïncide avec la fin du moyen âge.

Suite des Scholastiques et Docteurs de l'Église.

Albert le Grand , de Lauin-gen. 1280	Guillaume d'Occam. 1343
Michel Scot, Anglais. . . . 1291	Oresme , de Caen. 1382
Roger Bacon, d'Ilchester. . 1294	P. d'Ailly , de Compiègne. . 1425
Duns Scot , de Dunston. . . 1308	Gerson , de Reims. 1429
Raymond Lulle, de Palma. 1315	Nicolas de Clémanges. . . . 1442
Durand, de Saint-Pourçain. . 1332	Thomas à Kempis. 1471
	Gabriel Biel , de Spire. . . 1495

SAVANS ARABES ET JUIFS.

Mesué, de Bagdad. 1015	David Kimchij , juif de Narbonne. 1192
Al-Gazali , de Tus. 1027	
Avicenne, de Bochara. . . 1036	Maymonides , juif de Cor-doue. 1205
Aben Ezra, juif de Tolède. 1174	
Tophaïl Abou-Bekr, de Cor-doue. 1190	Averroès , de Cordoue. . . 1217

JURISCONSULTES.

Irnerius ou Werner. 1140	Azzon, de Bologne. 1220
Yves de Chartres. 1113	Accurse, *id.* 1260
Vaccarius , Italien. 1149	Pierre des Fontaines, Franç. 1269
Gratien, Toscan. 1160	Raymond de Peñafort. . . 1275
Placentinus, Français. . . . 1194	Beaumanoir , Français, vers 1300

HISTORIENS ET GÉOGRAPHES.

Aimoin, Français. . . . . XIe S.	Guillaume de Tyr , Français. 1194
Dithmar , de Mersebourg. 1028	Roger de Hoveden , Anglais. 1199
Glaber Radulfe, Français. 1048	Nicétas, de Chonium , Grec. 1206
Herman le Contract , Allem. 1054	Saxon le gram,, Allemand. 1208
Adam de Brême, *id.* . . . 1090	Ville-Hardouin, Français. . 1212
Théophylacte, d'Achride. . 1100	Jacques de Vitry, *id.* . . . 1224
Nestor, de Kief. 1115	Gervais, de Tilbury. . . . 1237
Zonare , Grec. 1118	El-Macin , Arabe. 1238
Cedrenus, *id.* 1121	Mirkhond, Persan. . . XIIIe S.
Anne Comnène, *id.* 1134	Roderic Ximenès. 1243
Suger, de Saint-Denis. . . 1152	Jean, de Novogorod. 1250
Henri de Huntingdon. . . . 1154	Mathieu Paris, Français. . . 1250
Othon de Frisingen. . . . 1158	Aboul-Faradj, Arabe chrét. 1286
Benjamin de Tudèle, Juif. . 1174	Marco Paolo , Italien. . . . 1298
Falcandus, Français. 1174	Guillaume de Nangis. . . . 1306
Edrisi, Africain. 1186	Joinville, Français. 1318

§ II. *Des Langues et de la Littérature vulgaires.*

Formation des langues modernes. — Il suffira d'indiquer ici les quatre langues principales dont les divers dialectes sont aujourd'hui parlés en Europe et dans les colonies des deux Indes. Ces langues-mères sont : le grec, l'esclavon, le teuton et le roman.

1° *Langue grecque.* — On la parlait encore à Constantinople et dans l'Église d'Orient ; mais parmi le peuple elle devenait tous les jours plus méconnaissable, par suite de l'ignorance générale et du mélange des Grecs avec les Barbares, surtout avec les Slaves. Déjà, au onzième siècle, elle dégénérait dans les provinces, et même à la cour, en langage romaïque ou grec moderne. Elle commençait dès-lors à se glisser sous cette forme dans la littérature (Chronique de Simon Séthos, vers 1075). La poésie adopta plus tard le vers *politique*, qui, ne tenant plus aucun compte des syllabes longues ou brèves, substitua le nombre à la mesure, la quotité à la quantité : Théodore Prodromos en donna le premier exemple connu. Au surplus, les disputes théologiques détournaient les esprits de l'étude des lettres profanes. Toutefois on rencontre, sous les Comnènes, quelques noms qui ont échappé à l'oubli : parmi les historiens, Zonare, Cedrenus, Anne Comnène ; parmi les philologues, Eustathe et les deux Tzetzès.

La langue grecque était entièrement ignorée en Occident, même dans le collége constantinopolitain fondé par Philippe-Auguste.

2° *Langue slave.* — Dialectes : le slavon ecclésiastique, le russe, le polonais, le bohémien ou tchèque, le morave, le croate, le bulgare, etc., tous encore informes dans le moyen âge. Cependant nous avons encore quelques monumens de ces anciens idiomes : tels sont la Bible de Saint-Cyrille en morave (863), l'Hymne polonais de saint Adalbert (*Boga Rodziça*), le Chant guerrier d'Igor, les Lois d'Iaroslaf (*Rous-kaïa Pravda*), la Chronique russe de Nestor, celles de Pskow et de Novogorod.

3° *Langue teutonique.* — Dialectes : le vieux go-thique, l'allemand, le flamand, le hollandais, l'anglais, le danois, le suédois, l'islandais. Les plus anciens monumens des langues germaniques sont :

En gothique, la Bible d'Ulphilas, traduite à la fin du IVe siècle.

En allemand, le manuscrit de Cassel du huitième siècle, le *Serment* de 842, le *Roman de Horn* écrit vers l'an 850, l'*Harmonie des Évangiles* d'Ottfried (870), les *Poésies* de saint Annon, le Poème héroïque des *Nibe-lungen*, ouvrage du XIIIe siècle, probablement composé sur un canevas plus ancien, le *Livre des Héros ;* dans les lois, le *Sachsenspiegel* (Miroir du droit saxon) vers 1280, et le *Schwabenspiegel* (Miroir du droit souabe) vers 1300, etc.

Indépendamment de quelques grandes compositions poétiques, l'Allemagne produisit au XIIIe siècle ses *minnesingers* ou chantres d'amour, qu'on peut comparer aux troubadours provençaux. Les plus célèbres furent : Heinrich de Feldeck, Walter de Vogelweide, Gottfried de Strasbourg, Pfeffel, Ulrich de Lichtenstein, Wolfram d'Eschenbach, Conrad de Wurtzbourg, Henri l'Illustre, etc.

En islandais, l'*Edda,* recueil de poésies cosmogoniques, religieuses et héroïques, compilé par Sœmund au XIe siècle ; les *Sagas,* récits en prose divisés en trois classes : les héroïques, les historiques et les romanesques, publiés par Snorre Sturleson vers l'an 1241.

Le dialecte anglo-saxon, qui avait produit les ouvrages d'Alfred le Grand, resta muet après la conquête normande, relégué qu'il était dans les basses classes de la société. Son alliance avec le français-normand donna naissance à l'anglais, qui ne date que du XIVe siècle.

4° *Langue romane.* — La langue *romane rustique* telle que nous la trouvons dans le serment de l'an 842, et surtout dans le *poème de Boèce,* fut long-temps commune à tous les peuples de l'Europe latine, qui la transplantèrent, pendant les croisades, dans les villes du Levant, où elle est encore parlée sous le nom de *franc.* Après s'être perfectionnée dans le midi de la France, elle reçut dans les diverses contrées des formes distinctes et caractéristiques : alors commença l'enfance des langues modernes.

Dialectes romans : le provençal (*langue d'hoc*), le français (*langue d'oïl* ou *d'oui*), l'italien (*langue de si*), le sarde, le castillan, le portugais, le valaque.

La plupart de ces dialectes produisirent, avant l'an 1300, des ouvrages qui subsistent encore, et dont quelques-uns sont de précieux monumens de littérature. En France, le roman provençal eut ses *troubadours,* et le roman normand-picard ses *trouvères.*

Poésie. — La poésie vulgaire naquit au onzième siècle dans le midi de la France, d'où le goût s'en répandit bientôt dans les provinces du Nord et dans les contrées voisines. Elle fut particulièrement cultivée dans les hautes classes de la société, et les princes ne se bornèrent pas à la protéger. Les troubadours qui trouvaient les *mots,* et les *jongleurs* ou *ménestrels* qui faisaient les *sons,* imitèrent la vie errante des chevaliers ; ils parcouraient les cours des princes et les châteaux des seigneurs, charmant les nobles barons et les dames de leurs chants et de leurs récits, célébrant les vertus guerrières et répandant aussi leurs vices avec leurs chansons. Ils recevaient pour *guerdon* ou récompense, des armes, des chevaux, des étoffes précieuses, souvent de l'argent, et quelquefois le cœur de la châtelaine.

Dans le Midi, les troubadours se réunissaient fréquemment pour participer aux disputes poétiques et galantes qui avaient lieu devant des *cours d'amour* composées de nobles dames, et toujours présidées par

une châtelaine de grand renom. Ces tribunaux rendaient des jugemens en forme sur des questions de
galanterie.

Les provinces du Nord eurent leur *gieux sous l'or-
mel* (jeux sous l'orme), où les trouvères allaient disputer le prix du talent poétique.

Les troubadours eurent trop de points de contact
avec les grands et le peuple pour rester étrangers aux
querelles des rois et aux agitations populaires. Nous ne
citerons que Bertrand de Born, qui ne cessa de semer
la division entre Louis VII et Henri II, entre Henri II
et ses fils (1), et Folquet de Marseille, qui soulevait
contre les *Français* l'indépendance démocratique des
villes libres de la Provence.

L'Église ne fut pas plus que les rois à l'abri de la
malice des troubadours : les débauches d'un clergé cor-
rompu et la vénalité de la cour de Rome trouvèrent en
eux des censeurs sévères jusqu'à l'injustice.

Les divers genres de la poésie provençale étaient la
chanson, la *ballade*, le *sonnet*, la *pastourelle*, la
tenson et le *sirvente*.

Les trouvères picards et normands composèrent plusieurs *poèmes historiques* et *romans poétiques* de longue haleine. Les principaux furent : 1° les romans de
Rou ou de *Rollon*, par Robert Wace ; d'*Alexandre*,
par Alexandre de Bernay ; de la *Guerre de Troie*,
par Benoît de Saint-Maur ; de *Gérard de Nevers*, par
Gilbert de Montreuil, etc. ; 2° les romans de *Brut*, par
Robert Wace ; des *Quatre Fils Aymon*, de *Renaud
de Montauban*, par Huon de Villeneuve ; des *En-
fances d'Ogier le Danois*, par Adenez le Roi, etc. ;
et tous les romans de la Table ronde.

Les principaux sujets qu'exploitèrent à l'envi les
romanciers du moyen âge furent, en France, Charle-

(1) Metia tot son sen à mesclar guerras. *Vies des Troubadours*, en
provençal.

magne et ses paladins; en Allemagne, les Nibelungen; en Angleterre, Artur et les chevaliers de la Table ronde; en Espagne, le Cid, etc.

Les trouvères imaginèrent plusieurs genres de poésie qui leur furent propres, comme le *conte* ou *nouvelle*, le *poème allégorique* (le *Castoyement*, le *Roman de la Rose*, *Dolopathos*, etc.), le *fabliau*, le *lay d'amour*, le *palinod* ou chant répété, etc.

PRINCIPAUX TROUBADOURS.	PRINCIPAUX TROUVÈRES.
Guillaume IX, de Poitiers. 1127	Robert Wace, de Jersey, vers 1180
Arnaud Daniel, de Ribérac. 1148	Chrétien de Troyes. 1191
Rambaud, d'Orange. 1173	Benoît de Saint-Maur, . . XIIᵉ S.
Alphonse II, d'Aragon. . . . 1196	Auboin, de Sézanne. . . . . *Id.*
Richard Cœur-de-Lion. . . 1199	Alexandre, de Bernay. . . . 1202
Bernard de Ventadour. . XIIᵉ S.	Huon de Villeneuve. . . XIIIᵉ S.
Bertrand de Born, vers. . . 1200	Gilbert de Montreuil. . . . *Id.*
Pierre Vidal, de Toulouse. . *Id.*	Marie de France, Anglaise. . *Id.*
Anselme Faydit. 1220	Adenez le Roi. . . . . *Id.*
Le dauphin d'Auvergne. . . 1234	Pierre Mauclerc. 1237
Blacas, d'Aulps. . . . . . ; . 1234	Thibaut IV, de Champagne. 1253
Sordello, de Mantoue. . . . 1300	Guillaume de Lorris. . . . 1266

Les Italiens adoptèrent d'abord la langue provençale, que Frédéric II préféra, dans ses chansons, à l'idiome de son pays. Cependant c'est à la cour sicilienne de ce prince que prit naissance la poésie italienne, dont la Toscane devait bientôt produire les premiers modèles. Guido Cavalcanti y finit au moment où commença le Dante (1300).

En Espagne, la langue *limousine*, qui n'était autre que la provençale, polit le langage barbare produit par le mélange du latin, du goth et de l'arabe. Elle fut employée dans les *romances* religieuses ou héroïques dont se compose toute la vieille littérature espagnole. Le *poème du Cid*, premier monument connu de cette littérature, n'est qu'un recueil de romances contemporaines conservées par la tradition.

Les Portugais rimèrent aussi quelques *chansons* à la gloire des saints et des héros. Le XIIᵉ siècle vit naître les plus anciens poëtes de ce pays, Gonzalo Hermiguès et Egas Moniz.

La poésie latine produisit quelques ouvrages qui ne manquent ni de mérite ni d'intérêt ; nous ne citerons que la *Conquête de la Sicile*, par Guillaume de Pouille, et la *Philippide* de Guillaume le Breton.

Genres en prose. — Les langues vulgaires nous en offrent à cette époque trois principaux :

1° La Législation : en français, les lois de Guillaume le Conquérant ; l'ancien *Coutumier de Normandie ;* les *Assises de Jérusalem ;* les ordonnances des rois de France, et surtout les *Établissemens* de saint Louis ; la *Coutume de Beauvoisis*, de Beaumanoir, rédigée en 1283 ; en espagnol, le *Fuero juzgo* (Forum judicum), et le code des *Siete partidas*, d'Alphonse X.

2° L'Histoire : en France, les *Mémoires* de Ville-Hardouin et de Joinville, et un très-grand nombre de *chroniques*, entre autres celles de Saint-Denis ; l'histoire provençale de la guerre des Albigeois ; en Italie, les *Histoires* des deux Malatesti, etc.

3° Les Romans de chevalerie : les histoires fabuleuses où puisèrent les romanciers, telles que la *Vie de Charlemagne*, par le pseudo-Turpin, et le livre des *Gestes des rois de Bretagne*, par Geoffroy de Monmouth, avaient été composés en prose latine. Il paraît que les premiers ouvrages auxquels ils servirent de texte furent écrits en prose romane. Plus tard ils furent mis en rimes ; plus tard encore ils ont été remis en prose.

Nous n'avons pas compris parmi les idiomes qui furent cultivés en Europe pendant le moyen âge une langue qui occupe une place importante dans l'histoire de l'esprit humain. L'hébreu fut conservé par les Israélites avec le même soin que les livres où sont consignés leur histoire, leurs lois et leurs traditions. Les Juifs d'Espagne et de Narbonne composèrent plusieurs ouvrages remarquables sur la théologie (*talmud*), la philosophie (*al-kabbala*), la médecine et la grammaire. La nouvelle poésie hébraïque prit naissance dans le XIIe siècle, qui fut illustré par Moïse Maymonides, disciple de l'Arabe Averroès, et le plus beau génie des Juifs depuis leur dispersion.

§ III. — *Beaux-Arts et Découvertes.*

Tous les arts firent des progrès plus ou moins importans pendant ces siècles de première renaissance. Gui d'Arezzo, mort en 1071, avait inventé les notes de musique en cherchant les moyens d'abréger pour ses élèves les peines et les longueurs des études musicales. D'autres Toscans firent connaître à l'Italie les procédés de la peinture grecque, échappés à la ruine de l'art. Cimabuè et Giotto commencèrent la renaissance à la fin du XIIIe siècle; Jean de Modène inventa la peinture à l'huile, qui devait se perdre après lui pour renaître encore. La miniature sur manuscrit atteignit à une merveilleuse perfection de dessin et de coloris, et la peinture sur verre suivit le même progrès.

Mais de tous les arts, ce fut l'architecture qui s'éleva au plus haut degré de perfection. Elle obéissait aux deux grandes puissances qui se partageaient la domination universelle, l'Église et la féodalité. A la première elle donna ces hardies cathédrales qui ont résisté au caprice des hommes, parce qu'elles répondaient à un besoin de tous les siècles, et ces imposans monastères qui ont cédé au temps, parce qu'ils n'étaient que l'expression d'une idée. La féodalité demanda à l'architecture des remparts, des tours et des créneaux, capital inappréciable de travail qui ne devait pas profiter aux siècles qui ont hérité du moyen âge. Les tours menaçantes sont tombées; les clochers protecteurs sont encore debout.

L'architecture, éminemment religieuse, adopta le style gothique, sévère comme les dogmes du catholicisme, hardi, bizarre , extravagant même comme les imaginations et les caractères de l'époque. Pendant que le noble baron bornait son faste à des tours massives bien crénelées, à de vastes salles où il recevait l'hommage de ses vassaux dans un grand fauteuil de bois taillé en ogive ou découpé en dentelle, et sur des nattes de paille qui couvraient ses planchers; pendant que le bourgeois menait sa vie obscure dans une habitation étroite, enfumée et malsaine, l'architecture déployait toute sa pompe pour rendre dignes de leur destination les monumens consacrés au culte. Elle empruntait le secours de la sculpture pour décorer ces étonnans portails dont la construction coûtait les efforts de toute une génération, celui de la peinture pour représenter, sur des vitraux de mille couleurs, les faits mémorables de l'histoire ecclésiastique et des scènes de la vie féodale ou industrielle. Si les ornemens étaient barbares, ce défaut était bien racheté par le mérite de l'exécution architecturale; et l'on admirera toujours, dans les temples gothiques de nos aïeux, l'élancement des flèches à perte de vue, la hardiesse des arcs-boutans, la science des voûtes et la majesté de l'ensemble.

Parmi les principaux monumens ecclésiastiques des XII⁰ et XIII⁰ siècles, on peut citer la cathédrale de Chartres, commencée en l'an 1145 par une congrégation d'architectes ; Saint-Denis, rebâti par Suger ; Notre-Dame de Paris, fondée en 1163 par l'évêque Maurice de Sully, et qui coûta plus de cent ans de travaux; la cathédrale de Magdebourg (1207); la chapelle de Westminster rebâtie par Henri II, en 1220; la cathédrale d'Amiens (1221); la Sainte-Chapelle, due à saint Louis; Saint-Trophime d'Arles, la cathédrale de Cologne, et surtout celle de Strasbourg, ouvrage d'Erwin de Steinbach et de cent mille ouvriers qui travaillèrent successivement sous ses ordres. Il faut ajouter à ces monumens de nombreuses abbayes, et particulièrement celles de la Normandie et de l'Angleterre.

L'architecture civile n'enfanta pas de semblables merveilles. La France, l'Angleterre et l'Allemagne furent couvertes de châteaux-forts dont il reste çà et là quelques tours en ruines, monumens d'un ordre social qui ne peut plus renaître. L'Italie montre encore, à Florence et à Venise, quelques palais construits dans le style grec de la décadence. La tour inclinée de Pise est regardée comme le chef-d'œuvre profane du moyen âge; mais cet honneur lui est disputé par la tour de Robert, bâtie par Giotto, à Florence.

Il faut ranger dans un ordre à part les monumens arabes de l'Espagne. L'Alhambra de Grenade et la mosquée de Cordoue sont encore les deux plus magnifiques témoignages de la domination musulmane.

N'oublions pas de rendre hommage à une association charitable qui, non contente de protéger les voyageurs, s'appliqua à leur ouvrir des chemins et à leur faciliter le passage des torrens et des rivières. S. Benezet, pâtre et constructeur de ponts (*pastor et pontifex*), avait bâti le pont d'Avignon en 1177; la confrérie des *frères pontifes* commença en 1265 le pont Saint-Esprit, qui subsiste encore, avec ses voûtes de pierre, à côté des ponts suspendus récemment jetés sur le Rhône. Ce fleuve, plus indomptable que l'Araxe, n'a pu être soumis que par la piété patiente du moyen âge et par l'audace de l'industrie moderne.

PEINTRES ET ARCHITECTES.

Théophile, Grec	XIᵉ S.	Eudes, de Montreuil	1289
Azon, Français	1022	Arnolfe, de Pise	1300
S. Benezet, Provençal	1184	Cimabué, de Florence	1300
Robert de Luzarches	1228	Erwin de Steinbach	1318
Nicolas, de Pise	1250	Giotto, de Florence	1336

Découvertes. — Les découvertes ou importations que nous allons indiquer devaient exercer une immense influence sur le commerce, l'industrie, les sciences et la civilisation en général.

La *boussole*, qu'on attribue mal à propos au pilote Flavio Gioia, d'Amalfi, et dont les Chinois se servaient depuis un temps immémorial, était connue des marins provençaux dès le XIIe siècle ; mais il paraît qu'on en fit peu d'usage avant le XVe.

Le *papier de coton*, employé par les Chinois avant l'ère chrétienne, fut porté par eux dans la Bukharie, d'où les Arabes en apportèrent la connaissance et la fabrication, d'abord à La Mecque (706) et ensuite en Espagne, d'où ils l'expédiaient à l'étranger sous le nom de *pergamino de pano*, parchemin de drap. Il paraît que le *papier de linge* fut inventé par les Musulmans espagnols, et qu'il commença à être employé en France dans le XIIIe siècle. On trouve, dès l'an 1243, des chartes écrites sur ce papier, dont l'emploi fit tomber le prix du parchemin et diminua l'exorbitante cherté des livres.

La *poudre à canon*, en tant que composition chimique, était depuis long-temps connue des Chinois, qui ne l'appliquèrent à l'art de la guerre que pendant le XIIIe siècle (1232). Ce fut aussi vers cette époque qu'elle fut employée à la défense des places par les Arabes d'Espagne (1249, 1257, etc.). Roger Bacon en connut le secret, et le publia dans un de ses ouvrages. Mais les chrétiens n'adoptèrent les armes à feu que vers le milieu du XIVe siècle.

L'invention des *lunettes* est due au Florentin Salviato degl' Armati (1286); et comme on ignorait encore à cette époque la loi à laquelle est soumise la réfraction de la lumière, il est probable que cette découverte ne fut que l'effet du hasard. Plus tard un autre hasard fit découvrir le *télescope*, dont Gerbert avait eu le premier l'idée.

Les Arabes apportèrent en Espagne les procédés de distillation qu'ils avaient inventés, et qu'ils appliquèrent seulement aux plantes odoriférantes. Arnauld de Villeneuve († 1314) en fit l'application au vin, et découvrit ainsi l'*alkhool*, dont le nom arabe peut faire supposer que l'alchimiste languedocien importa plutôt qu'il n'inventa l'eau-de-vie, cette découverte qui devait être d'un si puissant secours à la chimie pharmaceutique, et d'une si grande importance dans le commerce.

CHAPITRE X.

De l'Empire d'Allemagne depuis l'élection de Rodolphe de Habsbourg jusqu'au couronnement de Frédéric III, à Rome, 1273-1452.

§ Ier. — *Rodolphe de Habsbourg, Adolphe de Nassau et Albert Ier.*

L'ANCIENNE maison impériale d'Autriche dont Rodolphe de Habsbourg fut le chef, et la famille de Lorraine qui l'a remplacée, se sont donné pour ancêtres les anciens princes des Allemands, et on cite Étichon, duc d'Alsace à la fin du VIIe siècle, comme étant la souche commune de ces deux maisons souveraines aujourd'hui confondues.

Un descendant d'Étichon, Gontran le Riche, comte bénéficiaire du Sundgau jusqu'en 951, et possesseur de nombreux domaines allodiaux dans le Brisgau et l'Argovie, fonda la grandeur de sa race en lui amassant des trésors. Son petit-fils Werner, mort en 1096, prit le titre de comte de Habsbourg, qui passa à son fils Othon, premier comte héréditaire de la Haute-Alsace, dont le petit-fils, Albert le Riche, fut premier landgrave en 1180. Rodolphe l'Ancien, fils aîné d'Albert, ajouta aux titres de sa famille celui d'Avoué des cantons libres d'Uri, Schwitz et Underwalden, et la rendit puissante dans l'Helvétie (1). Il était réservé à un au-

(1) Les *Avoués* représentaient les cantons à la diète de l'Empire, commandaient leur milice et rendaient la justice aux habitans.

tre landgrave du même nom de la placer au premier rang des maisons princières de l'Empire.

1240-1273. — Rodolphe IV de Habsbourg n'hérita d'abord que d'une partie des domaines de sa maison; mais des circonstances heureuses, qu'il seconda de sa valeur et de son adresse, amenèrent sous ses lois des fiefs collatéraux et plusieurs villes impériales. Au retour d'une expédition où il s'était signalé contre les Prussiens idolâtres, sous les ordres de Premislas Ottocar, roi de Bohême, il se fit reconnaître pour patron des villes de Strasbourg, Lauffenbourg et Zurich, ainsi que des Cantons helvétiques. Il venait d'hériter des nombreuses seigneuries de la maison de Kibourg et d'enlever Bâle à son évêque, lorsqu'on vint lui annoncer une plus brillante fortune.

RODOLPHE Ier, *empereur*, 1273. — Il fallait à l'empire d'Allemagne un chef d'un caractère ferme, pour le tirer de l'anarchie où l'interrègne l'avait plongé, d'une puissance médiocre, pour ne pas alarmer la défiance des électeurs. Le comte de Habsbourg réunissait ces deux conditions. Deux amis dévoués, Werner, archevêque de Mayence, et Frédéric de Hohenzollern (1), surent les faire valoir dans la diète de Francfort, où le comte palatin Louis de Bavière proclama Rodolphe empereur en vertu du pouvoir arbitral qui lui avait été délégué par le collége électoral. Cette élection déconcerta l'impuissante opposition d'Alfonse X de Castille, et les prétentions plus redoutables du roi de Bohême.

1275. — Ottocar protesta contre l'élection de Rodolphe, et lui refusa l'hommage féodal. La diète d'Augsbourg mit cet électeur au ban de l'Empire, et le somma de restituer les provinces autrichiennes qu'il avait injustement acquises après l'extinction de la maison de Bamberg. Rodolphe, se disposant à exécuter la

______

(2) Celui-ci gagna trois électeurs en leur faisant espérer de s'unir avec les filles de Rodolphe, et les trois mariages eurent lieu.

sentence de la diète , s'allie avec Ladislas, roi de Hongrie, et fait entrer le pape Grégoire X dans ses intérêts, par de trompeuses concessions , mais surtout par la promesse de se mettre à la tête de la croisade récemment publiée au concile de Lyon. Le roi de Bohême , maître de tout le pays limitrophe de l'Empire depuis la Baltique jusqu'au golfe de Venise , brave l'orage qui le menace , empêche dans son royaume la prédication de la guerre sainte , et se ligue avec les princes dont les états avoisinaient les domaines héréditaires de Rodolphe.

Première guerre , 1275-1277. — La défaite de Henri de Bavière et des autres alliés d'Ottocar ouvre à l'empereur l'entrée de l'Autriche et amène la prompte soumission de cette province. Le roi de Bohême demande la paix, qui est suivie d'un double mariage entre les enfans des deux monarques.

Seconde guerre , 1277-1278. — Ottocar rompt la paix, à l'instigation de sa femme , et se flatte de reconquérir l'Autriche avec le secours des rois de Pologne et de Bulgarie. Mais il périt à la bataille de Markfeld , en 1278 , et la Régence du royaume se hâte de déposer les armes. Par le traité d'Iglau , Wenceslas IV renonce aux prétentions de son père sur l'Autriche , la Styrie et la Carniole ; et , dix ans après , ce jeune roi épousa une fille de Rodolphe , qui fut alors le beau-père des quatre électeurs séculiers.

Les fiefs autrichiens étant ainsi devenus vacans, l'empereur les demande à la diète d'Augsbourg pour ses fils Albert et Rodolphe, qui vont en prendre possession. Il réservait à un troisième fils ses domaines de l'Helvétie , de la Souabe et de l'Alsace, qui , réunis à quelques débris du royaume d'Arles, devaient composer pour ce jeune prince un riche patrimoine. Mais la mort de ce fils , et des résistances qu'il n'avait point prévues, détournèrent Rodolphe de ce dessein, et il n'exerça jamais sur les fiefs de l'ancienne Bourgogne qu'une souveraineté honoraire.

L'ambition de Rodolphe commençait à éveiller la défiance des grands feudataires. Aussi, lorsqu'en 1290 il voulut assurer à son fils aîné la couronne impériale, il ne trouva plus dans les électeurs leur complaisance accoutumée ; et la diète fit cet affront à sa vieillesse, de refuser au duc Albert la dignité de *roi des Romains*.

1291. — Peu de mois après ce refus, Rodolphe descendit au tombeau, frustré de sa plus douce espérance. Un étranger allait profiter de sa peine et de sa gloire, et l'Empire, pacifié par ses soins, réhabilité par ses exploits, pouvait devenir l'héritage d'une autre famille. Cependant l'œuvre de sa politique ne devait point être perdue pour sa postérité ; et la nouvelle maison d'Autriche, assise par lui sur une base inébranlable, était destinée à recueillir, après de longues traverses, le fruit des travaux de son fondateur.

Adolphe de Nassau, 1291. — Au fils du grand Rodolphe, le collége des électeurs préféra le comte de Nassau, qui n'avait pour lui que son obscurité et son impuissance. Adolphe reçut les subsides de l'Angleterre pour attaquer la France ; mais il aima mieux s'en servir pour agrandir ses états héréditaires. Il fit déshériter à ce prix les enfans d'Albert le Dénaturé, landgrave de Thuringe, et se mit en devoir de conquérir cette province dont les États venaient d'annuler un traité contraire au droit naturel et aux lois de l'Empire. Pendant qu'il soutenait par les armes ses iniques prétentions, ses ennemis concertaient une ligue pour le détruire ; et, dans une diète tenue à Mayence, en 1298, Albert d'Autriche se fit élire par quatre électeurs. La guerre civile allait embraser toute l'Allemagne ; mais à la première bataille qui fut livrée à Gœlheim, près de Worms, Adolphe périt de la main de son rival.

Albert Ier, 1298-1308. — Ce prince, ayant fait renouveler son élection irrégulière, reçut la couronne à Aix-la-Chapelle , malgré la vive opposition du pape Boniface VIII , que sa querelle avec le roi de France réconcilia ensuite avec ce roi des Romains.

Affaires de Bohême, 1300-1307. — Le roi Wenceslas IV, élu roi de Pologne en 1300 , après la déposition de Wladislas Loketek, venait d'être appelé au trône de Hongrie que laissait vacant l'extinction de la race d'Arpad dans la personne d'André le Vénitien (1302). Le roi de Bohême fait couronner par les Hongrois son fils Wenceslas V ; mais il le rappelle bientôt, et soustrait ainsi sa jeunesse aux dangers d'une royauté disputée par Othon de Bavière, et par Charobert de Naples, qui prévalut en 1310. Wenceslas V, qui semblait destiné à trois couronnes, ne porte qu'un an celle de ses aïeux, et la race slave des rois de Bohême s'éteint avec lui (1306).

L'empereur, avec l'agrément de la diète germanique, dispose successivement du trône vacant en faveur de deux de ses fils, Rodolphe et Frédéric. Mais les États de Bohême avaient déféré la royauté à Henri de Carinthie, beau-frère du dernier Wenceslas. Albert fait de vains efforts pour soutenir les droits de sa famille, et tourne ensuite son impuissante colère contre les Suisses insurgés.

§ II. *Formation de la ligue helvétique,* 1308, etc.

L'Helvétie relevait depuis long-temps de la couronne de Germanie, soit comme partie intégrante de l'Empire , soit comme démembrement du royaume d'Arles. Elle se trouvait alors morcelée en deux cents fiefs immédiats attitrés de comté ou de baronnie, quatre villes impériales , et les trois *waldstettes* d'Uri, Schwitz et Unterwalden, qui ne reconnaissaient d'autre autorité que celle de l'empereur. La famille de Habsbourg entreprit à son détriment de convertir en souveraineté le droit de patronage qu'elle exerçait sur ces trois cantons. Albert d'Autriche n'ayant pu les amener à reconnaître sa seigneurie, les opprima comme empereur. Mais l'insultante tyrannie de son landvogt ou bailli Gesler donna lieu à cette célèbre conspiration du Grütli, dans laquelle le nom de Guillaume Tell figure entouré de gloire et d'obscurité. Les trois auteurs de la révolution qui affranchit les Cantons *suisses* de la domination autrichienne, furent Stauffacher, d'Uri; Walter Furst, de Schwitz, et Melchtal, d'Unterwalden (1308). Ils conclurent pour dix ans une alliance défensive que les événemens devaient changer en fédération républicaine, et qui, suivant le vœu de ces trois grands citoyens, était destinée à faire revivre dans les vallées helvétiennes *les anciens temps et la vieille Suisse* (Schiller).

1308-1315.—L'empereur Albert, ayant appris l'insurrection des Suisses, marcha contre eux pour les réduire. Mais il fut assassiné au passage de la Reuss par son neveu Jean de Souabe, qu'il avait frustré de ses domaines patrimoniaux. Ses fils et sa veuve vengèrent sa mort par d'atroces exécutions. Mais tous les efforts de leur maison échouèrent contre les pasteurs intrépides des waldstettes. L'armée de Léopold fut taillée en pièces dans les défilés de Morgarten, en 1315, et les vainqueurs signèrent à Brunnen une ligue perpétuelle qui fut approuvée par l'empereur Louis de Bavière.

L'indépendance des anciens Cantons fut affermie et fortifiée par l'accession successive de Lucerne (1332), de Zurich et de Glaris (1351), de Zug, et surtout de Berne (1352), et plus tard encore par l'association d'autres provinces helvétiques (St. Gall, 1405; Fribourg, 1478; Bâle, Schaffhouse et Appenzel, 1501). Cependant la maison d'Autriche n'avait pas renoncé à ses ressentimens ni à ses projets de conquête. Mais la mémorable victoire de Sempach remportée, en 1386, sur un autre Léopold, par le dévouement héroïque d'Arnold de

Winkelried, mit la liberté helvétique hors de toute atteinte étrangère. La longue trêve de Zurich conclue, en 1389, avec le duc d'Autriche Albert III, garantit les droits respectifs de la Confédération et de la maison de Habsbourg. L'exemple des Suisses gagna leurs voisins, et, en 1424, les Grisons, assemblés dans le village de Truns, se formèrent en fédération indépendante sous le nom de *Ligue grise,* sans secouer toutefois la suzeraineté des ducs d'Autriche.

§ III. — *Maisons impériales de Luxembourg et de Bavière.*

Henri VII *de Luxembourg,* 1308-1313. — Albert semblait avoir réfléchi sur sa famille le mépris qu'il s'était attiré, et son fils Frédéric le Bel brigua sans succès l'Empire, qui fut donné à Henri de Luxembourg. Cette maison, naguère obscure, acquit dès-lors une importance qu'elle dut peut-être moins à la dignité impériale qu'à la couronne de Bohême. Jean, fils de l'empereur, ayant épousé une sœur de Wenceslas V, fut élu roi par les États du royaume, et commença une dynastie à laquelle la Bohême fut redevable tout à la fois de sa civilisation, dont l'université de Prague fut le berceau, et de son importance politique, qu'il faut attribuer à la conquête de Glogau, et à la soumission volontaire des ducs silésiens de Sagan, Oppeln, Œls, Brieg, Steinau, Liegnitz et Ratibor, en 1327 et 1335.

Expédition d'Italie, 1311-1313. — Les derniers empereurs avaient négligé l'Italie, par prudence ou par impuissance; Henri voulut faire revivre les anciens droits de l'Empire sur cette contrée. Il fut invité à passer les monts par le parti gibelin, et les légats du pape le couronnèrent au Capitole, pendant que le roi de Naples, Robert d'Anjou, occupait la cité Léonine avec les Guelfes. L'empereur irrité alla tenir à Pise une diète où Robert fut mis au ban de l'Empire;

mais Clément V intercéda pour le roi de Naples, et finit par fulminer, de sa résidence d'Avignon, l'excommunication d'Henri VII. Ce prince ne devait plus revoir l'Allemagne, et sa mort inopinée fut imputée à un empoisonnement sacrilége.

Louis V *de Bavière*, 1314-1347. — Après un an d'interrègne, l'Empire reçut deux empereurs, Louis de Bavière et Frédéric d'Autriche, qui avaient partagé les suffrages du collége électoral. Une guerre civile éclata entre les deux concurrens, et se termina, en 1322, par la victoire du Bavarois, à Muhldorff. Le duc d'Autriche, fait prisonnier, recouvra la liberté trois ans après, par le traité d'Ulm, qui laissa la royauté indivise entre les deux princes rivaux. Mais Frédéric ne jouit pas long-temps de son vain titre. Après lui, sa famille semble rentrer dans l'obscurité, jusqu'à l'élection de l'empereur Albert II, en 1437.

Louis V avait consenti à partager l'Empire avec son prisonnier, dans l'espoir de désarmer le pape Jean XXII, qui voulait lui opposer un nouveau compétiteur dans la personne du roi de France Charles le Bel. Mais il fut trompé dans son attente, et toute la vie de cet empereur fut troublée par les anathêmes du saint Siége.

Expédition d'Italie, 1328. — Louis se flattait de rendre le pontife plus traitable s'il parvenait à relever le parti gibelin en Italie. Mais son couronnement à Rome, par les mains du préfet Sciarra Colonne, parut à ses ennemis une nouveauté impie, et le pape excommunia l'empereur, qui à son tour fit prononcer la déposition du pape.

1333-1347.—Fatigué de tant de persécutions, Louis V offrit de résigner sa couronne; mais la diète germanique s'opposa à cet acte de faiblesse, et répondit aux anathêmes de Benoît XII par la Pragmatique-Sanction de Francfort (1338). Cet acte de fermeté ne fit qu'irriter la cour d'Avignon, et Clément VI persuada aux électeurs ecclésiastiques et au duc de Saxe d'élire un nouvel empereur. Charles de Luxembourg, fils du roi Jean l'Aveugle, reçut la couronne, par les suffrages de cette majorité dissidente, un mois avant son avénement au trône de Bohême ; et Louis V, mis aux prises avec ce second compétiteur, finit son règne comme il l'avait commencé.

Charles IV *de Luxembourg*, 1347-1378. — Après avoir fait confirmer sa première élection, et prodigué, pour affermir son autorité, l'or et les dignités de l'Empire, il alla vendre au-delà des monts quelques débris de la couronne de Fer.

Expédition d'Italie, 1354. — Les vains honneurs d'un double couronnement coûtèrent à l'Empire les derniers droits qui lui restaient en Italie. Charles renonça à la suzeraineté des terres pontificales, céda Padoue et Vérone aux Vénitiens, et nomma Galéas Visconti *Vicaire perpétuel de l'Empire* en Lombardie. Dans un second voyage entrepris en 1368, il vendit en détail ce qu'il n'avait pas eu encore le temps d'aliéner.

Bulle d'Or, 1356. — Au retour de sa première expédition en Italie, Charles IV tint à Nuremberg une diète où fut décrétée la fameuse Bulle d'Or. C'est une des principales lois constitutives de l'Empire, qui détermine le lieu et le mode d'élection de l'empereur, les droits et priviléges des sept électeurs, leur ordre de succession primogéniale et indivisible, l'attribution des deux vicariats au duc de Saxe et au comte palatin du Rhin, etc.

Dans cette même diète, la Silésie, la Lusace et la Moravie furent incorporées au royaume de Bohême.

1365 - 1378. — Charles IV, voulant tirer quelque fruit de ses droits sur le royaume d'Arles, va s'y faire couronner par le pape Urbain V. Il confirme la vente d'Avignon faite à Clément VI par Jeanne de Naples, ainsi que la cession du Viennois au roi de France par Humbert II, et il constate sa prise de possession par quelques autres actes de souveraineté (1365). Cet empereur se prêtait à toutes les aliénations du domaine et des fiefs de l'Empire : aussi lui a-t-on reproché avec justice d'avoir laissé en mourant la dignité impériale ruinée et avilie. Il montra plus de sagesse dans le gouvernement de ses États héréditaires, et la Bohême lui dut de bonnes lois, et surtout l'institution de l'université de Prague (1366), modelée sur celle de Paris, où ce prince avait fait ses études.

Wenceslas *de Luxembourg*, 1378-1400. — Le fils aîné de Charles IV ayant succédé au trône héréditaire et à la couronne élective de son père, ne suivit que trop fidèlement les exemples domestiques ; aussi des symptômes d'anarchie ne tardèrent pas à se manifester dans l'Empire, et le besoin de protéger la paix publique donna naissance à de nouvelles ligues. Les villes de la Souabe et de la Franconie formèrent des associations pour se défendre contre les confréries nobles du Lion-d'Or, de Saint-Georges et autres. Une guerre ouverte éclata entre les deux partis, et les communes furent battues par les princes aux combats de Weil et de Worms (1388). Wenceslas paya cher l'impuissant et secret appui qu'il avait prêté aux villes libres. Pour le perdre, on divulgua ses vices trop réels, et on les grossit au-delà de toute vraisemblance. Enfin, il fut emprisonné par ses sujets de Bohême en 1393, et déposé par ses vassaux d'Allemagne en 1400. Toutefois, sa royauté survécut dix-huit ans à son empire.

Robert *de Bavière*, 1400-1410. — L'expédition d'Italie était de nouveau tombée en désuétude sous Wenceslas. L'Électeur Palatin, qui lui succéda, essaya de s'ouvrir le chemin de Rome par l'abaissement des Visconti, maîtres absolus du Milanais ; mais sa défaite sur le lac de Garda l'avertit que l'Italie était perdue à jamais pour les empereurs. —

A' la mort de Robert, la désunion se mit de nouveau dans la diète électorale, et un triple schisme divisa en même temps l'Empire et l'Église. Les électeurs se partagèrent entre l'empereur déchu, son frère, Sigismond, et Josse de Moravie, son cousin ; mais la mort de ce dernier ramena tous les suffrages à Sigismond, roi de Hongrie et électeur de Brandebourg.

SIGISMOND *de Luxembourg*, 1410-1437. — Sous un prince qui apportait sur le trône la dignité électorale, la couronne de Hongrie et l'expectative de celle de Bohême, le pouvoir impérial semblait destiné à reprendre sa première force ; mais les attaques victorieuses des Ottomans, le besoin de rétablir l'ordre et l'unité dans l'Église, et surtout une guerre religieuse en Bohême, empêchèrent Sigismond de rendre son ancien éclat à la couronne impériale.

1414. — Le concile de Constance, qui devait opérer une réconciliation universelle dans l'Église et dans la chrétienté, n'atteignit que bien imparfaitement ce noble but, et il fut, pour l'Empire en particulier, une occasion nouvelle de discorde et de malheur.

Guerre des Hussites, 1419-1434. — Le concile de Constance venait de condamner au feu Jean Huss et Jérôme de Prague, qui avaient propagé dans la Bohême les erreurs de l'hérésiarque anglais Wiclef. La nouvelle de cette exécution inspire une fureur fanatique à leurs nombreux sectateurs. Ils prennent les armes sous la conduite de Jean Ziska, et massacrent le sénat de Prague. Le roi Wenceslas meurt d'épouvante, et Sigismond, qui lui succède, ne peut empêcher les États-Généraux du royaume de se réunir aux rebelles. Réduit à combattre ses sujets, il n'éprouve d'abord que des revers, et ne peut même protéger l'Empire contre les incursions des *Taborites*. Cependant les concessions faites à ces sectaires par le concile de Bâle ayant déterminé la soumission des États, leur chef Procope ne peut prolonger long-temps la guerre civile, et sa défaite à Böhmischbroda amène, en 1434, la pacification d'Iglau.

1437. — Sigismond meurt après avoir rendu la paix à ses états, mais en laissant l'Église divisée par un nouveau schisme. Avec lui s'éteignit la maison royale de Luxembourg.

Maison d'Autriche, 1438. — Albert d'Autriche, gendre de Sigismond, succéda à ses trois couronnes, qu'il ne porta que deux ans. Après lui, la Hongrie et la Bohême, acquises à titre héréditaire, sortirent de sa famille, pour y revenir un jour, tandis que la dignité impériale, élective de sa nature, devait rester dans la maison de Habsbourg jusqu'à l'extinction de cette illustre dynastie en 1740.

Frédéric III, qui succéda, en 1440, à son parent Albert II, prêta son appui au saint Siége, pour ramener les évêques dissidens de Bâle; et lorsque la fin du schisme, en 1449, eut rétabli la tranquillité dans l'Église, il alla recevoir des mains de Nicolas V la couronne impériale (1452). Ce fut la dernière fois que Rome vit consacrer dans ses murs le successeur d'Othon le Grand.

§ IV. — *Changemens politiques dans l'Empire, durant cette période.*

L'Empire achève de perdre en Italie et dans le royaume d'Arles des droits usés par le cours du temps ou aliénés par l'avarice des empereurs. Circonscrit dans ses propres limites, il reçoit une constitution plus régulière et plus complète par les lois de Rodolphe, la Bulle d'Or de Charles IV, et le premier établissement des Cercles, sous Wenceslas et Sigismond. Mais ces institutions mêmes servent à reconnaître et à légitimer tous les empiétemens des princes, ainsi que la dilapidation du domaine impérial et des droits du trône. La dignité suprême devient onéreuse à ceux qui en sont investis, et les États atteignent, comme corps fédératif et comme pouvoirs individuels, au plus haut degré de souveraineté. Les électeurs se séparent des autres vassaux immédiats, et forment un collége particulier, qui reste en possession du droit exclusif d'élire l'empereur et de participer à la collation des grands fiefs. Après ce premier Collége vient celui des princes, augmenté et décrédité par la création des nouveaux ducs. Enfin, un troisième Collége, celui des villes impériales, prend séance dans la diète, et concourt aux délibérations, à partir de l'année 1293.

Le démembrement de la Souabe et de la Franconie avait donné naissance à une noblesse immédiate d'un ordre particulier. Cette noblesse, en quelque sorte allodiale, se met hors de la dépendance des princes et de l'empereur ; elle ne prend aucune part au gouvernement et reste exempte des charges publiques autres que le service militaire. Dans ces mêmes provinces, on comptait un assez grand nombre de cantons *rustiques* libres, qui, comme les Waldstettes de l'Helvétie, ne relevaient que de l'empereur et étaient gouvernés par ses scultettes ou baillis.

Des changemens plus faciles à saisir surviennent dans la succession des grands fiefs, qui tous entrent ou restent dans les familles qui les possèdent encore. Toutes les maisons électorales sont renouvelées, à l'exception des deux principales branches de Bavière; mais au-dessus de ces dynasties provinciales se place la maison parvenue de Habsbourg-Autriche, qui, sans arriver à la dignité électorale, obtient en 1453 un titre qui distingue ses chefs des autres ducs et les assimile aux têtes couronnées. Elle ne vote pas l'Empire, mais elle en fait son patrimoine.

Bohême. — L'avénement de la maison de Luxembourg, en 1310, avait donné une nouvelle importance à ce royaume. Jean l'Aveugle y réunit la Silésie, par la soumission volontaire des ducs de Sagan, Oppeln, Brieg, Liegnitz, Ratibor, etc., mécontens de la suzeraineté des rois de Pologne (1327). A ces acquisitions Charles IV ajouta la Lusace, et ce même empereur fit assigner au roi de Bohême le premier rang parmi les électeurs. Tous ces avantages devaient concourir à l'élévation de la maison d'Autriche, qui hérita de ce royaume en 1438, et se l'assura par un mariage en 1526.

Bavière et Palatinat. — En vertu d'un traité de famille, signé à Pavie en 1329, le vote électoral devait alterner dans les branches palatine et ducale de la maison de Wittelsbach; mais la Bulle d'Or le fixa dans la branche aînée ou palatine (1356).

Brandebourg. — La branche d'Ascanie-Anhalt s'étant éteinte en 1322, par la mort du margrave Jean IV, cet électorat fut possédé successivement par trois fils de l'empereur Louis de Bavière. Sigismond de Luxembourg en fut ensuite investi par son père; mais après son avénement à l'Empire, il le vendit, en 1417, au burgrave de Nuremberg, Frédéric de Hohenzollern, tige de la maison royale de Prusse aujourd'hui régnante.

Saxe. — Cent ans après l'extinction de la branche brandebourgeoise d'Anhalt, la maison d'Ascanie finit en Saxe, dans la personne d'Albert III (1422). L'empereur Sigismond fit alors transférer ce duché à Frédéric le Belliqueux, margrave de Misnie (1423). En 1486, la maison saxonne de Misnie se divisa en deux grands rameaux :

1° La branche aînée ou Ernestine, électorale jusqu'en 1548 ;

2° La branche cadette ou Albertine, électorale en 1548, et royale en 1806.

MAISONS IMPÉRIALES DE HABSBOURG ET DE LUXEMBOURG.

Albert le Sage, comte de Habsbourg. † 1240.
E. Hedwige, hérit. de Kibourg. † 1260.

* * * *

27. RODOLPHE, comte de Habsbourg, emp. 1273. † 1291.　　28. ADOLPHE DE NASSAU, emp. 1292, tué 1298.

29. ALBERT Ier, D. d'Autriche; emp. 1298.　*Judith.*　*Clémence.*　*Agnès.*　*Rodolphe.*　*Mathilde.*　*Hedwige.*
　　E. *Élisabeth de Carinthie.*　E. Wenceslas IV　E. Ch. Martel,　E. Albert II,　E. Agnès　E. Louis II,　E. Othon IV,
　　　　　　　　　　　　　　de Bohême.　R. de Hongrie.　D. de Saxe.　de Bohême.　duc de　margrave de
　　　　　　　　　　　　　　　　　　　　　　　　　　　　　　　　　Bavière.　Brandebourg.

31. *Frédéric le Beau*, duc, 1308;　　*Albert le Sage.* † 1358.
compétiteur de Louis de Bavière.　Tige des différentes branches
　　　　　　　　　　　　　　de la maison d'Autriche.

MAISON DE LUXEMBOURG.

* * * *　　　30. HENRI VII, f. de Henri, comte de Luxembourg; emp. 1308. † 1313.

31. LOUIS IV de Bavière, emp. 1314.

Jean l'Aveugle, R. de Bohême, tué 1346.
E. 1. Élisabeth, hérit. de Bohême.
　2. Béatrix de Bourbon.

32. CHARLES IV, R. de Bohême et emp. 1346. † 1378.　　　*Jean Henri*, marg. de Moravie.
　　E. *Anne de Silésie.*

33. WENCESLAS, R. et emp. 1378; déposé 1400;　　36. SIGISMOND.　　　35. JOSSE, emp. 1410.
　　mort roi de Bohême, 1419.　　　　　élect. de Brandeb. 1373;　　　　　　† 1411.
* * * *　　　　　　　　　　　　　R. de Hongrie, 1386; emp.
34. ROBERT de Bavière, électeur palatin;　1411; R. de Bohême, 1419. † 1437.
　　élu emp. 1400. † 1410.　　　　　E. *Marie*, hérit. de Hongrie.
* * * *
8. FRÉDÉRIC III, D. d'Autriche et de Syrie;　　*Élisabeth.*
　　emp. 1440. † 1493.　　　　　E. ALBERT II, D. d'Autriche,
　　　　　　　　　　　　37e roi d'Allemagne; emp. 1438. † 1439.

CHAPITRE XI.

DE L'ITALIE.

De Rome et des Papes avant et pendant le grand schisme. — Communes de Toscane. — Seigneuries lombardes. — Républiques maritimes. — Royaumes de Naples et de Sicile.

État du pays. — Les querelles des maisons d'Anjou et d'Aragon, la translation du siége pontifical en France, la révolution aristocratique de Venise, la ruine de la marine pisane, l'élévation des Visconti, et l'oppression presque générale des communes libres ; tous ces événemens contemporains font naître, au commencement du quatorzième siècle, de nouveaux intérêts et une politique nouvelle.

Les noms de *Guelfe* et de *Gibelin* remplissent l'histoire de ce siècle. Mais ces partis n'ont plus un but unique et déterminé ; on voit, dans le même temps et dans la même contrée, des tyrans guelfes et des républiques gibelines. Le guelfe Alighieri Dante devint un des plus ardens défenseurs de la prérogative impériale, et le gibelin Pétrarque fut l'ami et le partisan du démagogue Rienzi.

Les Guelfes ont pour eux les papes, les rois de France et les princes de la maison Angevine de Naples. Florence est leur centre d'activité et leur dernier asile.

Les Gibelins reçoivent une protection vague des empereurs d'Allemagne, dont l'intervention dans les affaires d'Italie ne sert qu'à donner une couleur légitime aux usurpations des *tyrans*.

Au milieu des combats sans fin que se livrent les deux partis, des aventuriers ou *condottieri*, pour la plupart étrangers jusqu'en 1380, tels que le Provençal

Montréal, l'Anglais Haukwood (Aucudo), l'Allemand Werner, l'Espagnol Raymond de Cardone, etc., vendent leurs services au plus offrant, et désolent l'Italie par leurs brigandages. Mais aucun de ces chefs d'aventuriers ne doit égaler la haute fortune de Jacques Sforce et de son fils.

Pour mettre quelque ordre dans un tableau aussi confus, nous allons distribuer les faits principaux d'une manière conforme aux grandes divisions géographiques et à l'esprit de l'histoire.

§ I. — *De Rome et du souverain pontificat.*

La translation du saint Siége à Avignon, en 1309, fit naître des circonstances qui, mettant en jeu la mutinerie des Romains et l'esprit indépendant du clergé, furent sur le point d'anéantir la puissance temporelle des papes, et d'affaiblir leur autorité spirituelle. L'absence des souverains pontifes livra Rome à l'ambition de ses tribuns ; leur retour en Italie donna naissance au grand schisme d'Occident; il compromit leur suprématie en la divisant, et en la soumettant à des discussions dangereuses.

Conjuration de Rienzi, 1347. — Des légats apostoliques, résidant à Pérouse, gouvernaient les États de l'Église, mais n'exerçaient sur la capitale du monde chrétien qu'une autorité indirecte. Rome avait conservé quelques institutions républicaines, et des magistrats élus par les citoyens, tels qu'un sénateur annuel, des capitaines du peuple et le conseil municipal des *Caporioni.* Elle flottait entre l'oligarchie et la démocratie, entre les Gibelins et les Guelfes. Du milieu de cette anarchie, et des derniers rangs du peuple, sortit un tribun audacieux qui prétendit faire revivre l'ancienne république et rendre aux Romains l'empire du monde chrétien.

Nicolas de Rienzi s'empare du gouvernement de

Rome et annonce le rétablissement de la république sous le nom de *Bon État*. Il en fait jurer l'observation aux nobles romains et en propose l'adoption aux villes d'Italie et aux princes de la chrétienté. Il ose citer à son tribunal le pape Clément VI, l'empereur Charles IV, la reine Jeanne de Naples, etc., et s'érige en médiateur des rois. Mais, arrivé au comble du pouvoir, le tribun se rend odieux à tous les partis, aux grands par son inflexible rigueur, au peuple par une vanité puérile. Au moment du danger, il s'évade du Capitole et se réfugie en Hongrie, puis à la cour de l'empereur. Charles IV le livre au pape, qui le fait enfermer dans les prisons d'Avignon.

1353-1377. — Après la fuite de Rienzi, les Romains s'étaient laissé séduire par d'autres démagogues. Le pape Innocent VI entreprend de les ramener par l'influence du proscrit qui avait été leur idole, et envoie Rienzi en Italie avec le légat Albornoz. Le peuple reçoit avec enthousiasme le tribun du *Bon État*, et le massacre bientôt après, à l'instigation des Colonnes (1354). Albornoz, habile général et grand politique, comprime les factions, réduit les vassaux et les villes rebelles de la Romagne, et, par le rétablissement de la puissance pontificale, aplanit la voie au retour des papes, qui eut lieu en 1377.

Grand schisme d'Occident, 1377-1449. — Après la mort du pape Grégoire XI, qui avait rapporté à Rome le siége pontifical, les cardinaux élurent d'abord Urbain VI, et, révoquant ensuite cette nomination irrégulière, réunirent leurs suffrages sur Clément VII, qui alla résider à Avignon. Dès-lors la chrétienté se divisa en deux obédiences, et le schisme d'Occident commença. Sous le double pontificat de Benoît XIII et de Grégoire XII, un concile se tint à Pise pour porter remède à ce désordre. Mais l'élection d'Alexandre V ne fit qu'ajouter un troisième pape aux deux qui se disputaient la tiare (1409).

Conciles de Constance et de Bâle, 1414-1431. —
Le successeur d'Alexandre, Jean XXIII, s'étant concerté avec l'empereur Sigismond, indiqua un concile
général à Constance. Cette assemblée se proposa, mais
en vain, de réformer l'Église dans son chef et dans ses
membres, et d'extirper à la fois l'hérésie et le schisme.
Elle déposa les trois papes et mit à leur place Martin V.
Ce pontife, effrayé des réformes annoncées par le concile, se hâta de le dissoudre; mais il se vit contraint d'en
convoquer un autre, qui se réunit à Bâle sous son successeur Eugène IV (1431). Indépendamment de la réfor-
mation des abus, le nouveau concile devait délibérer
touchant la réunion de l'Église grecque et des autres
communions schismatiques. Pour remplir le premier objet de sa mission, il abolit les *annates,* les *réserves* et les
expectatives. Mais la hardiesse des réformateurs ayant
alarmé la cour de Rome, Eugène prononça la clôture du
concile, et indiqua une prochaine réunion des évêques
à Ferrare (1437). Cet acte d'autorité occasiona une
scission dans l'assemblée. Les membres dissidens continuèrent le cours de leurs délibérations, et se donnèrent
pour pape le duc de Savoie, sous le nom de Félix V.

Fin du schisme, 1449. — Le concile de Ferrare,
transféré à Florence en 1439, se regarda comme seul
légitime, et prononça la réunion des Églises grecque,
arménienne et éthiopienne. Les deux assemblées se sé-
parèrent en 1443, laissant la chrétienté divisée par un
second schisme. Enfin le pape Nicolas V, par sa prudence,
et l'anti-pape Félix V, par son abdication, rendirent l'u-
nion et le repos à l'Église.

Les réformes décrétées par les conciles de Constance
et de Bâle n'eurent pas tous les résultats heureux qu'on
pouvait en espérer; cependant elles furent adoptées en
tout ou en partie par la France et l'Allemagne. Le clergé
français les donna pour base aux libertés gallicanes, par
la *Pragmatique Sanction* de Bourges (1438); et la
diète d'Aschaffenbourg accepta le *Concordat de la na-*

tion germanique, rédigé dans des termes plus favorables à l'autorité du saint Siége (1447). L'empereur Frédéric III, qui régnait alors, se prêta avec complaisance aux désirs de la cour de Rome. Curieux de tenir la couronne impériale des mains du pape, il ne répugnait à aucun sacrifice. Son couronnement à Rome, en 1452, fut accompagné d'une renonciation sans réserve aux anciens droits de l'empire sur la ville des Césars.

Depuis ce moment, l'autorité des papes devint véritablement souveraine et absolue dans Rome ; et la conjuration du tribun Porcaro, en 1453, fut un impuissant et dernier effort de la liberté républicaine. Dans la Romagne, de nombreux tyrans affectèrent encore l'indépendance, à Rimini, à Ravenne, à Bologne, à Forli, à Césène et en plusieurs autres lieux.

§ II. — *Toscane.*

Cette riche contrée était encore divisée en antant de républiques que de villes, et la querelle des Guelfes et des Gibelins y conservait toute son énergie. Les communes de l'intérieur, Sienne, Arezzo, Volterra et Pérouse, liées à la politique de Florence, maintenaient sous son patronage leurs institutions populaires. Les villes de la côte maritime, Pise et Lucques, devaient rester fidèles à la cause des Gibelins, jusqu'au dernier moment de leur indépendance.

Le parti gibelin n'aurait pu résister long-temps au parti contraire, sans le génie de Castruccio Castracani, qui sut le relever par ses alliances et par ses victoires. Élu seigneur de Lucques en 1320, après l'expulsion des Guelfes, il se lia avec Galéas Visconti, de Milan, et ces deux tyrans envahirent le territoire des Florentins, qui furent défaits à la bataille d'Alto-Pascio (1325). Deux ans après, l'empereur Louis le créa duc de Lucques et de Pistoie. La mort prématurée de ce guerrier entreprenant sauva la liberté des villes toscanes (1328).

Après la mort de Castruccio, Lucques tombe au pouvoir de Mastino della Scala, seigneur de Vérone, et se donne ensuite aux Pisans, pour échapper aux Florentins, qui l'avaient achetée de Mastino (1342). Toutefois sa liberté doit survivre à la république de Pise, dont elle venait de solliciter le patronage.

Pise, sans port et sans vaisseaux depuis le désastre de Meloria, ne peut long-temps défendre la Sardaigne contre la maison d'Aragon qui en avait obtenu l'investiture du pape Boniface VIII, en 1294. Un massacre pareil aux Vêpres Siciliennes livre cette île à Jayme II, roi d'Aragon (1323), et les Pisans cèdent à ce prince leurs droits de souveraineté en 1325.

A Florence, les partis guelfe et gibelin se dissimulent sous les noms de *Noirs* et de *Blancs*. Les Noirs, dirigés par les Donati, et soutenus par les rois de Naples, dominent presque toujours, et le gouvernement sort rarement des voies démocratiques. Quelquefois l'alliance des nobles et des prolétaires livre le pouvoir à des *seigneurs;* mais la tyrannie de Jean de Brienne, en 1342, ramène la république aux formes populaires. Sa situation devient alors plus critique que jamais. Dépeuplée par une peste générale en 1348, et bientôt après assiégée par les troupes de Jean Visconti, elle trouve sa sûreté dans le dévouement des communes guelfes (1350); aussi les Florentins emploient leur influence à maintenir l'union entre ces républiques. Mais ils sont eux-mêmes divisés par la rivalité des *Arts majeurs* et des *Arts mineurs*, ainsi que par les factions aristocratique et populaire, qui renouvellent dans leurs murs les sanglantes tragédies des Noirs et des Blancs (1376, etc.). « Sous le « régime des patriciens, dit Muller, Florence fut déchirée par les factions des Guelfes et des Gibelins. « Sous le gouvernement des familles plébéiennes, elle « vit fleurir dans son sein le commerce et les arts. Sous « le règne de la populace, elle devint la proie de magistrats avides qui cherchaient à dissimuler l'obscu-

« rité de leur naissance sous les dehors d'un luxe scan-
« daleux. »

1406. — Au commencement du quinzième siècle
les Florentins assurent à leur république la domination de la Toscane, par la conquête de Pise, que leur
livre la trahison du podestat Gabriel Visconti. Le maréchal de Boucicaut garantit ce traité, et prend possession de Livourne pour les Génois, qui, en 1421,
vendent ce port à Florence. Cette importante acquisition ouvre la mer aux spéculations commerciales des
Florentins.

Du milieu des marchands enrichis par cette voie nouvelle, s'élève une famille puissante par son opulence,
son amour des arts et sa popularité. Jean de Médicis, le
Père des pauvres, fonde la grandeur de sa maison, et
son fils Côme, surnommé le *Père de la patrie*, est
pendant trente-quatre ans l'arbitre de la république
(1430-1464). Les honneurs qui furent rendus à son cer-
cueil annoncèrent aux Florentins qu'ils auraient bientôt des maîtres (1).

§ III. — *Lombardie.*

Parmi les familles qui avaient usurpé la seigneurie des
villes avant la fin du treizième siècle, les plus puissantes étaient celles des Visconti, à Milan, et della Scala,
à Vérone.

SEIGNEURIE DE VÉRONE, 1259-1387. — Sur les ruines
de la maison de Romano, le podestat de Vérone, Mastino della Scala, avait jeté les fondemens d'une domination moins oppressive et plus durable que celle des
Eccelins (1259). Son petit-fils, le grand Cane, obtint,
en 1312, de l'empereur Henri VII, le titre de Vicaire
impérial dans la marche Trévisane, ainsi que la seigneu-

_____

(1) L'année d'après (1465), Louis XI autorisa Pierre de Médicis à
porter trois fleurs de lis dans ses armoiries.

rie de Vicence. Les républicains de Padoue lui disputè-
rent en vain cette ville qui venait de se soustraire à leur
puissance ; ils tombèrent eux-mêmes sous le joug héréditaire de Jacques Carrare, en 1318. Mastino II della
Scala poursuivit les desseins ambitieux de son père,
étendit son influence jusqu'en Toscane par l'acquisition
de Lucques, et menaça l'indépendance de Florence,
qui dut son salut à l'alliance des Vénitiens (1336). Il
aspirait à la royauté d'Italie ; mais la politique de Venise
et la résistance des Visconti firent échouer cette ambition. Après la mort de Mastino II (1351), la famille
della Scala déchut chaque jour de sa grandeur ; et Antoine, son dernier héritier, fut dépouillé de toutes ses
possessions par Galéas Visconti (1387), qui enleva aussi
Padoue à François Carrare (1388). Mais cette ville bientôt reconquise devait passer, ainsi que Vérone, au pouvoir des Vénitiens en 1405.

Seigneurie de Milan, 1276-1395. — L'archevêque
Othon Visconti, après avoir dépouillé les Torriani de
l'autorité publique, gouverna la seigneurie pendant
vingt ans, et transmit son puissant crédit à son neveu
Mathieu le Grand, qui avait obtenu par ses soins la ca-
pitainerie de Milan, de Novare et de Verceil. Cependant
les Torriani exilés rentrèrent dans leur patrie, avec le
secours des Plaisantins, et les Visconti furent proscrits à
leur tour (1302). Ils revinrent bientôt, et Mathieu fut
assez adroit ou assez fourbe pour engager les della Torre
dans une sédition où la plupart d'entre eux périrent
(1311). C'est alors que l'empereur Henri VII donna à
Mathieu le titre de Vicaire impérial dans la Lombardie.
Le chef des Visconti rendit la seigneurie héréditaire dans
sa famille, et ses successeurs étendirent leur puissance
dans la haute Italie par les armes et par une politique
astucieuse. Jean Galéas ruina la fortune des Scaligers,
et réunit à ses États toute l'Italie lombarde depuis la
Brenta jusqu'au Tésin. Vérone, Vicence, Padoue, Fel-

tre, Bergame, Brescia, Lodi, Crémone, Verceil, Alexandrie, Parme, Plaisance, Bologne, Pise, toutes ces cités, alors si florissantes, reconnurent à différens titres les lois du seigneur de Milan. Les rois de France recherchèrent son alliance, et l'empereur Wenceslas lui conféra la dignité ducale (1395).

Maison ducale de Visconti, 1395-1447. — En sa qualité de premier duc de Milan, Jean Galéas peut être regardé comme le second fondateur de la maison de Visconti. Ce grand prince avait terni sa gloire par ses cruautés ; ses fils, Jean-Marie et Philippe-Marie, furent cruels sans gloire. Cependant Philippe forma le dessein d'assujettir Florence, qui, comme Venise, avait profité de la minorité de son frère pour s'agrandir à ses dépens. Il prit à sa solde les plus fameux condottieri de son siècle, tels que François Carmagnole et François Sforce, Torelli et Piccinino. Mais, après de brillans avantages, Carmagnole disgracié arma contre lui les Vénitiens et le duc de Savoie. Vaincu sur l'Oglio, Visconti accepta, en 1418, le traité de Ferrare ; et plus tard, la bataille ou plutôt la mêlée d'Anghiari acheva de renverser ses projets ambitieux. Il mourut en 1447, sans postérité légitime, et sa race finit avec lui.

Maison de Sforce, 1450. — A la mort de Philippe, les Milanais rétablirent le gouvernement républicain sans avoir égard aux réclamations de divers prétendans (1) ; mais ils se trouvèrent dans la nécessité de confier les forces de l'État à François Sforce, gendre du dernier Visconti. Cet heureux aventurier, profitant de sa position et de l'influence vénitienne, s'empara du duché, et commença, en 1450, une dynastie qui devait, après cinquante ans, trouver de redoutables compétiteurs dans les rois de France, descendans d'une fille de Jean Ga-

____

(1) L'empereur Frédéric III, comme suzerain ; Alfonse V d'Aragon, institué héritier par Philippe-Marie ; Charles d'Orléans, petit-fils de Jean Galéas ; François Sforce, mari de Blanche, fille naturelle de Philippe-Marie.

léas, Valentine de Milan, qui avait apporté à Louis d'Orléans, outre sa dot pécuniaire, la ville d'Asti et la succession éventuelle du duché de Milan stipulée dans le contrat.

PIÉMONT. — Les prétentions des ducs de Savoie sur ce pays dataient du règne de l'empereur Henri IV, qui, vers l'an 1098, investit le comte Humbert II des marches de Suze et de Turin, et lui permit de prendre le titre de marquis d'Italie. Les successeurs d'Humbert eurent à défendre leurs droits contre les princes, les évêques et les communes du Piémont ; et malgré l'appui des empereurs, qui nommèrent plusieurs d'entre eux vicaires de l'Empire en Italie, ils ne parvinrent à dominer dans le Piémont que sous le règne d'Amédée VII, par la cession que leur en fit le comte de Provence, Louis Ier d'Anjou, en 1381. Un autre comte-roi de Provence, Louis III d'Anjou, abandonna, par le traité de Chambéry, en 1419, le comté de Nice au pacifique Amédée VIII, le Salomon de son siècle, qui venait d'être élevé à la dignité ducale par l'empereur Sigismond (1417), et qui, après sa retraite à Ripaille, fut élu pape, sous le nom de Félix V, par la faction dissidente du concile de Bâle. Dès-lors la domination de la maison de Savoie, solidement établie en Italie, acquit une importance et une étendue toujours croissantes.

MONTFERRAT. — Le Montferrat, dont la réunion au Piémont a été achevée en 1814, avait eu, depuis son origine au dixième siècle, des marquis héréditaires de la race d'Aleran. Cette famille, tant illustrée par les croisades, fut remplacée, en 1306, par une branche des Paléologues, qui eut pour chef Théodore, fils de l'empereur Andronic et d'Yolande de Montferrat. Une autre Yolande, fille de ce même Théodore, porta des droits éventuels à la succession du marquisat dans la maison de Savoie, par son mariage avec le comte Aimon le

Pacifique, en 1330. Mais ces droits ne devaient être exercés que long-temps après l'extinction des Paléologues, survenue en 1533.

FERRARE.—La branche italienne de la maison d'Este, dès long-temps séparée de la tige guelfe, possédait la seigneurie de Ferrare sous la suzeraineté des papes, par suite de la litigieuse donation de Mathilde. Le bâtard Borso d'Este, ayant usurpé le droit héréditaire de ses frères légitimes, fut nommé duc de Modène et de Reggio par l'empereur Frédéric III, en 1452, et le pape Paul II l'investit en 1471 du *duché* de Ferrare, qui rentra cette même année dans la descendance légitime, par l'avénement d'Hercule Ier.

Plusieurs autres familles exerçaient une pleine souveraineté dans les contrées riveraines du Pô et dans la moyenne Italie. La plus considérable fut celle des Gonzague à Mantoue, fondée par Louis de Gonzague, qui se fit proclamer capitaine du peuple, en 1328, après l'expulsion des Buonaccolsi. Son petit-fils François obtint de l'empereur Sigismond le titre de marquis (1433), qui devint ducal un siècle plus tard.

Les Bentivoglio dominèrent long-temps à Bologne, depuis l'an 1415; les Pics, à La Mirandole; les Malespina, à Massa; les Grimaldi, à Monaco, etc.

§ IV. — *Républiques de Venise et de Gênes.*

Ces deux puissances rivales, maîtresses du commerce du Levant qui avait fait leur fortune, prirent un intérêt secondaire aux querelles de l'Italie. Cependant Venise combattit souvent la prépondérance des Visconti, intervint dans les affaires des Marches, et acquit des possessions en terre ferme. Gênes, déchirée par les factions des Doria et des Spinola, ne put trouver le repos sous le gouvernement d'un seul, et Simon Boccanegra, son premier doge (1339), éprouva les premiers effets de celte inconstance qui remplit la république de troubles pendant les intervalles de ses guerres avec Venise. Plusieurs fois, fatiguée de ses agitations, elle se reposa sous le patronage des Milanais ou des Français, et sacrifia ses véritables intérêts à des inimitiés domestiques et à des influences étrangères.

L'activité commerciale de ces deux républiques fut la source de leur prospérité et de leurs sanglantes querelles.

La révolution qui rétablit, en 1261, l'empire grec à Constantinople, avait donné aux Génois la supériorité dans la mer Noire, où les ports de Tana (Azof) et de Caffa devinrent les principaux entrepôts de leur commerce ; mais les Vénitiens prédominaient encore dans l'Archipel, et le traité qu'ils conclurent, en 1347, avec le sultan mameluk Hassan-Naser, leur assura le monopole de l'Égypte et de l'Inde.

Guerre de Caffa, 1350-1355. — Les Génois, maîtres de Caffa (Théodosie), s'étant brouillés avec les Tartares, bloquent la mer d'Azof et interceptent ainsi le commerce des Vénitiens avec le port de Tana. La guerre éclate entre les deux nations. Les Vénitiens, malgré l'alliance des Aragonais et de l'empereur Cantacuzène, perdent la bataille navale de Gallipoli, et Constantinople, menacée par les vainqueurs, ferme ses ports aux vaincus (1352). Ce revers et cette défection n'empêchent pas le pavillon vénitien de tenir la mer, et les Génois sont battus à leur tour devant Cagliari ; mais leur amiral Paganino Doria rétablit leur supériorité par la victoire de la Sapienza, qui fut suivie d'une paix avantageuse (1355).

Le sénat de Venise s'était vu forcé de demander la paix pour prévenir les suites de la conjuration de Marin Faliero, qui avait entrepris de renverser l'aristocratie.

Affaibli par ses défaites et menacé par ses ennemis domestiques, le gouvernement vénitien n'osa pas soutenir une lutte inégale avec Louis de Hongrie, et céda à ce prince l'Istrie et la Dalmatie (1357).

Guerre de Chiozza, 1378-1381. — Cette guerre, qui mit en feu toute l'Italie, commença à l'extrémité de la Méditerranée et devait se terminer dans les lagunes de Venise. Elle eut pour cause l'occupation de Ténédos par les Vénitiens, et la conquête de Chypre par les Génois. Venise eut pour elle le roi Pierre de Lusignan et Barnabo Visconti; Gênes mit dans ses intérêts l'empereur grec, le roi de Hongrie, la reine de Naples, les Carrares et les Scaligers. Les Génois, vaincus près des ruines d'Antium, triomphans devant Pola, s'emparèrent de Chiozza, et Pierre Doria rejeta avec dureté les soumissions du doge Contarini. La république de Venise allait s'exiler dans l'île de Crète, lorsque, par des prodiges de patriotisme et d'audace, Victor Pisani fit prisonnières dans Chiozza l'armée et la flotte génoises (1380). Cette victoire sauva l'existence de Venise, mais ne répara point les pertes de la république; et la paix de Turin, qui réconcilia les deux puissances, ne fut avantageuse qu'à leurs alliés (1381).

Venise avait perdu dans cette guerre tous ses domaines de terre ferme. Elle chercha bientôt à les remplacer aux dépens des Scaligers et des Carrares. Dans le partage de la dépouille d'Antoine della Scala, elle obtint la marche de Trévise (1387); et Padoue, d'abord soumise à son influence, puis attaquée à force ouverte et enfin trompée par des promesses de liberté, fut définitivement réunie à la seigneurie de Saint-Marc en 1405. François Carrare eut le sort que Venise réservait aux ennemis qu'elle craignait encore après leur défaite. Trois de ses fils furent égorgés après lui. Tout le sang des Carrare avait paru nécessaire à la politique de Venise.

Guerre de Baruth, 1403.—Depuis la paix de Turin, les Génois n'avaient cessé d'être en révolution jusqu'au moment où ils se donnèrent au roi de France Charles VI, qui leur envoya le maréchal de Boucicaut (1401). Ce gouverneur, après avoir rétabli la tranquillité dans la ville par des mesures rigoureuses, fit une expédition dans le Levant, pilla les comptoirs des Vénitiens à Baruth, et remporta sur eux une victoire navale; mais cette rupture n'eut pas d'autres suites.

1405-1421. — Pendant que Boucicaut acquérait aux Génois l'île d'Elbe et le port de Livourne, les Vénitiens se rendaient maîtres du golfe de Corinthe par la prise de Patras et de Lépante. Plus tard ils enlevèrent le Frioul au patriarche d'Aquilée (1420); et, dans le même temps, Gênes, qui n'avait pu supporter ni la domination des Français, ni celle du marquis de Montferrat, fut soumise à Philippe Visconti par le condottiere Carmagnole (1421).

1415-1441. — Carmagnole, ayant abandonné la cause du duc de Milan, passe au service des Vénitiens et les engage à signer une ligue offensive avec les Florentins six fois vaincus, contre les Milanais et les Génois. Cet habile général enlève à Philippe Visconti un grand nombre de villes, et fait céder le Bressan à la république par le traité de Ferrare (1428); mais vaincu à son tour près de Soncino par François Sforce, il paie de sa tête cette défaite suspecte de trahison (1432). Une paix de quelques années suspend les hostilités, et pendant cet armistice les Génois se détachent du duc de Milan pour retomber dans l'anarchie. La guerre, qui se rallume entre Venise et Visconti, n'amène aucun nouveau résultat, et se termine en 1441. La république conserve le Bressan, Bergame, Crème et Ravenne, dont la réunion était due à la politique guerrière de Foscari.

1453. — Constantinople, menacée par les Turcs, implore le secours de Venise; mais, soit manque de temps, soit imprévoyance, soit plutôt que la vieillesse et le chagrin eussent amorti l'infatigable énergie du doge Foscari, les galères de la république arrivèrent trop tard pour sauver la capitale de l'Orient. La chute de l'Empire grec ébranla la puissance de Venise; son commerce en souffrit d'abord moins que sa puissance; mais le jour de sa ruine n'était pas loin.

§ V. — *Royaumes de Naples et de Sicile.*

Les Vêpres Siciliennes avaient séparé les Deux-Siciles, et la réconciliation des maisons d'Anjou et d'Aragon ne put opérer une réunion stipulée par les traités. Frédéric d'Aragon resta maître de l'île que son frère Jayme avait consenti à restituer, et la branche des rois dont il fut la souche prit si bien racine en Sicile, que tous les efforts des souverains de Naples ne purent jamais l'en arracher.

1309-1343. —En-deçà du Phare, Robert le Sage, successeur de son père Charles le Boiteux, épuisa vainement les ressources de son royaume et de son comté de Provence pour reconquérir la Sicile. Plus heureux sur le continent d'Italie, il y exerça une puissante influence, par le moyen du parti guelfe dont il fut le chef, et il soutint avec honneur, quoique sans éclat, ce rôle difficile.

1343-1382. —Robert avait pris possession de la couronne au détriment de son neveu Charobert, roi de Hongrie, qui pouvait invoquer en sa faveur le droit de représentation. Le mariage de Jeanne de Naples avec André de Hongrie devait confondre les droits des deux branches; mais cette union n'enfanta que des crimes, dont André fut la première et la plus innocente victime (1345). Jeanne Ire avait préludé par le meurtre de son mari aux malheurs et aux scandales qui remplirent les quarante années de son règne. La justice divine permit enfin que le sang qu'elle avait versé retombât sur elle, et sa mort ouvrit une lutte désastreuse entre Louis Ier d'Anjou, son fils d'adoption, et Charles de Duras, son héritier naturel.

1382-1435. — Cette querelle devait durer plus longtemps que la branche royale de Duras, et plus longtemps encore que la seconde maison d'Anjou qui l'avait suscitée. Jeanne II, dernière héritière des Duras, la compliqua, en adoptant tour à tour Alphonse le Magnanime, roi d'Aragon et de Sicile, et Louis III, duc d'Anjou et comte de Provence.

1435. — Après la mort de Louis et de Jeanne II, René d'Anjou se porta pour champion des droits de sa famille; mais l'inconstance et la faiblesse de ce prince ne pouvaient prévaloir sur le génie et la puissance du roi d'Aragon. Alphonse V resta donc maître paisible du royaume et le laissa dans sa famille; mais la maison d'Anjou allait bientôt transmettre ses prétentions au roi de France, et la succession de Naples devait mettre en jeu toute la politique européenne.

CHAPITRE XII.

DE LA FRANCE ET DE L'ANGLETERRE.

Rivalité des deux couronnes sous les trois premiers Valois. — Première période de la guerre de cent ans, 1328-138o.

Le ressentiment mutuel des haines récentes, des intérêts toujours opposés, et surtout les prétentions d'un prince anglais à la couronne de France, vont soulever entre les deux nations une guerre plus que séculaire. Les maux de cette rivalité sanglante doivent encore être aggravés par les divisions civiles qui remplissent, dans les deux pays, les intermittences de la guerre. En France, la première maison de Valois, comme celle qui la suivra, semble dévouée au malheur. Deux fois la succession royale est sur le point d'être interrompue par l'ambition des princes du sang; deux fois la dynastie d'Hugues-Capet est ébranlée par les victoires de l'Angleterre, et toujours, par des retours glorieux et inespérés, nos rois affermissent leur trône, et la nation échappe à l'ignominie d'une domination étrangère.

§ I. — *Guerre de Crécy*, 1327-1348.

Préliminaires, 1327-1336. — A un an d'intervalle, ÉDOUARD III commença son glorieux règne en Angleterre, et PHILIPPE VI de Valois, chef de la maison de ce nom, monta sur le trône de France, à l'exclusion de Jeanne de France, comtesse d'Évreux et reine de Navarre, déjà écartée une fois par décision des États-Généraux. L'exclusion de cette fille de Louis le Hutin faisait tomber les prétentions d'Isabelle de France, reine d'Angleterre. Cependant son fils Édouard III invoqua en sa faveur le droit de proximité; mais, condamné par le conseil des barons, il parut se désister de son injuste réclamation, et consentit à faire hommage de la Guienne à Philippe, dans la cour plénière d'Amiens (1329).

1331-1342. — Édouard avait à cœur de soumettre l'Écosse à sa couronne; et, sans égard pour le traité naguère signé par son ministre Mortimer, il déclare la guerre à David Bruce, et reconnaît pour roi d'Écosse son compétiteur Édouard Baillol (1331). David est chassé du royaume, et la victoire de Hallidon-Hill livre un moment l'Écosse à Baillol, qui se fait couronner sur la pierre de Scone. Cependant la guerre continue entre les régens et le nouveau roi, que trois expéditions de son protecteur ne peuvent maintenir sur le trône.

1328. — Le roi de France avait eu de son côté à réprimer la mutinerie des Flamands, qui venaient encore de se révolter contre leur comte Louis de Nevers. Philippe remporta sur les rebelles la victoire de Cassel, et rétablit son vassal dans ses droits.

Rupture ouverte, 1337. — Les cruautés du comte de Flandre ayant de nouveau mécontenté ses sujets, une sédition éclate à Gand et gagne bientôt toute la contrée. Le brasseur Jacques Artevelle se met à la tête de la révolte, et propose à Édouard III de prendre les armoi-

ries de France, afin que les Flamands puissent se soumettre à lui sans manquer aux devoirs de la vassalité.
Déjà Robert d'Artois, exilé du royaume par suite d'une
condamnation capitale, avait décidé ce prince à usurper
le titre de roi de France. Dès-lors la guerre fut déclarée
entre les deux couronnes. Dans une cour plénière où
parut le traître Robert, les Anglais jurent *par le héron*
de ravager et de massacrer sans pitié, de *n'épargner ni
moûtier ni autel, ni femme grosse ni enfant, ni parent ni ami.* La reine d'Angleterre Philippine de Hainaut fait serment de ne pas mettre au jour l'enfant qui
remue dans ses entrailles avant qu'elle n'ait passé la mer,
dût-elle se plonger un couteau dans le sein et perdre
ainsi *son âme et son fruit.* C'est sous de pareils auspices
que va commencer une guerre où doivent se jouer tout
ensemble la couronne de France et la nationalité
française.

1340.—La flotte française est battue près de L'Écluse,
et la Flandre ouvre ses ports aux vainqueurs. Édouard,
s'étant concerté avec les rebelles, va assiéger Tournay
resté fidèle à son comte et à son roi. Cette place ré-
siste à tous ses efforts, et dans le même temps le duc de
Bourgogne bat, près de Saint-Omer, les troupes anglaises commandées par Robert d'Artois. Les hostilités
sont suspendues par une trève d'un an, nécessaire à
Édouard III pour aller combattre les Écossais, qui venaient de chasser Baillol, et qui étaient à la veille de
rétablir David Bruce.

Affaire de Bretagne, 1341, etc.— A la fin de la
trève, les hostilités eurent d'abord la Bretagne pour
théâtre. Le duc Jean III venait de mourir, et sa succession était en litige entre sa nièce Jeanne de Penthièvre
et Jean de Montfort, son frère puîné. Les pairs de
France l'adjugent à Jeanne, et par elle, à son mari,
Charles de Blois. Philippe envoie une armée contre
Montfort, qui est fait prisonnier à Nantes par le prince
royal Jean, duc de Normandie. Robert d'Artois, arrivé

trop tard pour le défendre, trouve la mort dans Vannes, et le roi d'Angleterre fait de vains efforts pour reprendre cette place. La trève de 1343 laisse Jeanne de Montfort abandonnée à ses propres ressources ; mais son courage et son activité prolongent la guerre de Bretagne.

1345.—A l'expiration de la trève, le parti de Montfort, renforcé par un corps d'Anglais, fait prisonnier Charles de Blois à La Roche-Derrien. Alors tous les soins comme tout l'honneur de la guerre retombent sur les deux Jeanne, héroïques épouses des deux prétendans prisonniers. Cette lutte, où brilla d'un si grand éclat la chevalerie bretonne, devait se prolonger jusqu'en 1365, où le traité de Guérande donna gain de cause à la maison de Montfort.

Bataille de Crécy, 1346.—Le supplice d'Olivier de Clisson et de plusieurs autres seigneurs bretons dévoués à l'Angleterre, avait donné lieu à la rupture de la trève. La guerre se rallume à la fois en Guienne, en Bretagne et en Normandie. Édouard est invité par le traître Geoffroy d'Harcourt à descendre en Normandie. L'armée anglaise s'avance sur Paris et se replie ensuite vers la Flandre ; mais, atteinte par les Français sur les bords de la Somme, elle est contrainte d'accepter une bataille qui devait être un des plus beaux exploits de l'Angleterre. La France, vaincue à Crécy, y perd les plus illustres de ses princes et la fleur de ses chevaliers.

1347. — Édouard va mettre le siége devant Calais, qui est sauvé de la destruction par l'héroïque dévouement d'Eustache de Saint-Pierre. Cependant la rigueur politique du vainqueur en exile toute la population française, et s'en assure la possession en y transportant une colonie d'Anglais.

Pendant qu'Édouard triomphait à Crécy, sa femme, Philippine de Hainaut, gagnait sur les Écossais la bataille moins brillante mais plus décisive de Nevil's-Cross, où le roi David Bruce fut fait prisonnier.

Trève, 1348-1355. — Le pape Clément VI, prenant
en pitié la misère des peuples désolés par la guerre,
par la peste et par la famine, interpose sa médiation entre les rois de France et d'Angleterre, et leur fait accepter une trève d'un an, qui se prolongea en réalité
jusqu'à l'année 1355.

Pendant cette trève, Philippe VI ajoute aux domaines
de sa maison le comté de Montpellier, par achat de
Jayme d'Aragon, roi de Majorque (1349), et le Dauphiné de Viennois, par la donation de Humbert II de
La Tour-du-Pin (1349). Le Viennois devint l'apanage
du fils aîné de France. C'était peu d'acquérir, il fallait
surtout conserver; et Philippe déclara le domaine royal
inaliénable.

En Angleterre, Édouard III établit, en 1349, l'ordre de
la *Jarretière*, que le roi Jean imita deux ans après par
l'institution des chevaliers de *l'Etoile*.

§ II. — *Guerre de Poitiers, séditions populaires, paix de Brétigny, etc.*, 1350-1364.

Jean le Bon, roi de France, 1350-1364. — La suspension des hostilités avait rétabli les relations ordinaires entre les seigneurs français des deux partis, et le roi
d'Angleterre en profitait pour entretenir des intelligences avec les vassaux et les officiers du roi de France.
Le connétable d'Eu, soupçonné de s'être vendu à
l'étranger, est mis à mort sans jugement (1351), et
sa charge est donnée à Ferdinand de Lacerda, qui
venait d'obtenir aussi le comté d'Angoulême, hypo-
théqué au roi de Navarre, Charles le Mauvais, gendre du Roi. Le Navarrois fait assassiner le prince
castillan (1354), et prélude, par ce meurtre, aux mé-
faits de sa coupable vie. Le faible roi ferme d'abord les
yeux sur ce crime; mais, ayant reconnu plus tard que
son gendre conspirait contre sa personne, il donna

l'ordre de l'arrêter, et fit décapiter sous ses yeux les autres chefs du complot(1356).

Rupture avec l'Angleterre, 1355. —Bien que la trêve eût cessé depuis quatre ans, la guerre n'avait éclaté que par quelques hostilités partielles ; mais, en 1355, elle prend un caractère sérieux. Le prince de Galles descend à Bordeaux, et parcourt en vainqueur l'Aquitaine ; le roi d'Angleterre débarque à Calais et ravage la Picardie. En Bretagne, les Anglais s'emparent de Nantes, mais ne soutiennent pas leurs premiers succès. L'épuisement des ressources publiques énerve la résistance, et le roi se voit forcé de faire un appel à la nation.

États-généraux, 1355. —Les députés de la langue d'Oïl se réunissent à Paris, et les trois Ordres votent la levée de trente mille hommes d'armes (cent cinquante mille combattans, sans y comprendre les milices communales). Deux impôts, la gabelle et les droits de vente, payés sans distinction par tous les sujets du roi, devaient pourvoir à l'entretien de cette armée. En dédommagement des sacrifices faits à la couronne, le tiers-état demanda la réforme de tous les abus, l'abolition de la *Pourvoirie*, la fixation du service militaire, et la délimitation des diverses juridictions.

Bataille de Poitiers, 1356. —Le roi reprend l'offensive et obtient des succès en Normandie ; mais les progrès du prince Édouard l'appellent au midi de la Loire. La rencontre des deux armées a lieu près de Poitiers, où les Anglais remportent une victoire plus désastreuse encore pour la France que la journée de Crécy. Le roi tombe au pouvoir de l'ennemi, et va partager à la Tour de Londres la captivité du roi d'Écosse.

1357. — La France, privée de son souverain, tombe dans une anarchie qui la livre au fer de l'ennemi et à la fureur des partis. La trêve de Bordeaux arrête les dévastations de l'étranger ; mais les députés de la nation excitent la révolte au lieu de la réprimer.

Etats-généraux et séditions, 1357-136o. — Le dauphin Charles, ayant pris les rênes de l'État en qualité de lieutenant-général, convoque à Paris les députés du pays de langue française. Cette assemblée accorde les mêmes subsides que les États de 1355 ; mais elle exige le renvoi des ministres qui n'avaient tenu aucun compte des doléances du peuple et des promesses de la couronne ; elle demande la formation d'un conseil de régence choisi en nombre égal dans les trois Ordres ; et, usurpant sur la prérogative royale, elle s'arroge la nomination des préposés du fisc, etc.

Les députés du royaume, en opposant ainsi à l'action du pouvoir une résistance intempestive, étaient peut-être, sans le savoir, l'instrument de quelques ambitieux. Charles le Mauvais, se fondant sur sa qualité de petit-fils du roi Louis le Hutin, aspirait ouvertement à la couronne, et il était secondé par Robert le Coq, évêque de Laon, et Étienne Marcel, prévôt des marchands, qui excitaient et dirigeaient les factions. Une première sédition remplit Paris d'épouvante ; l'exécution d'un bourgeois cher au peuple en fit éclater une seconde qui coûta la vie aux maréchaux de Champagne et de Normandie, et mit en péril celle du dauphin. Ce prince s'enfuit de Paris.

1358. — Les États de la langue d'Oil sont convoqués à Compiègne, et ceux de la langue d'Oc à Toulouse. Ces derniers accordent quelques subsides. L'assemblée de Compiègne reconnaît le dauphin en qualité de régent du royaume. A Paris, les factieux ne dissimulent plus l'intention de donner la couronne à Charles le Mauvais, et Marcel allait ouvrir les portes de la ville aux Navarrois et aux Anglais, lorsqu'il est massacré avec ses complices par Jean Maillard et Pépin des Essarts. Alors le régent, cédant aux prières des Parisiens, rentre dans la capitale et publie une amnistie générale.

Pendant que Paris était chaque jour agité par des

émeutes populaires, les *Jacques* brûlaient les châteaux de la Picardie, et les *Routiers* ou *Malandrins* répandaient l'effroi dans toutes les provinces.

Le retour du roi pouvait seul rendre le repos à la France; mais les conditions de sa délivrance, trop humiliantes pour la nation, furent d'abord rejetées par les États-généraux, et les trois Ordres mirent entre les mains du régent les dernières ressources du royaume. La guerre recommença, et les Anglais reparurent bientôt devant Paris; mais ils ne purent s'en emparer, et Édouard III consentit à reprendre les négociations.

Paix de Brétigny, 1360. — Le traité de paix fut signé à Brétigny, traité humiliant et désastreux qui livrait aux Anglais le port de Calais, le Ponthieu et toutes les provinces de l'ancien duché d'Aquitaine en pleine souveraineté. Une rançon de trois millions d'écus devait payer la liberté du roi prisonnier. Les États se résignèrent à tant de sacrifices; mais plusieurs villes cédées à l'ennemi refusèrent d'abord de recevoir leurs nouveaux maîtres. Cependant la scrupuleuse loyauté du roi Jean leur fit un devoir de la soumission.

Pour réparer en quelque manière les pertes que la France venait de faire, un édit du roi réunit à la couronne la Normandie, qui avait été donnée à Jean en apanage; le duché de Bourgogne, qui, par la mort de Philippe de Rouvres, en 1361, revenait au roi comme plus proche héritier; le comté de Champagne, que réclamait encore le roi de Navarre; et enfin, le comté de Toulouse, dès long-temps annexé au domaine royal. La Bourgogne fut de nouveau aliénée, deux ans après sa réunion, en faveur de Philippe le Hardi, quatrième fils de Jean et chef de cette puissante et ambitieuse maison de Bourgogne qui faillit perdre la monarchie.

Le retour de Jean n'avait pas rendu le repos à la France. Elle fut dévastée plus que jamais par les Routiers, qui reçurent dans leurs rangs une foule de soldats licenciés, que la paix laissait sans ressource et sans asile. Le duc

Jacques de Bourbon périt à Brignais en combattant ces brigands (1361). Peu de temps après, une partie des *Grandes Compagnies* passa au service du marquis de Montferrat ; et, sous le règne suivant, Duguesclin en conduisit les restes en Espagne.

§ III. — *Triomphe de la France sous Charles V ; fin du règne d'Edouard III*, 1364-1380.

CHARLES V succéda au roi Jean son père, qui mourut à Londres, où il était allé prendre la place du duc d'Anjou, ôtage fugitif de la paix de Brétigny. Les malheurs de sa régence avaient donné au nouveau roi une expérience prématurée, et la prudence ne manqua jamais à ses conseils. Elle éclata dans la pacification des provinces, dans la guerre qui rendit à la couronne son patrimoine et sa dignité, enfin dans l'administration intérieure du royaume.

La paix avec l'Angleterre n'avait pas mis fin à la guerre de la succession de Bretagne, et Charles le Mauvais ne s'était pas désisté de ses folles prétentions. Le roi de Navarre était plus puissant en Normandie que dans son royaume ; il y possédait Évreux et plusieurs places fortes que Duguesclin fut chargé de lui enlever. Ce chevalier breton, nouvellement passé au service du roi, s'illustra par la victoire de Cocherel, qui ruina le parti du roi de Navarre ; il y fit prisonnier le fameux captal de Buch, Jean de Grailly, général de l'armée navarroise, et ennemi déclaré des Français. Quelques mois après, Duguesclin, s'étant dévoué à la cause des Penthièvres, tombe entre les mains des Anglais à la bataille d'Auray, où périt le prétendant Charles de Blois, dont la défaite et la mort assurent le triomphe de la maison de Montfort. Dans la même année, le traité de Guérande pacifie la Bretagne, et celui de Pampelune met un terme aux coupables entreprises de Charles le Mauvais (1365).

1366. — Duguesclin ayant recouvré la liberté, se met

à la tête des Grandes Compagnies, et marche au secours d'Henri de Transtamare, qu'il aide à détrôner son frère Pierre le Cruel. L'alliance de ce nouveau roi de Castille ne doit pas être stérile pour la France dans la guerre qui va se rallumer.

Rupture avec l'Angleterre, 1368. — Le prince de Galles, investi par son père du duché d'Aquitaine à titre souverain, s'était aliéné le cœur de ses vassaux par ses exactions. Charles V reçut les plaintes des seigneurs de Gascogne, et, sans avoir égard aux clauses du traité de Brétigny, cita le fils du roi d'Angleterre devant la cour des pairs de France. Édouard refusa fièrement de comparaître, et sa condamnation fut le signal de la guerre. Charles V convoqua à cette occasion les États-généraux de la langue d'Oil, pour les consulter sur ce qu'il avait fait et sur ce qu'il aurait à faire.

1369. — Les hostilités commencent en même temps sur trois points. Saint-Pol et Châtillon s'emparent du Ponthieu ; le duc d'Anjou, frère du roi, fait des progrès en Guienne, et le duc de Bourgogne tient en échec le roi d'Angleterre en Picardie.

1370. — Duguesclin reçoit avec l'épée de connétable le commandement général des armées, en même temps qu'une langueur incurable force le prince de Galles à la retraite. Le héros breton attire sous les drapeaux français toute la noblesse de Bretagne, qu'il détache de la cause de Montfort. Il marche contre Robert Knolles, qui venait de débarquer à Calais, le bat dans l'Anjou et le poursuit de province en province.

1371-1373. — Pendant que le connétable, profitant de sa victoire, pénètre dans le Poitou et dans la Saintonge, la marine française se signale sous les ordres d'Yvain de Galles. Cet amiral va chercher la flotte que Henri de Transtamare armait pour la France, et, renforcé par les Castillans, bat le comte de Pembroke devant le port de La Rochelle. Peu de temps après, il fait prisonnier le captal de Buch. Duguesclin entre en Bretagne, et reçoit la soumission volontaire des seigneurs et des villes qui venaient de chasser les Anglais. Montfort, privé de l'appui de ses alliés et poursuivi par ses propres vassaux, s'enfuit à Londres d'où il ne revint dans son duché qu'après la mort de Charles V.

1373. — Le roi d'Angleterre, faisant un dernier effort, envoie contre la France une armée formidable sous les ordres des ducs de Lancastre et de Bretagne. Les Anglais traversent la France depuis Calais jusqu'à Bordeaux, où ils arrivent réduits à un très-petit nombre par les attaques continuelles qui les avaient assaillis en chemin. Ils ne peuvent empêcher le duc d'Anjou d'achever la conquête de la Guienne.

Trève, et mort des deux Edouard, 1375-1377. — Le pape Grégoire XI intercédait depuis long-temps pour la paix. À la faveur d'une trève qui fut conclue à Bruges, le prince de Galles et le roi d'Angleterre descendirent en paix, mais non sans douleur, dans la tombe. Les revers des armes d'Édouard III, la misère de son royaume, les faiblesses honteuses de sa vieillesse, tout contribuait à lui rendre amer le souvenir de ses prospérités passées. Il avait vu l'Écosse, malgré ses défaites, rétablie avec gloire dans son indépendance, sous les auspices de la maison de Stuart (1371), les fruits des journées de Crécy et de Poitiers perdus sans espoir de retour, et la plupart des possessions continentales de ses ancêtres passées sous les lois de la France. Enfin, il rendait le dernier soupir au moment où allaient recommencer, sous un roi mineur, des hostilités dont l'Angleterre ne pouvait attendre que de nouveaux malheurs.

Dernières hostilités, 1377-1380. — Cinq armées françaises se mettent en campagne. L'amiral Jean de Vienne fait une descente dans le comté de Kent ; le duc de Bourgogne entre en Picardie pour observer Calais ; Olivier de Clisson prend possession de la Bretagne, qu'un arrêt prématuré de confiscation fait bientôt perdre à la couronne, et la Guienne est de nouveau en-vahie par le duc d'Anjou et le connétable, qui s'emparent de cent trente-quatre villes ou châteaux fortifiés. Du-guesclin se porte ensuite en Normandie, et enlève à Charles le Mauvais les places qu'il possédait encore dans cette province. Il allait achever la conquête de la Guienne et de la Gascogne sur les Anglais, lorsque la mort vint terminer, devant le château de Randan, le cours de sa vie et de ses exploits. Grâce à son épée, les Anglais ne possédaient plus en France que quelques villes maritimes, Bayonne, Bordeaux, La Rochelle, Brest et Calais. On pouvait espérer que Charles V achè-verait bientôt son ouvrage par la conquête de ces places importantes ; mais une mort prématurée lui dé-roba cette gloire (1380).

§ IV. — *Gouvernement de Charles V et d'Edouard III.*

Nous allons rapprocher dans un tableau synoptique les traits principaux de l'administration intérieure de ces deux grands princes, afin qu'on puisse plus facile-ment en comparer les rapports et les différences.

FRANCE.	ANGLETERRE.
Charles V ne convoque qu'une fois les États-généraux, qui s'é-taient montrés si dangereux sous le règne précédent. Il imagine, pour en tenir lieu, des *lits de justice*, où sont admis les grands-officiers, quelques prélats, des dé-putés de la bourgeoisie et de l'uni-versité.	Édouard III confirme vingt fois la Grande Charte souvent violée sous son règne.
1364. Révocation des domaines aliénés. — Réglement sur les apa-nages.	Première admission des princes du sang dans la Chambre des Lords, et progrès de la Chambre des Com-munes dont la convocation devient annuelle. Le parlement s'attribue le droit de juger les ministres res-ponsables ; il restreint dans de jus-tes bornes les crimes de haute tra-hison dont on avait trop abusé.
1367 et 1372. Défense des guerres privées.	1362. Loi du parlement qui in-terdit l'usage de la langue fran-çaise dans les actes publics. C'est
1374. Édit de Vincennes sur la	

<table>
<tr><td align="center">FRANCE.</td><td align="center">ANGLETERRE.</td></tr>
</table>

régence et sur la tutelle des rois, dont la majorité est fixée à quatorze ans commencés.	l'époque où l'on cesse de distinguer deux nations en Angleterre.
Établissemens de marine à Harfleur, à Dieppe, etc. — La marine royale commence à protéger le commerce que Charles encourageait efficacement.	Édouard encourage l'industrie, la navigation, et surtout le commerce des laines, qui entraient pour les deux tiers dans les exportations du royaume (294,184 livres sterlings, monnaie du temps).
Charles V protége les lettres et ceux qui les cultivent, et fonde au Louvre la bibliothèque royale.	Il protége les lettres, et particulièrement l'université d'Oxford.

CHAPITRE XIII.

DE LA FRANCE ET DE L'ANGLETERRE.

Troubles dans les deux royaumes. — Seconde période de la guerre de cent ans, terminée par l'expulsion des Anglais, 1380-1453.

CETTE période historique, semblable en tous points à celle qui précède, reproduit les mêmes phases de malheurs, de revers et de gloire. Des dissensions civiles en France et en Angleterre ; la rivalité de deux branches des maisons de Valois et de Plantagenet ; la guerre entre les deux nations, d'abord languissante, ensuite plus vive que jamais ; le danger de la France plus pressant et sa délivrance plus glorieuse ; enfin, au milieu de tant d'adversités communes, des réformes et des améliorations politiques dans les deux royaumes : tel est le tableau que présente cette triste époque.

§ I. — *Minorité et démence de Charles VI ; minorité et tyrannie de Richard II.*

A trois ans de distance, RICHARD II, roi d'Angleterre, et CHARLES VI, roi de France, avaient succédé, l'un à son aïeul, l'autre à son père (1377 et 1380). Dans les deux royaumes, les mêmes causes amènent les mêmes effets. En Angleterre, la régence est disputée par les trois oncles du jeune roi, les ducs d'York, de Lancastre et de Glocester; en France, on voit pareillement trois oncles de Charles VI, empressés, à l'encontre les uns des autres, de gouverner le royaume dans leurs intérêts particuliers, sans égard pour la vertueuse résistance du duc de Bourbon. Les princes anglais dissipent les finances de l'État, déjà épuisées par les guerres du règne précédent; les épargnes que Charles V avait amassées au milieu de ses triomphes sont dilapidées par le duc d'Anjou, qui les applique aux stériles préparatifs de l'expédition de Naples, où il devait laisser la vie (1384). La même année voit établir, en-deçà et au-delà de la Manche, des impôts odieux, qui doivent soulever les sujets des deux couronnes (1381).

Le rétablissement des Aides et Gabelles abolies par les États-généraux de l'année précédente, et les entreprises qu'on méditait contre les franchises du peuple, excitent à Paris la sédition des *Maillotins*, qui se répète à Rouen et dans les principales villes du royaume. Elle sert de prétexte aux princes du sang pour demander le supplice de l'avocat-général Jean Desmarets, le désarmement des bourgeois, et la suppression momentanée des charges municipales qui garantissaient les priviléges des Parisiens (1383).

La révolte des *Tuchins* ou *Brigands* dans le Languedoc, occasionée par les mêmes causes que la sédition des Maillotins et conduite par Arnoul de Serval surnommé l'*Archi-prêtre,* fut réprimée par le duc de Berry, dont les exactions l'avaient provoquée.

En Angleterre, l'impôt de la capitation (*Poll-tax*), voté par des Chambres corrompues, donne lieu à la révolte du forgeron Walt-Tyler, qui fait insurger les paysans du comté d'Essex, déjà préparés à la désobéissance par les prédications séditieuses du prêtre John Ball, disciple de l'hérésiarque Wicleff. Cent mille rebelles marchent sur Londres et s'en emparent (1381). Le meurtre de Walt-Tyler et la modération trompeuse du roi les ramènent à l'ordre. Mais l'amnistie promise par Richard et sa charte de liberté furent bientôt oubliées, et le peuple retomba sous une tyrannie qui n'avait pas, comme sous Édouard, Crécy et Poitiers pour excuses.

Les minorités de Charles VI et de Richard II ont pour dernière ressemblance le renouvellement des guerres de Flandre et d'Écosse, où les expéditions des deux jeunes monarques eurent des résultats pareils. Le roi de France marche au secours du comte Louis II de Marle, avec le brave Clisson, qui venait de recevoir l'épée de connétable, et bat les Flamands rebelles à la journée de Rosbeck, où périt leur chef Philippe d'Artevelle. Les mouvemens populaires qui éclataient dans toutes les parties du royaume empêchent Charles de poursuivre ses succès.

La guerre d'Écosse s'était aussi annoncée sous d'heureux auspices ; mais Richard, désespérant avec raison de pouvoir dompter la fierté des montagnards, renonça brusquement à son entreprise (1385), et Robert Stuart put transmettre à ses descendans la succession paisible d'un trône où ils devaient rencontrer tant d'infortunes (1390). Au retour de son expédition, Richard, comme Charles, affecta le pouvoir absolu, et, comme le roi de France, il tomba sous l'influence des princes ou des favoris qui opprimèrent le peuple en son nom.

Rupture avec l'Angleterre, 1385. — Après une suspension d'armes qui avait duré quatre ans, Charles VI projette une descente en Angleterre et fait préparer un grand armement à L'Écluse ; mais le duc de Bourgogne, au lieu de presser l'expédition, s'applique à soumettre la Flandre, qui lui était récemment dévolue par la mort de Louis II de Marle, son beau-père. Le duc de Berry, de son côté, fait perdre, par ses lenteurs, le moment favorable, et pendant ce temps les Anglais brûlent dans le port les vaisseaux qu'avait épargnés la tempête (1386). De nouvelles trèves furent signées en 1389 et 1395. La dernière, qui devait durer dix-neuf ans, stipula le mariage de Richard II avec la fille de Charles VI et la restitution de Brest et de Cherbourg par les Anglais.

Démence de Charles VI, 1392.—Pierre de Craon, ayant attenté à la vie du connétable de Clisson, s'était réfugié en Bretagne, et le duc Jean V avait refusé de le livrer à la justice du roi. Charles, résolu de tirer vengeance de cette injure, marche contre son vassal à la tête d'une armée ; mais une rencontre mystérieuse dans la forêt du Mans vient troubler sa raison, et l'expédition n'a pas de suite.

Le malheureux monarque, devenu incapable de gouverner l'État, est indignement délaissé par la reine Isabelle de Bavière et par les princes de sa famille ; les ducs de Berry et de Bourgogne s'emparent de la régence, à l'exclusion du jeune duc d'Orléans, frère du roi, destituent Clisson et proscrivent les autres ministres. Malgré ces actes d'une rigueur injuste, l'administration des deux régens donne à la France dix ans de repos, mais non de bonheur.

1396. — Les nombreux chevaliers formés à l'école de Duguesclin, honteux de leur oisiveté et des excès d'une cour dissolue, vont combattre les Turcs, sous les ordres de Sigismond, roi de Hongrie ; mais la fortune trahit leur bravoure à la journée de Nicopolis, si funeste à la chrétienté. Malgré ce revers, le jeune Boucicaut, sorti des fers des Ottomans, va défendre Constantinople contre leur sultan Bajazet, et la valeur française sauve la capitale de l'empire grec.

Révolution d'Angleterre, 1399. — L'abandon de Brest et de Cherbourg par Richard II avait soulevé contre ce prince les Anglais fatigués de sa tyrannie. Des supplices réprimèrent les premiers troubles ; mais, pendant que le roi était occupé à soumettre l'Irlande, aussi révoltée, Henri de Lancastre, réfugié en France, fit une descente dans l'Yorkshire et se rendit bientôt maître de Londres. Richard, abandonné de son armée, fut forcé d'abdiquer la couronne, et sa captivité à Pomfret fut abrégée par une mort violente. Le parlement déféra la couronne à Henri de Lancastre.

Henri V, chef de la branche royale de Lancastre, descendait du troisième fils d'Édouard III. Son élévation au trône eut lieu au préjudice de la maison d'York, qui avait pour elle le droit de proximité; aussi ce ne fut pas sans danger et sans efforts qu'il réussit à se maintenir contre les entreprises des princes et de la noblesse (Défaite de Hotspur, chef des rebelles, à Shrewsbury, en 1403).

La cour de France ne réclama point contre une usurpation qui avait privé la fille de Charles V de son époux et de sa couronne ; mais la trêve de Lelinghem, conclue en 1395, fut un moment rompue ; Bourbon assiégea, sans succès, il est vrai, les villes de Bordeaux et de Bayonne ; et le duc de Bourgogne, avec plus de bonheur, empêcha les Anglais de s'établir en Bretagne. Toutefois la guerre ne pouvait devenir sérieuse au milieu des ambitions qui divisaient les deux royaumes.

Assassinat du duc d'Orléans, 1407.—Louis d'Orléans et Philippe de Bourgogne avaient été ennemis toute leur vie ; mais, par les conseils du duc de Bourbon et les vertus conciliantes du prévôt Juvénal des Ursins, leur haine mutuelle ne s'était produite qu'en intrigues de cour et de pouvoir. Il en fut autrement après la mort de Philippe le Hardi, qui transmit à son fils Jean-sans-Peur, avec ses inimitiés, un vaste héritage de puissance et de crédit. Une offense faite à l'honneur du nouveau duc de Bourgogne amena entre les deux princes une rupture publique, et le Bourguignon aposta des assassins qui égorgèrent son rival. Ce crime resta impuni, et le coupable eut assez d'audace et d'autorité pour le faire justifier par un docteur de Sorbonne et approuver par le monarque.

Louis, duc d'Orléans, laissait quatre fils, trois légitimes, nés de Valentine de Milan, et le bâtard Dunois, qu'il avait eu de Marie d'Enghien. Le jeune Charles d'Orléans se prépara à venger son père.

Guerre des Bourguignons et des Armagnacs, 1410, etc. — La querelle de deux familles doit remplir la France d'horreurs, et la guerre civile va s'associer à la guerre étrangère. Le parti orléanais ou armagnac aura d'abord pour lui Isabelle de Bavière et la cour ; celui de Jean-sans-Peur, les bourgeois de Paris et l'Université.

1411. — Les princes du sang forment une confédération contre le duc de Bourgogne, sous le commandement du comte d'Armagnac, beau-père du jeune duc d'Orléans. On entre en campagne de part et d'autre, et les succès se balancent. Mais les Bourguignons dominent à Paris, où Jean-sans-Peur organise la milice des *Cabochiens,* qui se rend coupable des plus effroyables excès.

1412. — Les princes, désespérant de leur cause, sollicitent la protection du roi d'Angleterre, et lui offrent la pleine exécution du traité de Brétigny. Le duc de Bourgogne les fait déclarer ennemis de l'État, et les Cabochiens font main-basse sur les Armagnacs de Paris. Le sang coule sur les échafauds en même temps que dans les places publiques, et la populace garde à vue dans leur palais le roi, la reine et le dauphin. Cependant la crainte de l'intervention étrangère réconcilie un moment les deux partis, qui signent la paix de Pontoise (1413), dans le même temps où la mort d'Henri IV semblait devoir détourner la cour d'Angleterre des affaires de France.

§ II. — *Guerre d'Azincourt,* 1414-1422.

1412. — Henri V, roi d'Angleterre, avait annoncé dès les premiers jours de son règne une sagesse et une ambition que ne promettait pas sa jeunesse licencieuse. L'occasion s'était offerte à lui de relever sur le continent la puissance de ses ancêtres ; il résolut de la saisir. Sur le refus fait par la cour de France d'exécuter, dans toute leur rigueur, les conditions du traité de Brétigny , il fit résoudre la guerre dans le parlement de Leicester, qui lui accorda des subsides pour l'entretien de cinquante mille hommes.

Bataille d'Azincourt, 1415. — Le roi d'Angleterre, ayant débarqué en Normandie, s'empare de Harfleur, et cherche à se rapprocher de Calais en traversant la Picardie. L'armée française atteint les Anglais près de Saint-Pol ; et l'imprudente précipitation du connétable d'Albret engage, dans la plaine d'Azincourt, une bataille aussi funeste que les journées de Crécy et de Poitiers. Plusieurs princes du sang et les plus braves guerriers de France y perdent la vie ou la liberté. Au nombre des prisonniers se trouve le duc d'Orléans , dont la longue captivité aurait été un grand bonheur pour le royaume, si le duc de Bourgogne l'avait partagée.

Le vainqueur d'Azincourt ne profita pas de sa victoire. Il espérait venir à bout de ses desseins en s'alliant avec le duc de Bourgogne et avec l'empereur Sigismond pour opérer le démembrement de la France.

La prison du duc d'Orléans n'avait point affaibli son parti, et la mort du dauphin Louis, gendre de Jean-sans-Peur , fut un échec pour la faction bourguignonne. L'épée de connétable et les finances furent données au comte d'Armagnac, qui instruisit le roi des déportemens de la reine , et fit exiler cette princesse à Tours (1417) ; mais le triomphe des Armagnacs ne fut pas de longue durée.

Massacre des Armagnacs, 1418. — Le duc de Bourgogne se réunit à Isabelle de Bavière, et s'allie avec Henri V. Pendant que les Anglais, de nouveau descendus en Normandie, font des progrès dans cette province, l'Ile-Adam s'introduit dans Paris avec une troupe de

Bourguignons. Le roi, tombé sous la tutelle de cette faction, doit prêter son nom à tous les attentats qui vont se commettre contre la couronne et contre la nation. Une première émeute force les prisons de Paris pleines d'Armagnacs. Des milliers de victimes tombent sous les coups d'une populace ivre de sang, qui égorge avec une féroce joie le connétable, le chancelier, six évêques, les magistrats les plus honorables et les plus vertueux citoyens. Ces horreurs devaient se renouveler l'année suivante, sous les yeux même de la reine, qui soudoyait les bourreaux. Dans l'intervalle de ces deux boucheries, on fait rendre à Charles VI des lettres-patentes qui révoquent tous les offices de magistrature et autres, pour les donner aux Bourguignons, à l'exclusion des Armagnacs.

Le Dauphin régent, 1418. — Cependant le dauphin Charles, sauvé des mains des Bourguignons par le dévouement de Tanneguy-Duchâtel, se rend de l'autre côté de la Loire pour se mettre à la tête du parti d'Orléans, devenu celui de la royauté. Il prend le titre de régent, et, des fidèles débris des corps de l'État, il forme un parlement et une université à Poitiers.

1419. — Le roi d'Angleterre, après avoir pris Rouen, s'avance jusqu'à Meulan, où devaient s'ouvrir des négociations entre ce prince et la reine de France, le duc de Bourgogne et le dauphin. Ce dernier ayant manqué à l'entrevue, on se sépare sans rien conclure. Un mois après, Jean-sans-Peur et le dauphin se réunissent dans une conférence près de Melun, jurent de *s'aimer comme frères,* et promettent de se revoir bientôt.

Assassinat de Jean-sans-Peur, 1419.—On espérait la paix de l'entrevue de Montereau ; mais le meurtre du duc de Bourgogne, commis par Tanneguy-Duchâtel, devait rendre les haines implacables et compromettre l'avenir de la France.

Traité de Troyes, 1420.—Philippe II, fils de Jean-sans-Peur, jura de venger son père, et s'unit plus étroitement à Isabelle et à Henri V. On fit signer à Charles VI un traité qui donnait au roi d'Angleterre, avec la main de Catherine de France, le titre de régent du royaume et d'héritier de la couronne. Le dauphin, dépouillé de ses droits par un père en démence, une mère dénaturée et un prince étranger, en appela à Dieu et à son épée. Alors, plus que jamais, la nation et les grands corps de l'État se trouvèrent partagés entre l'usurpateur anglais et le légitime héritier du trône.

1422. — La mort d'Henri V et de Charles VI ne laisse pas le temps à la domination anglaise de prendre racine en France. Cependant le traité de Troyes doit porter ses fruits.

§ III. — *Guerre d'Orléans*, 1422-1436.

CHARLES VII et HENRI VI, 1422. — Le dauphin Charles se fait couronner à Poitiers et reconnaître au midi de la Loire, pendant que le fils d'Henri V est proclamé roi de France et d'Angleterre à Paris et à Londres. Ce prince, à peine âgé de dix mois, a pour tuteurs ses oncles les ducs de Bedford et de Glocester. C'est entre Charles VII et Bedford que va commencer une lutte dont la France devait être le prix.

Bedford commence par détacher le duc de Bretagne de la cause royale, et le roi de France remplace l'alliance de ce vassal par celle de l'Écosse. La Régence de ce royaume avait déjà envoyé des renforts à Charles dauphin, sous le commandement du comte de Buchan, qui, de concert avec le maréchal de Lafayette, vainquit les Anglais à Baugé (1421). Les troupes écossaises qui arrivèrent au secours de Charles VII avec le connétable Stuart furent battues à Crévant, et un troisième corps ne put empêcher la défaite de l'armée royale à la bataille de Verneuil (1424). Ces revers semblaient d'autant plus accablans, que le roi ne faisait aucun effort pour les réparer. Indifférent à tout, hormis aux plaisirs, il *perdait joyeusement son royaume,* comme le lui reprochait le brave Lahire.

1424-1425. Pendant que le *roi de Bourges* paraît oublier l'honneur de sa couronne, le dévouement de sa noblesse et la détresse du peuple, quatre principales circonstances viennent relever les espérances de la nation : 1° les prétentions du duc de Glocester sur le Hainaut refroidissent le duc de Bourgogne, et lui inspirent des sentimens plus pacifiques et plus français ; 2° Arthur de Richemont, nommé connétable, ramène pour un temps l'inconstance de son frère Jean, duc de Bretagne ; 3° la fleur de la chevalerie française vient se ranger sous la bannière royale ; Dunois, La Trémouille, Lahire, Xaintrailles, Barbazan, etc., en faisant revivre les vertus guerrières des anciens preux, impriment une couleur héroïque à cette époque désastreuse ; 4° la Providence suscite pour le salut de la monarchie la fille du laboureur de Domremy : Jeanne d'Arc annonce sa mystérieuse mission, et la France va être sauvée par cette héroïne.

Siége d'Orléans, 1428. — Orléans assiégé par les Anglais allait succomber, et ce boulevard de la royauté devait entraîner dans sa chute le trône des Valois. Jeanne d'Arc, unissant sa valeur à celle de Richemont et de Dunois, délivre cette ville, fait prisonnier le duc de Suffolk, s'empare de Beaugency, bat et prend Talbot à Patay, et va faire sacrer le roi à Reims à travers mille obstacles et mille dangers (1429).

1431. — Une fois Charles VII couronné, la mission de Jeanne était finie. Retenue malgré elle sous les drapeaux, elle va défendre Compiègne, où elle tombe au pouvoir des Bourguignons, qui la livrent aux Anglais. Bedford l'abandonne à la justice ecclésiastique, et un tribunal assemblé à Rouen la condamne comme hérétique et magicienne. « L'infâme sentence fut exécutée, dit un « célèbre historien anglais. Cette héroïne, à qui la « généreuse superstition des anciens aurait érigé des

« antels, fut livrée aux flammes dévorantes, et expia
« par ce supplice horrible les services signalés qu'elle
« avait rendus à son prince et à sa patrie. » (Hume).

Cette lâche et monstrueuse vengeance ternit à jamais
la gloire de Bedford, sans rétablir l'honneur de ses
armes. Les Anglais laissent prendre Chartres, et sont
battus à Gerberoy. Richemont prépare leur ruine en
disposant le duc de Bourgogne à un accommodement
avec la cour.

Paix d'Arras, 1435. — La plupart des princes de la
chrétienté s'intéressaient aux malheurs de la France, et
le concile de Bâle sollicitait le rétablissement de la paix.
Elle fut conclue au congrès d'Arras entre Charles VII et
Philippe le Bon. Le Bourguignon dicta les conditions
du traité, exigea du roi le désaveu solennel du meurtre
de son père, et se fit céder l'Auxerrois, les villes de la
Somme, le Boulonnais, etc.

Les plénipotentiaires anglais avaient élevé des prétentions exorbitantes que l'honneur de la couronne ne
permettait pas d'accepter. La sagesse de Bedford se
démentit en cette occasion ; mais la mort, qui le surprit
en 1436, ne lui laissa pas voir les suites de son imprudence. Cet étranger n'emportait dans la tombe que la
haine de la France ; mais Isabeau de Bavière y descendit
la même année, chargée de mépris et d'exécration. De
toutes parts la fortune souriait à Charles, qui put croire
sa couronne bien affermie lorsque la mort l'eut délivré
dé Bedford, et que Richemont lui eut fait ouvrir les
portes de sa capitale (1436).

§ IV. — *Dernières hostilités ; expulsion des Anglais.*

Le duc d'York, qui succéda à Bedford dans le gouvernement des provinces anglaises de France, n'avait ni
les mêmes talens ni les mêmes ressources. Les divisions
du duc de Glocester et du cardinal de Winchester en

Angleterre laissaient languir la guerre sur le continent. D'autre part, l'épuisement des provinces et les divisions des princes français ralentissaient les succès de Charles VII.

1440.— Ces divisions, qui avaient pour cause ou pour prétexte le despotisme du connétable, donnent lieu à la sédition connue sous le nom de *Praguerie*. Le dauphin Louis, excité par La Trémouille et soutenu par les ducs de Bourbon et d'Alençon, les comtes de Vendôme et de Dunois, se met en pleine révolte contre son père. Charles VII réduit les rebelles; mais sa clémence ne corrige pas les mécontens, qui, deux ans après, entreprirent encore sur l'autorité royale.

1441-1443. — La paix une fois rétablie dans les provinces de l'obéissance du roi, les hostilités recommencent avec les Anglais, qui perdent Creil, Pontoise et plusieurs autres places voisines de Paris. Charles porte la guerre en Guienne et en Gascogne, où il se rend maître d'un grand nombre de villes. Mais le siége de Dieppe, par Talbot, oblige le roi de diviser ses forces, et de consentir à une trève, qui est conclue à Tours (1443) pour un an, et se prolonge jusqu'en 1448.

Trève, 1443-1448. — Dès les premiers jours de cet armistice, Charles VII se rend en Lorraine pour presser la conclusion de deux mariages qui devaient réconcilier plusieurs maisons souveraines et deux grandes nations. Le roi René d'Anjou, duc de Lorraine, donne ses deux filles pour gages de la paix : Marguerite épouse Henri VI, roi d'Angleterre; Yolande donne sa main à Ferry de Vaudemont, et cette union doit terminer les différends qui s'étaient élevés entre les pères des deux époux, au sujet de la succession de Lorraine, ouverte, en 1431, par la mort de Charles le Hardi. C'est de Ferry et d'Yolande que descend la maison impériale de Lorraine-Autriche.

Pendant que Charles VII négocie à Nancy, son fils fait la guerre aux Cantons helvétiques, comme alliés de l'empereur Frédéric III. Il remporte sur les Suisses la victoire de Bottelem, si glorieuse pour les vaincus, et vient ensuite se joindre à son père pour assiéger Metz, qui se rachète et rentre dans l'obéissance de René.

Expulsion des Anglais, 1448-1453. — Les Anglais ayant violé la trève par la surprise de Fougères, Charles se met en devoir de reconquérir la Normandie : Rouen lui ouvre ses portes ; Harfleur se défend et succombe ; la bataille de Formigny, gagnée par Richemont, anéantit l'armée anglaise, et la prise de Cherbourg achève la conquête de la Normandie, qui est pour toujours réunie à la couronne (1450).

En Guienne, Dunois, pour premier succès, s'empare de Bayonne, dont la soumission entraîne celle des Basques, qui se donnent à la France, sous la réserve de leurs anciennes franchises (1451). Bordeaux, qui avait aussi ouvert ses portes aux Français, reçoit bientôt après les Anglais dans ses murs ; mais la défaite et la mort de Talbot, au combat de Castillon, ne laissent plus d'espoir aux partisans de l'étranger, et deux citadelles, dont le roi flanqua la capitale de la Guienne, répondent désormais de la fidélité de ses habitans.

Par la prise de Bordeaux fut terminée cette longue et sanglante lutte qui fut tour à tour si glorieuse pour les deux nations, et dont les deux grands résultats furent l'agrandissement de la France royale par l'expulsion des Anglais, et l'accroissement du pouvoir royal par la ruine de l'indépendance féodale et des franchises de la nation.

§ V. — *Réformes et institutions dans les deux royaumes.*

FRANCE.

Sous Charles **VI**, le parlement de Paris devient permanent, et acquiert une part dans la puissance législative par l'introduction insensible de l'*enregistrement*, et par l'extension donnée aux *arrêts de réglement*, qui avaient force de loi dans tout le ressort judiciaire.

1439. Sur les remontrances des États d'Orléans, Charles VII « voulant faire cesser les grands excez « et pilleries des gens de guerre » institue des compagnies de Gens d'Armes, par un *édit perpétuel*. Plus tard, en 1448, il organisa la milice des Francs Archers, qui, réunis aux gens d'armes, formaient une armée permanente de 18,000 hommes, indépendamment de la Garde Écossaise établie en 1421.

Les trois Ordres, en demandant l'établissement d'une force publique régulière, avaient consenti implicitement à l'assiette d'une *taille perpétuelle* que le roi fit de sa pleine autorité, et contre laquelle les États réclamèrent en vain. L'édit de 1441 porte que : « Il « n'est já nul besoin d'assembler « les trois États pour mettre sus « lesdites tailles. » Toutefois il ne leur conteste pas le droit de voter les aides et autres impôts.

Ces deux établissemens tirent la France de l'anarchie, et préparent la ruine de la féodalité ; mais ils portent atteinte aux franchises publiques, et doivent arrêter les progrès des institutions nationales.

1443. Création du parlement de Toulouse, qui fait partie intégrante

ANGLETERRE.

Sous Richard II, le parlement est tour à tour séditieux et servile.

Sous Henri IV, ce corps prend plus de consistance, et exerce une grande influence dans le gouvernement. Le concours des deux Chambres devient nécessaire pour les affaires importantes, et l'initiative des bills de finance est attribuée aux Communes (1408).

1407. Le droit de pétition et de remontrance entre dans les élémens de la constitution.

1406. Statut de Henri IV, qui donne une extension trop démocratique au suffrage électoral.

1430. Statut de Henri VI, qui n'accorde le droit de voter dans les élections qu'aux francs tenanciers jouissant de quarante shillings de revenu. (Cette somme, équivalente à 600 fr. environ, supposait alors une garantie suffisante ; mais la dépréciation successive des monnaies a livré depuis le vote électoral à une foule de prolétaires.)

La Chambre des Communes se composait de députés élus au nombre de deux dans chaque comté, dans chaque ville du domaine royal, et dans chaque bourg in-

FRANCE.

de celui de Paris, avec les mêmes honneurs et les mêmes droits.

Les offices commencent à être tenus à vie, et les cours de justice acquièrent par-là une salutaire indépendance. (Édit de 1446.)

1454. Édit de Montil-lès-Tours, *sur le fait de la justice.* Ce précieux monument de la législation civile forme un code complet de procédure, remarquable par l'esprit de sagesse qui l'a dicté. L'article 125 prescrit la rédaction des différentes coutumes du royaume.

1465. Les États de Languedoc accordent des subsides et obtiennent la réforme de divers abus.

1458. Pragmatique-Sanction de Bourges, qui, conformément aux décrets du concile de Bâle, rétablit les élections canoniques, et abolit les annates, réserves, expectatives, et autres exactions.

Réforme de l'Université par le cardinal d'Estouteville. Elle comptait alors 25,000 étudians.

L'agriculture et le commerce commencent à refleurir. Jacques Cœur entretient des relations avec toutes les parties du monde, et vient au secours de l'État. Mais la jalousie des grands réussit à le faire condamner comme concussionnaire, par arrêt de 1453.

ANGLETERRE.

corporé par charte ou par prescription.

En Angleterre comme en France, les corps judiciaires deviennent indépendans de la couronne.

Tandis que l'Église de France faisait tous ses efforts pour mettre fin au schisme, le clergé anglais ne songeait qu'à extirper l'hérésie. Les erreurs de Wicleff avaient beaucoup de partisans dans la Chambre des Communes. Mais Henri IV, qui voulait s'attacher les pairs ecclésiastiques, alors très-nombreux et très-puissans, fit rendre une loi qui condamnait au feu les personnes atteintes d'hérésie (1400). William Sautre et Old Castel furent les premières victimes. La réforme wicleffite fut étouffée en Écosse par les mêmes moyens de rigueur.

Le commerce, encouragé par Édouard III, languit pendant les guerres avec la France. Malgré l'acte de navigation publié sous Richard II, il devait être anéanti par la guerre civile des deux Roses.

SUITE DES ROIS D'ANGLETERRE.

10. ÉDOUARD II, R. 1307.
E. *Isabelle de France.*

11. ÉDOUARD III, R. 1327.	*Jeanne.*
E. *Philippine de Hainaut.*	E. David, R. d'Écosse.

Édouard, prince de Galles. † 1376.	*Lionel*, duc de Clarence. † 1368.	*Jean de Gand*, duc de Lancastre. † 1399. E. *Blanche*, première hérit. des droits de Lancastre, tige de la Rose-Rouge.	*Edmond*, duc d'York. † 1402.
12. RICHARD II, R. 1377; déposé, 1399.	*Philippine de Clarence.* E. Edmond Mortimer. † 1381.	13. HENRI IV, R. 1399. *Jean de Beaufort*, fils légitimé. † 1410.	*Richard de Cambridge*, E. Anne Mortimer, première héritière des droits de Lionel, duc de Clarence.
Roger Mortimer, déclaré hérit. de la couronne en 1385. † 1399.		14. HENRI V, R. 1413. E. *Catherine de France.* *Jean de Beaufort*, duc de Sommerset. † 1444.	*Richard*, D. d'York, Protecteur en 1455. † 1460.
Anne Mortimer. E. *Richard d'York*, petit-fils d'Édouard III. Tige de la Rose-Blanche.	*Bedford*, rég. de France. † 1435.	*Glocester*, rég. d'Angleterre. † 1446. 15. HENRI VI, cour. roi d'Angleterre et de France en 1422, assassiné en 1472. E. *Marguerite d'Anjou.*	*Marg. de Beaufort*, 2e hérit. des droits de Lancastre. E. *Édouard Tudor*, C. de Richemont. Tige de la maison de Tudor.

16. ÉDOUARD IV, R. 1461 et 1472.

17. ÉDOUARD V, R. 1483. assassiné 1483.

18. RICHARD III, tué à Bosworth, 1485.

Élisabeth, second. hérit. des droits de Lionel-Clarence. E. Henri VII (Tudor), R. en 1485.

TABLEAU GÉNÉALOGIQUE

DE LA PREMIÈRE BRANCHE DE VALOIS.

Charles de Valois, deuxième fils de Philippe le Hardi.

PHILIPPE VI DE VALOIS, R. 1328. E. *Jeanne de Bourgogne.*	*Charles II*, comte d'Alençon, tige d'une famille éteinte en 1525.

JEAN II, *le Bon*, **R. 1350.** E. *Bonne*, fille de Jean de Bohême.	*Philippe I* , premier duc d'Orléans; sans postérité.

CHARLES V, R. 1364. E. *Jeanne de Bourbon.*	*Louis*, chef de la 2e maison d'Anjou et de Naples.	*Philippe le Hardi*, duc de Bourgogne, 1363. E. Marguerite, héritière de Flandre.

CHARLES VI, R. 1380. E. *Isabelle de Bavière.*	*Louis*, duc d'Orléans, tige des seconds Valois.	*Jean sans Peur*, 1404. *Philippe le Bon*, 1419.

CHARLES VII, R. 1422. E. *Marie d'Anjou.*	*Catherine.* E. { Henri V. { Owen Tudor.	*Charles le Téméraire*, 1467. *Marie*, héritière, en 1477. E. Maximilien d'Autriche.

LOUIS XI, R. 1461. E. { *Marguerite d'Écosse.* { *Charlotte de Savoie.*	*Charles*, duc de Berry, de Normandie et de Guienne.

CHARLES VIII, R. 1483-1498. E. *Anne de Bretagne.* (Sans enfans mâles.)	*Anne* de Beaujeu.	*Jeanne* d'Orléans.

CHAPITRE XIV.

Revue des États scandinaves et slaves, depuis leurs premiers temps historiques jusqu'au milieu du quinzième siècle.

§ I. — *États scandinaves.*

Les trois royaumes de la Cimbrie et de la Scandinavie, dont l'origine se perd dans la nuit des temps, ne sont révélés à l'histoire avant le douzième siècle que par les émigrations des pirates northmans, et ils n'entrent en communauté de mœurs et d'idées avec l'Europe policée que par leur conversion au christianisme. Encore ces grossiers rudimens de civilisation que leur porta la prédication de l'Évangile ne doivent-ils se développer que par les fréquens rapports que le Danemark aura avec l'empire, et la Suède avec le Danemark.

Danemark. — Les rois de Danemark, ne pouvant plus rien entreprendre contre l'Angleterre depuis la conquête de cette île par les Normands neustriens, tournèrent leurs armes contre les Slaves de la Baltique, au commencement du douzième siècle. C'est alors que saint Canut subjugua les Obotrites du Mecklembourg, en 1130, et prépara la grandeur de son fils Waldemar Ier. Ce prince, dont le règne commence à répandre quelque intérêt sur l'histoire de son pays, purgea la Baltique des pirates slaves qui l'infestaient, soumit les princes de Julin et de Rügen, fonda la colonie de Dantzick et le château de Copenhague, intervint dans les affaires de l'Empire, et donna de sages lois à ses peuples (1157-1182). Les fils de Waldemar le Grand, Canut IV et Waldemar le Victorieux, étendirent les conquêtes de leur père et continuèrent à policer les Danois. Le premier contint les Slaves tributaires, et réunit le Holstein à ses États; Waldemar II rendit la couronne de Norwége vassale de la sienne, subjugua la Poméranie orientale, et fit ériger ses conquêtes en royaume de Vandalie par l'empereur Frédéric II (1214). Il fit la guerre aux peuples idolâtres de l'Esthonie et de la Courlande, et fonda au milieu d'eux la ville de Revel. Conquérant heureux et législateur éclairé, il aurait assis la grandeur du Danemark sur une base solide, s'il ne fût tombé entre les mains d'un traître qui le jeta dans les fers. Sa captivité fit éclater une insurrection parmi ses sujets slaves; et, lorsque la liberté lui fut rendue, il n'était plus temps de les ramener à l'obéissance. L'étendard national du *Danebrog* succomba à Bornhovède, et cette défaite de Waldemar II assura l'affranchissement du Holstein et du Mecklembourg, de Hambourg et de Lubeck (1227).

Depuis la mort de Waldemar II jusqu'à l'élection de Waldemar III, durant l'espace d'un siècle (1241-1346), le Danemark est déchiré par des dissensions toujours renaissantes, qui, sous le règne de Christophe Ier, donnent lieu au démembrement du royaume et des domaines de la couronne. Waldemar III livre l'Esthonie à l'Ordre Teutonique ; mais par le rachat du Holstein et de la Scanie, et par l'acquisition de l'île de Gothland, il rend au Danemark son ancienne importance. Sa fille Marguerite, dernier rejeton de la race danoise d'Odin, porta toute cette puissance dans la maison de Suède, par son mariage avec le roi Haquin de Norwége. Cette princesse, appelée au trône de Suède, devait bientôt réunir sur sa tête les trois couronnes du Nord.

Suède. — Avant que les Northmans du Danemark eussent conquis l'Angleterre, les Northmans de la Suède avaient fondé, dans le pays des Slaves, le grand empire de Russie. Mais la péninsule scandinave, d'où sortirent ces conquérans, était encore sauvage au douzième siècle, et c'est à la sollicitude des papes que les Suédois durent leurs premiers élémens de civilisation, par l'établissement de nombreuses écoles et du monastère de Wodstena, qui fut une véritable propagande de la religion et des lumières. Éric le Saint, un des fils de Suerker, qui commença à régner en 1150, contribua avec zèle à policer la nation, et ses bienfaits s'étendirent aux peuples finnois, qu'il convertit par ses victoires. Sa mort réunit le royaume de Gothie à celui d'Upsal, qui était échu à son frère Charles VII. Mais la Suède, déchirée par ses divisions après la mort de ces deux princes, ne forma un seul royaume que sous le règne heureux de Magnus Ladélas, qui le premier prit, en 1279, le titre de *roi des Goths et des Suédois.*

L'ordre de succession élective suivi en Suède fut une source éternelle de divisions et de troubles civils. D'abord le choix de la nation ne sortait pas de la race d'Odin ; mais, à la longue, les ambitions étrangères par-

vinrent à se faire jour dans le royaume, et les alliances
de la maison royale avec des familles du dehors multiplièrent les prétendans. De ce nombre fut Albert de
Mecklembourg, qui, en 1363, fut appelé à la couronne
par les États de Suède alors placés sous l'influence de
la Hanse teutonique. Ce prince trahit la confiance de
la nation en livrant l'île de Gothland au roi de Danemark ; il s'attira la haine de la noblesse en portant
atteinte aux priviléges de cet ordre. Pour affranchir le
pays de sa tyrannie, les principaux seigneurs, sûrs de
l'assentiment du sénat de Stockholm, offrirent la couronne à Marguerite de Danemark, qui avait épousé
le prédécesseur d'Albert (1388). Cette héroïque fille de
Waldemar III vainquit Albert, et le fit prisonnier à la
bataille de Falkœping, qui amena, en 1389, la réunion,
sous un même sceptre, de la Suède, du Danemark et
de la Norwége.

Union de Calmar, 1397. — Pour consolider dans
l'avenir l'union des trois couronnes du Nord, Marguerite assembla une diète générale à Calmar, et y fit jurer,
par les députés des trois nations, la fédération perpétuelle du Danemark, de la Suède et de la Norwége.
Trois clauses principales furent données pour bases à ce
grand acte : le maintien de la succession élective, le
séjour alternatif du souverain dans chaque pays, et
l'observation des lois particulières de chacun des trois
royaumes. Dans cette même diète de Calmar, Éric le
Poméranien, neveu de Marguerite, fut reconnu et couronné roi du Nord.

Marguerite de Waldemar gouverna jusqu'en 1412 les
États réunis par ses armes et par sa politique. Mais après
elle les inimitiés nationales relâchèrent, sous Éric, les
liens de l'union scandinave, qui fut dissoute en 1448, à
la mort de Christophe le Bavarois. Les Suédois se déta-
chèrent alors de la triple alliance, et se donnèrent pour
roi Charles VIII Canutson. Les Danois et les Norwégiens
restèrent unis, et la maison allemande d'Oldenbourg

fut appelée à régner sur les deux nations, par l'élection de Christiern Ier, qui apportait sur le trône l'expectative prochaine du Sleswik et du Holstein, réunis en 1459.

§ II. — *États slaves.*

Comme les principautés slaves de l'Elbe et de la Baltique peuvent facilement être réunies, dans l'histoire, avec les grands États qui les entouraient, nous nous arrêterons seulement sur les deux principales nations originaires de la Sarmatie, les Russes et les Polonais.

Russie. — Cet empire, dont les commencemens avaient été si glorieux, fut démembré en plusieurs principautés, et tomba dans l'anarchie après la mort du sage Iaroslaf, en 1054. Déchiré par les guerres civiles que se faisaient les princes de Kief, de Novogorod, de Rezan, de Suzdal, de Wladimir, de Moscou, etc., il se trouve successivement assailli par les Cumans ou Polovtsi, les Bulgares, les Lithuaniens et les Polonais, jusqu'à ce qu'enfin les Mongols viennent le bouleverser, sous les fils de Gengis-Khan, vers le milieu du treizième siècle. Les divers princes russes deviennent alors tributaires des khans du Kaptschak, et la nation est loin de trouver le repos sous le joug étranger ; elle est, au contraire, plus divisée que jamais par les querelles des descendans de Rurik, et ses ennemis extérieurs profitent de sa faiblesse pour la morceler encore.

Vers l'an 1250, les Lithuaniens, peuple de race lettone, secouent le joug des Russes, sous Ringold, leur premier grand-duc, et s'agrandissent bientôt aux dépens de leurs anciens maîtres. Gédimin, un de ses successeurs, fonde Wilna, qui devient la capitale de la Lithuanie, et, peu de temps après, il enlève aux Russes leur antique métropole de Kief (1320). Les Polonais envahissent de leur côté les provinces méridionales, et, au quatorzième siècle, leur roi Casimir le Grand s'empare de la Russie Rouge, de la Podolie et de la Volhynie.

Au milieu de l'anarchie et du chaos qui remplissent l'histoire russe de ce temps, on distingue le règne de Dimitry II, surnommé *Donski* pour avoir battu les Tartares sur le Don, en 1380, et affaibli par cette victoire la puissance de la Grande Horde. Cependant les Mongols du Kaptschak ne renoncèrent pas à leurs entreprises sur la Russie, et, deux ans après leur défaite, ils vinrent saccager Moscou, qui n'en devint pas moins, réparée par les soins de Dimitry, la première des cités russes. Elle acquit une nouvelle importance sous Wasili II, qui réunit plusieurs principautés à celle dont Moscou était la capitale (1380-1425). Cependant des débris de la Grande Horde s'était formée une domination puissante qui eut pour siége Kasan, et pour fondateur le khan Mahmet. Les Moscovites se trouvèrent engagés dans de fréquens démélés avec ces nouveaux voisins, et leur capitale fut incendiée par Mahmet, en 1441. Mais ce désastre devait bientôt être vengé par les victoires d'Iwan Ier Wasiliewitsch, qui rétablit l'unité et la gloire de l'empire russe.

Pologne et Ordre Teutonique. — Un des plus illustres ducs de la race de Piast, Boleslas III le Victorieux, éleva la Pologne à un degré de puissance qu'elle n'avait jamais atteint avant lui; mais son vaste héritage fut divisé à sa mort entre ses quatre fils (1139), et l'on vit s'élever en Silésie, à Poznan, à Lublin et à Thorn, quatre principautés indépendantes et presque toujours ennemies. La Pologne, ainsi démembrée, recula de plusieurs siècles vers son berceau. Les Prussiens, encore sauvages et idolâtres, apprirent dès-lors à profiter des dissensions de leurs voisins pour s'enrichir de leurs dépouilles, et leurs incursions désolèrent surtout la Mazovie. Conrad, prince de Thorn, appela à son secours les chevaliers de l'Ordre Teutonique, et céda la ville de Culm au grand-maître Herman de Saltza (1226). Les *Teutons*, fidèles au vœu qu'ils avaient fait de combattre les Infidèles, s'érigèrent en croisade permanente contre les Prussiens. Ils devinrent bientôt formidables à l'est de la Vistule, par la conquête de la Courlande et par leur union à l'Ordre des *Porte-Glaives*, qu'un évêque de Riga avait créé dans la Livonie en 1201. Ces deux associations guerrières domptèrent la férocité des Prussiens, et les forcèrent à recevoir le baptême vers la fin du treizième siècle. De nombreux colons, appelés de l'Allemagne, défrichèrent les terres des vaincus; des villes florissantes, telles que Kœnigsberg, Memel, Marienwerder, s'élevèrent dans leurs forêts; l'Ordre Teutonique, exilé de la Palestine, se transporta tout entier sur les bords de la Baltique, et Marienbourg devint, en 1309, la résidence de son grand-maître.

Ainsi s'était élevée sur la frontière de la Pologne une puissance plus redoutable pour ce royaume que les Prussiens. Avant même que Sigefroy de Feuchtwangen portât le siége de l'Ordre sur la Vistule, la guerre avait éclaté entre la colonie teutonique et les monarques polonais, au sujet de la possession de Dantzick. Wladislas Loketek, rétabli sur le trône de Pologne après la mort de Wenceslas de Bohême, résista à tous les efforts des Chevaliers, et par la réunion des principautés démembrées depuis 1139, donna un nouveau lustre à la nation polonaise. A l'exemple de Boleslas Chrobry et de quelques autres de ses ancêtres, Loketek prit, en 1320, le titre de roi, qui passa à son fils Casimir III et à tous ses autres successeurs.

1333-1370. — Casimir III, justement surnommé le *Grand*, suspendit les hostilités avec les Teutons par le traité de Kalisch, qu'il n'observa pas long-temps (1343). Il signala son règne par des victoires sur les Bohémiens, les Tartares, les Lithuaniens et les Russes. Après avoir reculé les limites de ses États jusqu'au Borysthène, il donna le premier un code de lois à ses peuples, restreignit l'autorité absolue des rois de Pologne, associa la noblesse au pouvoir législatif, améliora la condition des paysans, et vivifia le commerce par les priviléges qu'il prodigua aux Juifs. Ce grand homme fut le dernier prince de la race de Piast.

La nation polonaise, assemblée pour donner un successeur à Casimir, déféra la couronne à son neveu Louis, roi de Hongrie, de la maison d'Anjou. On vit alors le premier exemple des capitulations royales, si célèbres depuis en Pologne sous le nom de *Pacta conventa*.

JAGELLONS, 1386. — Une fille de Louis le Grand, Hedwige, élue pour succéder à son père, porta la couronne de Pologne dans la maison des princes de Lithuanie par son mariage avec Wladislas Jagellon, qui embrassa le christianisme et le fit prêcher à ses sujets encore barbares. Cette union réconcilia deux nations long-temps rivales, et la Lithuanie, transformée en grand fief de la Pologne, éleva ce royaume à un degré de puissance alarmant pour les Russes et pour les chevaliers Teutons.

De son côté, l'Ordre Teutonique arrivait alors à sa plus grande prospérité. A l'acquisition de l'Esthonie, qu'il avait faite en 1347, il ajoutait la Nouvelle Marche de Brandebourg et la Samogitie, qui mettaient sous ses lois toute la côte de la Baltique depuis l'Oder jusqu'au golfe de Finlande. La guerre ayant éclaté entre le roi de Pologne et le grand-maître, Jagellon remporta, en 1410, la victoire de Tanneberg, qui commença la décadence de l'Ordre. Wladislas VI, fils de Jagellon, conclut à Brzesc, avec les Chevaliers, un traité de paix perpétuelle qui rendit au royaume de Pologne la Samogitie et la Sudavie (1436). L'élection de ce prince au trône de Hongrie, après la mort d'Albert d'Autriche, allait donner un nouvel éclat à sa couronne héréditaire; mais le désastre de Varna, où Wladislas périt en combattant les Turcs, intercepta les nouvelles destinées de la dynastie jagellonne (1444).

Traité de Thorn, 1466. — La Pologne, ayant dès-lors reporté toutes ses vues d'agrandissement vers la Baltique, prit sous sa protection les Prussiens, toujours disposés à secouer le joug des Teutons (1454). Elle se trouva ainsi engagée dans la guerre la plus animée qui ait jamais ensanglanté les bords de la Vistule, et qui se termina par la paix de Thorn. Ce traité célèbre, conclu entre le roi Casimir IV et le grand-maître Louis d'Erlichshausen, réunit la Prusse occidentale à la couronne de Pologne, et l'Ordre Teutonique ne conserva sa souveraineté sur les Prussiens orientaux que sous la condition de l'hommage. La Pologne devint alors plus que jamais la puissance prépondérante du Nord, et la domination teutonique déclina rapidement jusqu'à l'émancipation de la Livonie en 1521, et la sécularisation luthérienne du duché de Prusse en 1525.

CHAPITRE XV.

De l'Empire grec et des Turcs-Ottomans, depuis les Croisades jusqu'à la prise de Constantinople par Mahomet II.

§ I. — *Etat de l'Empire grec avant l'invasion ottomane.*

MICHEL PALÉOLOGUE, usurpateur du trône de Nicée ravi à Jean Lascaris, son pupille, avait enlevé Constantinople à Baudouin II, et rétabli dans cette capitale le siége de l'Empire grec (1261). La race des Paléologues, dont il fonda ainsi la triste grandeur, devait porter pendant deux siècles un sceptre fragile, livré à la merci

des moines schismatiques et des marchands génois.
L'Empire, affaissé sous ce double joug, était réduit à
quelques provinces bornées en Asie par le Méandre et
le Sangarus, en Europe par le mont Hémus et la chaîne
du mont OEta. Harcelé d'un côté par les Bulgares, d'autre
part démembré par les Mongols et ensuite par les Ottomans, il ne pouvait compter sur une seule île de l'Archipel, où dominaient les Vénitiens, et le podestat qui
gouvernait la colonie génoise de Péra observait tous les
mouvemens de la capitale, et commandait souvent les
résolutions de la cour. Condamnés à subir le patronage
de ces étrangers, les empereurs, depuis long-temps
dépourvus de vaisseaux et d'argent, confièrent la défense de leurs côtes et la garde du Bosphore aux galères
génoises, qui hypothéquaient leurs secours sur les
douanes de Constantinople, et épuisaient ainsi à sa
naissance la plus abondante source du revenu impérial.

Dans leur détresse, les césars de Byzance sollicitèrent à plusieurs reprises l'appui de la chrétienté ;
mais l'Occident demandait la réconciliation des Grecs
avec l'Église romaine, et son secours était à ce prix.
La réunion décrétée par le concile de Lyon, en 1274,
et jurée par Michel Paléologue, fut rompue par son
fils Andronic l'Ancien, et les empereurs qui la tentèrent plus tard ne parvinrent jamais à vaincre la fanatique répugnance du peuple et du clergé byzantin. Les
Grecs avaient d'ailleurs leurs divisions religieuses et
leurs querelles théologiques, auxquelles ils attachaient
une bien plus grande importance qu'aux intérêts
généraux de l'Église chrétienne et qu'au salut de
l'Empire.

Une nation ainsi dégradée ne pouvait trouver dans son
sein des soldats pour la défendre. Les Comnènes avaient
autrefois pris à leur solde des Russes, des Anglais, des
Normands et même des Turcs ; mais alors l'Empire
avait encore de grandes ressources, et le commerce de
l'Asie remplissait le trésor public. Il n'en était plus de

même lorsque le second Paléologue appela sous ses drapeaux les Catalans Almogavares, que la réconciliation des maisons d'Anjou et d'Aragon laissait sans emploi et sans foyers (1303). La solde de ces intrépides mercenaires et les exigences de leur chef, Roger de Flor, ruinèrent la cour de Byzance, qui, ne pouvant suffire à leur cupidité ni réprimer leurs brigandages, s'efforça vainement de les détruire ; elle se trouva heureuse que leur instinct aventurier les poussât dans la Grèce, démembrée de l'Empire depuis un siècle. Vainqueurs de Gautier de Brienne sur les bords du Céphise, ils s'emparèrent du duché d'Athènes, fondé par des Français, dès-lors possédé par des Espagnols, et qui devait finir sous une famille italienne.

Le règne du vieux Andronic fut encore agité par des guerres civiles qui aboutirent à faire détrôner ce prince par son petit-fils Andronic le Jeune, en 1332. Celui-ci ne fut pas cruel comme son prédécesseur ; mais une piété aveugle lui faisait craindre d'avoir à rendre compte au Juge suprême de tout le temps perdu dans les affaires du gouvernement : aussi toute sa vie fut-elle employée à dissiper ces alarmes. Plus soigneux de défendre le *quiétisme* que son Empire, il mourut en controversant (1341) ; et son fils Jean Paléologue était occupé des mêmes soins lorsque Jean Cantacuzène le fit descendre du trône (1347). Cependant ce prince, si plein de zèle pour les choses saintes, n'hésita pas à imiter l'exemple de l'usurpateur, en s'alliant avec les Infidèles, dont l'utile secours l'aida à reconquérir son héritage (1353). Le fils d'Andronic III renoua la chaîne des Paléologues ; mais il avait montré aux Ottomans le chemin de Byzance (1).

(1) Pendant la querelle des deux Jean, en 1350, le prince Dragoch descendit des monts Krapaks à la tête des peuplades qui, depuis la chute de l'Empire romain, vivaient pauvres et libres dans les montagnes. Il affranchit les Moldaves, qui défendirent leur indépendance, d'abord contre les Grecs, puis contre les Turcs jusqu'en 1510, époque où ils l'échangèrent pour des priviléges souvent méconnus.

§ II. — *Origine des Turcs-Ottomans.*

Depuis que les sultans seldjoucides d'Iconium étaient tombés sous la dépendance des Mongols, leur autorité avait cessé d'être respectée dans les provinces ; et lorsque Gaiatheddin Masoud II entreprit de la relever, la plupart des émirs prirent les armes, et il périt en combattant ces rebelles (1294). Alors finit l'empire seldjoucide d'Asie mineure.

OTHMAN, 1299-1326. — Parmi les émirs dont la mort de Masoud légitima l'indépendance, se distinguait Othman, fils d'Erdogrul, chef d'une tribu de Turcs récemment arrivés des bords du Gihon, et qui conservaient dans toute leur énergie les mœurs guerrières de la commune patrie. Othman, simple émir de Bithynie, enleva Iconium aux conquérans Mongols, et appela les Turcs sous l'étendard de Mahomet, qu'il prétendait avoir reçu des mains du dernier seldjoucide. Ainsi commença l'Empire *Ottoman,* qui conserve encore le nom de son fondateur.

Les divisions qui éclatèrent entre les deux Andronics facilitèrent les progrès des Turcs, et Orkhan, fils d'Othman, se rendit maître de Pruse, où il fixa le siége de son naissant Empire. Andronic III essaya sans succès de défendre Nicomédie et Nicée, qui tombèrent au pouvoir de ce sultan. Ses alliances contradictoires avec Cantacuzène et Jean Paléologue coûtèrent cher à l'Empire, et Gallipoli, conquis par son fils Soliman, ouvrit aux Infidèles l'entrée de l'Europe (1359). La mort, qui frappa coup sur coup le fils et le père, empêcha Orkhan de profiter de sa fortune. Ce prince, dont la mémoire est encore en vénération parmi les Turcs, avait assis la puissance ottomane sur une base solide, en assurant le règne des lois par l'institution des cadis et en assignant aux troupes une solde régulière. On lui attribue aussi la première création de la milice des janissaires, composée d'esclaves chrétiens élevés dans la foi de Mahomet, et qui, sans parens, sans patrie, se dévouaient aveuglément à leur maître et à leur drapeau. Le successeur d'Orkhan, Amurat Ier, disciplina ces esclaves guerriers et grossit leurs rangs de plusieurs milliers d'Esclavons, qu'il assujettit au célibat et à la vie commune, et qu'il attacha au sol de la conquête par des bénéfices militaires appelés *timars*. Fidèles et fanatiques soutiens de l'islamisme, les janissaires devinrent aussi formidables aux Chrétiens qu'ils devaient l'être un jour à leurs sultans.

§ III. — *Guerres des Turcs contre les Chrétiens jusqu'à la chute de l'Empire grec (1360-1453).*

AMURAT Ier attaqua en même temps les Chrétiens en Asie et en Europe, et la première année de son règne fut illustrée par la prise d'Ancyre et par la conquête plus importante d'Andrinople, où il transporta le siége de l'islamisme et de la puissance ottomane.

En Asie, la soumission de l'Arménie lui coûta peu d'efforts, et le dernier prince français de ce royaume, Livon de Lusignan, chercha un asile à la cour de Charles V de Valois (1377). Mais si les armes d'Amurat rencontrèrent peu d'obstacles en Europe depuis l'Hellespont jusqu'au mont Hémus, il n'en fut pas de même lorsqu'il entreprit de subjuguer les Esclavons de la Bulgarie, de la Bosnie et de la Servie. Une de ses armées, détruite jusqu'au dernier soldat, lui fit connaître ces belliqueuses tribus qui devaient sauver l'Occident en amortissant les premiers chocs des hordes ottomanes : toutefois il répara ce revers à la journée de Cossova, où il périt après la victoire (1389).

La défaite du prince de Servie entraîna la soumission de la Macédoine et de la Bulgarie ; elle ouvrit à BAJAZET Ier une plus vaste carrière de conquêtes. Ce fils d'Amurat envahit la Moldavie et menaça la Hongrie.

En vain une croisade de chevaliers français accourut au secours du roi Sigismond; ils furent taillés en pièces à Nicopolis (1396). Mais ils succombèrent avec gloire, et Bajazet, étonné de leur courage, tourna ses armes contre des ennemis plus faciles à vaincre.

Manuel II, qui avait succédé, en 1391, à son père Jean Paléologue, fut sommé d'associer un de ses neveux à l'Empire. Sa prompte obéissance suspendit l'effet des menaces du sultan; mais cette feinte modération ne rassura pas l'empereur, qui se déroba à la surveillance de Bajazet pour aller solliciter les secours de la chrétienté à Venise, à Paris et à Londres (1400). L'Occident resta indifférent au sort des Grecs; mais l'apparition soudaine de Tamerlan retarda la chute de Constantinople.

Invasion de Tamerlan, 1402. — Sur les débris des conquêtes de Gengis-Khan, Timour-Lenc (Tamerlan) venait de fonder à Samarcande un nouvel empire mongol, dans le même temps que les Gengiskhanides étaient expulsés de la Chine (1370). Un rapide enchaînement de victoires avait rangé sous les lois de cet illustre brigand la plus grande partie de l'Asie, depuis l'Indus jusqu'au Tanaïs, depuis les monts Altaï jusqu'à la Méditerranée. Delhy, Astracan et Bagdad n'étaient plus que des monceaux de ruines.

Tel était le conquérant qui vint assaillir tout à coup la domination des Ottomans. Timour, appelé par l'empereur Manuel et par quelques émirs seldjoucides encore indépendans, pénétra dans l'Asie mineure. Pour la première fois, les Ottomans prirent les armes pour se défendre; mais Bajazet, vaincu à la bataille d'Ancyre, tomba entre les mains des Mongols, et mourut après un an de captivité. Peu de temps après, Tamerlan termina aussi sa carrière à Otrar (1405); et son empire eut le sort de celui d'Alexandre, dont il occupait la place. D'un débris de cette immense domination, Babour, son arrière-petit-fils, forma dans l'Inde l'empire du Grand-Mogol, détruit de nos jours par les Anglais.

Peu s'en était fallu que l'invasion de Tamerlan n'interrompît les brillantes destinées annoncées par Othman aux pasteurs guerriers de la Transoxiane; les divisions des fils de Bajazet les compromirent encore. Mais la victoire de Sémendria, remportée par Musa sur l'empereur Sigismond, rendit au Croissant son premier éclat (1412), et la prudence de Mahomet Ier affermit dans la paix les conquêtes de ses prédécesseurs.

Toutefois Constantinople était encore debout, isolée au milieu des barbares, et ne communiquant plus avec l'Europe que par les galères génoises. Elle devait à la protection des marchands de Péra la prolongation de sa misérable existence. Les intrigues de Manuel l'exposèrent à la vengeance d'Amurat II, qui l'assiégea avec une armée de deux cent mille hommes (1422); cependant Constantinople échappa encore à ce danger. Un armement formidable se préparait en sa faveur sur les bords du Danube, et le sultan résolut de prévenir ses ennemis. Les Turcs envahirent la Servie, et prirent Sémendria (1435); mais tous leurs efforts échouèrent contre Belgrade, défendue par Jean Hunyade, waywode de Transylvanie. Ce héros sauva la Hongrie, et força Amurat à signer une trève de dix ans; mais le zèle imprudent du pape Eugène IV fit rompre ce traité l'année même où il avait été juré. Les deux armées se trouvèrent en présence près de Varna, où l'impatiente valeur du jeune roi de Hongrie fit perdre aux Chrétiens une victoire assurée (1444). Wladislas y périt dans sa gloire avec ses plus braves compagnons; et l'Europe, épouvantée de ce grand revers, ne songea plus qu'à défendre ses propres foyers.

1447-1451. — Les Albanais venaient de se soulever, en voyant apparaître au milieu d'eux le jeune Scanderbeg, que son père, Jean Castriot, avait donné en ôtage au sultan Musa. Ces intrépides montagnards soutinrent deux fois le choc des forces musulmanes, et deux fois Amurat parut devant Croïa sans pouvoir s'en emparer.

Sa mort mit la puissance ottomane entre les mains du plus implacable ennemi des Chrétiens.

Constantin *Dragasès*, 1448 ; Mahomet II, 1451. — Le fils d'Amurat II devait changer la face de l'Empire turc, en lui donnant tout à la fois la terre et la mer pour domaine, et Byzance pour capitale.

Prise de Constantinople, 1453. — Tant que les sultans n'avaient pu naviguer sans péril dans le détroit dont leurs légions couvraient les rivages, Constantinople pouvait compter sur le secours de Gênes et de Venise, et sur la force de ses murailles. Mahomet II, résolu de la conquérir à tout prix, remplit le Bosphore de ses vaisseaux, et des canons d'une dimension jusque-là sans exemple renversèrent des remparts qui n'avaient pas été bâtis pour résister à ces instrumens de destruction. Après deux mois de siége, la ville fut emportée d'assaut, et le dernier Constantin périt glorieusement sur la brèche. Ainsi s'évanouit cette ombre d'empire qui conservait encore en Orient une image effacée, un souvenir obscur de la grandeur romaine.

La chute de Constantinople jeta l'épouvante parmi les nations chrétiennes, naguère indifférentes à son sort ou trop lentes à la secourir. Le pape Nicolas V, au congrès de Lodi, Pie II, dans le concile de Mantoue, élevèrent une voix éloquente en faveur de la foi et de la civilisation qui périssaient en Orient (1454 et 1459). Quelques âmes généreuses répondirent aux vœux de ces deux grands pontifes : mais la froide politique glaça le cœur des princes ; et l'Occident, engagé dans de misérables querelles, apprit sans pitié les funérailles de la Grèce. Deux frères de Constantin Paléologue venaient de succomber dans le Péloponèse, dans ces mêmes lieux où, après plus de trois siècles d'une tyrannie impie et sauvage, devait se relever avec tant de gloire l'étendard de la croix et de l'indépendance.

CHAPITRE XVI.

Des Lettres et des Arts en Europe, et surtout en Italie, depuis la fin du treizième siècle jusqu'au pontificat de Léon X.

§ I. — *Réflexions générales.*

Dès le milieu du treizième siècle, l'Europe méridionale semblait toucher au moment d'une renaissance universelle. Tout à coup les progrès des lumières s'arrêtent, et, pendant près de deux siècles, la France, l'Angleterre et l'Espagne, divisées par la guerre et bouleversées par les factions, perdent le fruit de leurs premiers efforts et menacent de retomber dans leur récente barbarie. L'Italie seule voit, au milieu de ses discordes civiles, briller les arts de la paix, et se prépare la gloire d'éclairer le monde une seconde fois.

La double supériorité du génie et du savoir, si bien acquise à l'Italie, ne fut pas l'effet du hasard. Partagée en un grand nombre de souverainetés, elle offrait, dans toutes ses villes, des cours rivales de magnificence comme d'intérêts, qui se disputaient les talens, et dont les princes tenaient à honneur l'amitié d'un grand poète, d'un savant laborieux, d'un artiste habile. Le mérite, partout recherché, partout accueilli, pouvait braver la persécution et l'envie, changer de séjour sans changer de patrie, sûr de rencontrer toujours, dans le palais hospitalier, des juges éclairés et des protecteurs généreux.

C'est ainsi que le Dante proscrit trouva un honorable asile à la cour du grand Cane della Scala, et que Pétrarque, proclamé *grand poète* à Naples par diplôme, et, couronné au Capitole sous le manteau royal de Robert le Sage, fut réclamé par les papes d'Avignon, justes et indulgens admirateurs de son génie et de ses vers.

Les républiques, et surtout Florence, s'associèrent au patronage littéraire des pontifes et des princes. Leurs opulens citoyens s'aperçurent que la richesse, appliquée aux seuls besoins de la vie, est un avantage vulgaire; ils se sentirent entraînés vers de plus nobles jouissances. L'architecture embellit leurs demeures, la peinture les décora, l'esprit et la science y introduisirent les charmes de la vie sociale.

L'histoire littéraire de l'Italie pendant cette période présente deux époques bien distinctes. La première, qui commence à l'exil du Dante (1300) et se termine à la mort de Boccace, en 1375, est marquée par le perfectionnement de la langue italienne et par les ouvrages de trois écrivains immortels. A la seconde appartient la renaissance de la littérature classique; c'est l'âge de l'érudition.

§ II. — *Littérature italienne.*

De toutes les langues latines, l'italienne est fixée la première, et bien long-temps avant les autres, par trois hommes de génie, qui eurent, même de leur vivant, quelques heureux imitateurs.

Le Dante, dans sa *Divine Comédie,* donne à l'idiome toscan une énergie dont il ne paraissait pas susceptible; Pétrarque, dans ses *Odes* et ses *Sonnets,* lui prête la douceur et la délicatesse, et le plie à tous les rhythmes de la poésie provençale; Jean Villani et Boccace rendent les mêmes services à la prose italienne, qui, sous leur plume, devient élégante et noble sans perdre sa naïveté primitive. Le Dante, Pétrarque et Boccace composent le *triumvirat* du premier siècle littéraire de la moderne Italie.

POÈTES.	PROSATEURS.
Le Dante, de Florence, mort en 1321	Alb. Musato, de Padoue, hist. 1329
Cecco, d'Ascoli. 1327	Villani, de Florence, hist. . 1348
Cino, de Pistoie. 1327	Dandolo, de Venise (1), hist. 1354
Pétrarque, d'Arezzo. 1374	Boccace, Toscan. . . . , . . 1375

§ III. — *Littérature classique et renaissance des lettres grecques.*

Les universités se multiplièrent de bonne heure en Italie comme dans le reste de l'Europe. Le grand nombre de celles qui furent instituées pendant cette période historique, si féconde en calamités de toute espèce, prouve que les rois sentirent la nécessité de seconder le mouvement intellectuel qui se faisait sentir de toutes parts.

Universités des XIVe et XVe siècles.

Rome. . . . . . fondée en 1300	Leipsick. 1410
Avignon. 1303	Saint-André, en Écosse. . . 1411
Coïmbre. 1308	Louvain. 1420
Orléans. . . . . . 1305 ou 1312	Dôle. 1423
Cahors. 1335	Poitiers. . . . . . 1418 et 1431
Pise. 1339	Bordeaux. 1440
Prague. 1348	Besançon. 1450
Florence. 1349	Caen. 1452
Pavie. 1360	Glascow. 1453
Cracovie. 1364	Valence en Dauphiné. . . . 1454
Vienne. . . reconstituée en 1365	Bâle. 1459
Orange. 1365	Fribourg. 1460
Heidelberg. 1386	Bourges. 1466
Cologne. 1388	Tubingue. 1477
Erfurt. 1389	Upsal. . . . . . réformée 1477
Turin. 1405	Aberdeen. 1477
Aix. 1409	Copenhague. 1478
Ingolstadt. 1410	Palma (2). 1483

(1) C'est pendant cette période que florissaient les historiens grecs Pachymère, 1310, et Jean Cantacuzène, 1357; l'Arabe Aboulfeda, 1331; le Persan Chefféreddin, 1424; et l'Égyptien Makrizi, 1422.

(2) Nous ne pouvons donner la date précise de plusieurs autres Universités dont la création se rapporte à cette période.

En Italie, les écoles furent moins asservies à la scolastique que les Universités de France, d'Angleterre et d'Allemagne. L'étude des lois civiles n'avait pas cessé d'être cultivée à Bologne, à Padoue et dans d'autres villes. Quelques grands jurisconsultes parurent dans le quatorzième siècle.

Marsile, de Padoue. 1328	Barthole, de Sasso-Ferrato. 1359
Cino, de Pistoie. 1336	Balde, de Pérouse. 1400

Sous le rapport littéraire, les Italiens sentirent plus tôt que les autres nations le besoin de puiser le savoir dans les sources pures de l'antiquité, et les plus beaux génies mirent leur gloire à étudier et à répandre la connaissance des écrivains de l'ancienne Rome. C'est surtout au poète Pétrarque que l'Europe est redevable de la restauration des lettres classiques ; c'est aussi lui qui, le premier, s'essaya, quoique sans succès, à l'étude de la langue grecque, dont il prit des leçons du moine Barlaam, en 1339 et 1342. Boccace, plus heureux ou plus constant que son ami, fit établir à Florence une chaire de langue hellénique en faveur du Grec Léonce Pilate (1367). Il devint lui-même le premier disciple de ce savant professeur, et Homère, oublié depuis plus de neuf siècles, retrouva un lecteur dans l'Occident.

Malgré les efforts et l'influence de Boccace, ce ne fut que vingt ans après sa mort que l'étude de la langue grecque s'établit en Italie de manière à n'y plus être interrompue. C'était le temps où le rapprochement des deux Églises et les progrès des Turcs avaient ouvert des rapports fréquens entre l'Orient et l'Occident. Un envoyé de l'empereur Manuel, Chrysoloras, fit ses premières lectures publiques à Florence vers l'an 1396, et attira dans cette ville la foule des savans empressés de l'entendre.

L'enthousiasme excité par Chrysoloras détermina à un exil volontaire les plus savans de ses compatriotes, que les bienfaits des princes et l'admiration publique

fixèrent pour toujours en Italie. Bessarion, le plus célèbre de tous, reçut la pourpre romaine en récompense de son mérite. Après la prise de Constantinople, d'autres Grecs, fuyant le joug des Turcs, trouvèrent en Italie une patrie nouvelle qui s'enorgueillit d'adopter les derniers dépositaires du savoir de la Grèce antique. Pour prix d'une hospitalité si généreuse, les Grecs apportèrent aux Italiens les ouvrages, si long-temps ignorés, des orateurs et des poètes d'Athènes, seul trésor que ne leur enviait pas la barbarie ottomane.

Les leçons de ces maîtres étrangers formèrent des élèves qui devinrent maîtres à leur tour. La plupart s'attachèrent avec tout le zèle du prosélytisme à la philosophie platonicienne, dont Gemistus Pletho avait été le premier propagateur, et qui trouva dans les jardins des Médicis une nouvelle *Académie*.

Si cet enthousiasme pour une littérature étrangère fit négliger par les Italiens la langue et la poésie nationales, il ne refroidit en rien l'ardeur des savans pour une autre littérature qui était également indigène en Italie. A l'exemple de Pétrarque, et d'après ses indications, le Pogge et ses amis se livrèrent avec une avidité incroyable à la recherche des manuscrits latins, et les chefs-d'œuvre du génie littéraire furent tirés de la poudre des cloîtres, dans le même temps que les ouvrages du ciseau des Grecs sortirent des décombres des villes. Alors, par un bonheur singulier, l'imprimerie et la gravure furent découvertes pour perpétuer les chefs-d'œuvre ou en reproduire l'image.

Aux princes de l'Église romaine appartenait l'honneur de présider au rétablissement des lettres dont la religion ne dédaigne pas le secours, et d'encourager les beaux-arts, qui devaient ajouter à la magnificence du culte. Plusieurs papes acceptèrent cette honorable tâche, et l'on peut regarder Nicolas V et Pie II comme les précurseurs de Léon X. Mais ce fut surtout dans sa famille que ce pontife puisa le goût des arts et cette libéralité éclairée qui les rend féconds en prodiges. Le patronage des talens semblait faire partie de l'héritage des Médicis. Après la mort de son père Laurent le Magnifique, Léon X le reçut en partage.

PHILOSOPHES HELLÉNISTES.

Barlaam, grec calabrais. . .	1348	Chalcondyle (Léonic), d'Ath.	1474
Léonce Pilate, *id.* . . vers	1370	Argyropule.	1474
Chrysoloras.	1415	Gemistus Pletho. . . . vers	1480
Bessarion.	1472	Georges, de Trébizonde. . .	1484

PHILOSOPHES ET ÉRUDITS ITALIENS.

Pétrarque.	1374	Platina.	1481
Boccace.	1375	Philelphe (Tolentino). . .	1481
Jean, de Ravenne.	1382	Hermolaüs Barbaro.	1493
Léonard Arétin.	1444	Merula.	1494
Laurent Valla.	1457	Ange Politien.	1494
Le Pogge.	1458	Pic de la Mirandole. . . .	1494
Pie II (Æneas Sylvius). . .	1464	Marsile Ficin.	1499

Il faut remarquer que plusieurs de ces savans personnages étaient tout à la fois poètes, historiens et philosophes. Nous ne citerons comme poètes que Louis Pulci, mort vers l'an 1487 ; Laurent de Médicis, en 1492, et Boiardo, en 1495. Leurs ouvrages annoncèrent le retour des Italiens à la poésie.

La littérature classique fit d'abord peu de progrès en France, en Angleterre et en Espagne, et les lumières de Florence ne jetèrent quelques rayons dans ces contrées qu'à la fin du quinzième siècle, lorsque les esprits se furent désabusés des querelles scolastiques.

Peu d'années après la prise de Constantinople, en 1458, Grégoire Tiphernas fit entendre le premier dans Paris les accens de la muse ionienne ; mais cet enseignement n'eut pas de suite, et jusqu'à la création du *Collége de France* par François Iᵉʳ, on peut dire que les lettres grecques furent complètement ignorées en France.

En Angleterre, trois élèves de l'école de Florence réussirent, non sans opposition, à introduire l'étude du grec dans l'université d'Oxford, sous le règne du premier Tudor. Dans les autres parties des connaissances humaines, les Anglais citent à peine quelques noms dignes d'être connus : tels sont le poète Chaucer (1400) et le jurisconsulte Fortescue (1481).

En Espagne, la poésie, dégagée de l'influence arabe et de l'imitation provençale, prit un caractère plus libre, plus original. Elle devint véritablement nationale sous le règne de Jean II de Castille. Santillane, Jean de Mena et Jorge Manrique fixèrent la langue et les divers rhythmes poétiques. Ce pays dut la renaissance des bonnes études à un illustre professeur de Salamanque, Antoine de Lebrija, mort en 1522, dont les efforts furent puissamment secondés par le cardinal-ministre Ximénès, protecteur éclairé des talens.

§ IV. — *Littérature française.*

Malgré la protection bienveillante que les rois Jean et Charles V accordèrent aux lettres, la France compte peu d'auteurs célèbres sous le règne des premiers Valois. Pourtant la langue vulgaire fut adoptée de préférence à la latine par les poètes et les historiens. Mais les écrivains furent peu nombreux, et parmi eux aucun n'eut assez de génie pour ennoblir et fixer la langue française. Bien que les deux dialectes romans qu'on parlait en France eussent été cultivés les premiers de tous, néanmoins le provençal dégénérait déjà en patois, et le français devait arriver à sa perfection après tous les autres idiômes latins.

Plusieurs bons Mémoires, parmi lesquels on distingue ceux de Duguesclin, d'Olivier de la Marche, et surtout ceux de Commines; les Chroniques de Froissard, de Monstrelet et de Juvénal des Ursins; quelques poésies peu remarquables, des *fabliaux* et des *mystères*, telles sont les richesses littéraires de la France pendant les quatorzième et quinzième siècles.

HISTORIENS.

Froissard, de Valenciennes.	1402	Duclercq. . . . . après	1467
Christine de Pisan. . . après	1411	Chatelain.	1475
Monstrelet, de Cambray. . .	1458	Olivier de la Marche. . . .	1501
Chartier (Alain), de Bayeux.	1462	Gaguin (histor. latin). . . .	1501
Juvénal des Ursins.	1473	Commines (Phil. de). . . .	1509

POÈTES.

Jean, de Meung.	1364	Charles, duc d'Orléans. . .	1465
Villon, de Paris.	1461	Martial, de Paris.	1508

§ V. — *Beaux-Arts.*

1. Depuis que les premiers architectes de Pise et de Florence avaient ramené l'art à la noble simplicité de l'architecture grecque, de nombreux monumens s'étaient élevés en Toscane, à Venise, et dans la Lombardie. Au commencement du quinzième siècle, le Florentin Brunelleschi surpassa tous ses devanciers, et porta le dernier coup au genre gothique, qui régnait encore hors de l'Italie. Alors on construisit des édifices pompeux consacrés à la religion, à l'utilité publique ou à la vanité. Les marchands de Venise, de Florence et de Gênes, habitaient des palais élégans, pendant que des citadelles massives servaient encore de demeure aux plus grands rois de la chrétienté.

ARCHITECTES ET SCULPTEURS.

André, de Pise.	1330	Ghiberti.	1455
Giotto, de Vespignano. . . .	1336	Le Donatello.	1466
Pisani.	1389	Alberti.	1490
Brunelleschi.	1446	Bramante, d'Urbin.	1514

2. La *peinture* suivit les progrès de l'architecture, ou plutôt ces deux arts marchèrent toujours de front. Les créateurs de la peinture moderne furent aussi des architectes habiles. Il paraît que Cimabué et Giotto eurent peu d'imitateurs dignes d'eux pendant le quatorzième siècle ; mais, dans les premières années du siècle suivant, l'art s'enrichit d'une découverte inappréciable

dont la gloire appartient aux Pays-Bas. Hubert Van Eych et Jean de Bruges, son frère, inventèrent la *peinture à l'huile*, qui devait donner plus de perfection au coloris et prolonger la durée des ouvrages. Ils doivent être regardés comme les fondateurs de l'école flamande.

Giotto.	1336	Francesca.	1443
Lorenzetti.	1340	Fra Filippo Lippi.	1466
Jean de Bruges.	1441	Le Ghirlandajo.	1495
Masaccio.	1443	Léonard de Vinci.	1518

§ VI. — *Découvertes.*

Quelques-unes des inventions que nous allons rappeler ici sont antérieures aux deux derniers siècles du moyen âge ; mais c'est pendant cette période qu'elles ont reçu leurs plus importantes applications.

1. Le *papier de linge* commençait à devenir commun peu de temps avant que l'imprimerie fût découverte.

2. L'*imprimerie*, connue des Chinois dès l'an 932, fut découverte en Europe quelques années avant la prise de Constantinople. On avait inventé d'abord la *gravure en bois*. Vers l'an 1436, Jean Guttemberg, de Mayence, imagina les *caractères mobiles*. On attribue la découverte de la *fonte* à Schœffer de Gernsheim (1452). Fust, associé à Guttemberg, prêta son nom plébéien au gentilhomme de Mayence, dont il seconda utilement les efforts ; et des presses de ces premiers typographes sortirent les premiers exemplaires de la Bible et du Psautier (1457). L'imprimerie fut bientôt perfectionnée en Italie, et lentement introduite dans les autres contrées. Les Juntes et les Manuces publièrent les éditions *principes* des classiques. On compte 1303 auteurs imprimés entre les années 1457 et 1500.

3. La *gravure en cuivre* fut peut-être inventée par Maso Finiguerra, orfèvre de Florence, en 1460. Peu d'années après, nous la voyons cultivée en Allemagne

avec plus de succès qu'en Italie. Les premiers essais d'Albert Durer appartiennent au quinzième siècle.

4. La *poudre à canon* était encore le secret de quelques alchimistes, lorsque les Maures espagnols l'employaient dans les siéges.

Premier usage du *canon* en Espagne, à la défense de Niebla par Ben-Obéid, 1257; des *mousquets* avant l'an 1432. Invention des *bombes* par Malatesta de Rimini, vers 1450. Les *mines* pratiquées par les Génois en 1487.

L'ignorance de la chimie retarda le perfectionnement de la poudre, et l'usage des armes à feu ne devint général qu'à la fin du quinzième siècle. Pendant longtemps les chevaliers le repoussèrent, semblables à ces héros d'Homère dont la valeur loyale dédaignait les armes qui blessent de loin. Cependant les armes à feu prévalurent, et il fallut alors modifier les règles de la tactique et de la stratégie, surtout dans ce qui concerne l'attaque et la défense des places. Ainsi devinrent impuissans les hauts remparts, les tours, les créneaux, les machicoulis, qui protégeaient contre la justice des lois les insolens vassaux et les bourgeois turbulens du moyen âge. La féodalité disparut sans retour avec les libertés municipales. L'artillerie, qui détruisit les tyrannies subalternes, devait assurer le triomphe de la civilisation en donnant la science pour auxiliaire à la valeur, et en rendant impossible une nouvelle invasion des Barbares.

5. La *boussole*, connue des marins provençaux sous le nom de *Marinette*, fut adoptée dans toute l'Europe et perfectionnée par les Anglais pendant le cours du XVe siècle. Cet instrument pouvait seul donner les moyens de tenter de longues navigations; et ce n'est que par le secours de l'aiguille aimantée que les Espagnols et les Portugais ont découvert l'Amérique et les Indes.

FIN.

TABLE DES CHAPITRES

DU

PRÉCIS DE L'HISTOIRE DU MOYEN AGE.

PREMIÈRE PARTIE.

SECONDE PARTIE.

FIN DE LA TABLE.

MINISTÈRE DE L'INSTRUCTION PUBLIQUE.

ARRÊTÉ

Relatif aux programmes des différens cours d'histoire des collèges royaux de Paris et de Versailles, pour l'année scolaire 1833-34.

PROGRAMME DE L'HISTOIRE DU MOYEN AGE.

Questions de géographie.

1. Faire connaître sommairement la géographie politique de l'Empire romain sous Honorius et Arcadius, et la division géographique et ethnographique du Nord avant la grande invasion.

2. Exposer sommairement la géographie politique de l'Europe au temps de Clovis et de Théodoric-le-Grand, et après la conquête de l'Italie par les Lombards.

3. Faire connaître sommairement la géographie politique de l'empire des Arabes, à l'époque de l'établissement du khalifat de Cordoue.

4. Présenter, d'une manière sommaire, la géographie politique de l'empire de Charlemagne, à la mort de ce prince.

5. Exposer sommairement la géographie politique de l'Europe à la mort d'Othon le Grand.

6. Faire connaître sommairement la géographie politique du monde chrétien et des États musulmans, à l'époque de la première croisade ; indiquer les royaumes et les principautés fondés par les croisés, jusqu'à la fin de la quatrième croisade.

7. Exposer sommairement la géographie politique de la France et de l'Angleterre, après le traité de Brétigny et à la mort de Charles V.

8. Faire connaître sommairement la géographie politique de l'Europe et de l'empire des Turcs-Ottomans, avant la prise de Constantinople (1453).

Questions d'histoire.

1. Présenter le tableau sommaire de la décadence de l'Empire romain et de l'administration impériale sous Théodose le Grand.

Développer l'histoire des invasions et des établissemens des Barbares dans les deux empires d'Orient et d'Occident depuis l'arrivée des Huns en Europe jusqu'à la mort de Théodoric le Grand.

2. Exposer le résumé synchronique de l'histoire des Francs, des Goths et des Lombards, depuis la mort de Clovis et de Théodoric le Grand jusqu'à la mort de Clotaire II et d'Agilulfe.

3. Faire connaître, d'une manière sommaire, l'état de la Grande-Bretagne avant l'invasion saxonne. Résumer l'histoire des invasions et des établissemens des Anglo-Saxons dans la Grande-Bretagne, jusqu'à l'avénement d'Alfred le Grand.

4. Faire connaître sommairement les émigrations des peuples slaves et les invasions des Bulgares et des Avares jusqu'au temps de Charlemagne.

Faire connaître en détail les résultats de la conquête des Barbares et les institutions germaniques apportées par eux dans les provinces romaines.

5. Résumer l'histoire de l'empire d'Orient, depuis la mort de Théodose le Grand jusqu'à l'avénement de Justinien Ier.

6. Résumer l'histoire de l'empire d'Orient, depuis la mort de Justinien Ier jusqu'à la mort de Justinien II.

Exposer l'état de l'Arabie avant Mahomet; développer l'histoire de Mahomet et des Arabes jusqu'à l'établissement du khalifat de Cordoue.

7. Résumer l'histoire de la Gaule et de l'Italie, depuis l'avénement de Dagobert Ier et de Rotharis jusqu'à l'avénement de Pépin le Bref et de Luitprand.

8. Exposer succinctement l'état de l'Eglise, depuis la mort de Théodose le Grand jusqu'à l'avénement de Charlemagne.

9. Exposer succinctement l'état des lettres, des sciences et des arts, depuis la mort de Théodose le Grand jusqu'à l'avénement de Charlemagne.

Développer l'histoire des Francs, particulièrement dans leurs rapports avec les autres peuples de l'Europe, depuis l'avénement de Pépin le Bref jusqu'au traité de Verdun.

10. Faire le résumé synchronique de l'histoire des États formés du démembrement de l'empire carlovingien, depuis le traité de Verdun jusqu'à la déposition de Charles le Gros.

11. Faire le résumé synchronique de l'histoire des royaumes de Germanie, d'Italie, de France et des deux Bourgognes, depuis la déposition de Charles le Gros jusqu'à la mort de Louis l'Enfant et au traité de Saint-Clair-sur-Epte.

12. Résumer l'histoire du royaume de Navarre, depuis sa formation jusqu'à la mort de Sanche le Grand; l'histoire des deux Bourgognes et de la France, depuis le traité de Saint-Clair-sur-Epte jusqu'à la mort de Rodolphe III et de Henri Ier, roi de France.

Faire connaître en détail l'histoire des incursions et des établissemens des Northmans, particulièrement en France, en Angleterre et en Italie, jusqu'à l'époque des croisades.
Développer l'histoire d'Angleterre pendant le règne d'Alfred le Grand.
Développer l'histoire d'Allemagne, depuis l'avénement de Conrad Ier jusqu'à la mort d'Othon le Grand.

13. Résumer l'histoire des incursions des Sarrasins, des Slaves et des Hongrois dans l'Empire carlovingien.

14. Résumer l'histoire d'Angleterre, depuis la mort d'Alfred le Grand jusqu'à Guillaume le Conquérant exclusivement. Résumer l'histoire d'Allemagne, depuis la mort d'Othon le Grand jusqu'à l'avénement de Henri IV.

Développer l'histoire de la puissance pontificale, depuis son origine jusqu'à la translation du Saint-Siége à Avignon.

15. Résumer l'histoire de l'Empire grec et de l'empire musulman, depuis la mort de Justinien II et l'établissement du khalifat de Cordoue, jusqu'à l'avénement de Jean Zimiscès et la conquête de l'Égypte par les Fatimites.

16. Présenter le résumé synchronique des histoires de l'Empire grec et de l'empire musulman depuis l'avénement de Jean Zimiscès et la conquête de l'Égypte par les Fatimites jusqu'aux croisades.

Développer l'histoire des croisades.
Développer l'histoire de la lutte des Guelfes et des Gibelins en Allemagne et en Italie, depuis l'avénement de Henri IV jusqu'à la mort de Frédéric II.

17. Faire le résumé synchronique des histoires de la Haute-Italie,

de la Toscane et du royaume de Naples, depuis la mort de Frédéric II jusqu'à la fin du 13e siècle.

18. Résumer l'histoire des républiques maritimes de l'Italie, depuis leur origine jusqu'à la fin du 13e siècle.

19. Faire le résumé synchronique des histoires de la France et de l'Angleterre, depuis l'avénement de Philippe Ier et de Henri Ier d'Angleterre jusqu'à la mort de Richard Cœur-de-Lion.

20. Présenter, en résumé synchronique, les histoires de France et d'Angleterre, depuis la mort de Richard Cœur-de-Lion jusqu'à l'avénement de Philippe VI et d'Édouard III.

21. Faire le résumé synchronique de l'histoire de la péninsule espagnole, depuis la mort de Sanche le Grand jusqu'à l'avénement de la maison de Bourgogne au trône de Portugal exclusivement.

22. Faire le résumé synchronique de l'histoire de la péninsule espagnole, depuis l'avénement de la maison de Bourgogne au trône de Portugal jusqu'à l'avénement de Henri IV au trône de Castille.

Développer l'histoire des institutions politiques et féodales en Europe, et particulièrement en France, depuis l'avénement de Charles le Chauve jusqu'à la fin du treizième siècle.

23. Faire connaître succinctement l'état des lettres, des sciences et des arts en Europe, pendant les 11e, 12e et 13e siècles.

24. Résumer l'histoire d'Allemagne depuis la mort de Frédéric II jusqu'à l'avénement de Henri VII.

25. Résumer l'histoire de l'Allemagne, depuis l'avénement de Henri VII jusqu'au couronnement de Frédéric III, à Rome.

Développer l'histoire de Rome, de la puissance pontificale et des querelles religieuses, depuis la translation du Saint-Siége à Avignon jusqu'à la fin du grand schisme d'Occident.

26. Résumer l'histoire de la Haute-Italie et de la Toscane, depuis la fin du 13e siècle jusqu'au traité de Lodi (1454).

27. Résumer l'histoire du royaume de Naples et des républiques maritimes d'Italie, depuis la fin du 13e siècle jusqu'au traité de Lodi.

28. Résumer l'histoire de la rivalité de la France et de l'Angleterre, depuis l'avénement de Philippe VI et d'Édouard III jusqu'à la mort de Charles V.

29. Résumer l'histoire de la rivalité de la France et de l'Angleterre, depuis la mort de Charles V jusqu'à l'entière expulsion des Anglais du royaume de France.

30. Résumer l'histoire des États slaves et scandinaves depuis le commencement du 11e siècle jusqu'au milieu du 15e.

31. Résumer l'histoire de l'Empire grec et des Turcs-Ottomans depuis la chute de l'Empire latin jusqu'à la prise de Constantinople inclusivement.

32. Tracer le tableau sommaire de l'état des lettres, des sciences et des arts, depuis la fin du 13e siècle jusqu'au milieu du 15e.

33. Présenter la série chronologique de l'établissement des républiques, des villes libres et des ligues en Italie et en Allemagne, pendant la durée du moyen âge.

9 782329 556437